网络服务商
知识产权审查义务研究

于波　著

ON INTERNET INTERMEDIARY'S OBLIGATION TO
REVIEW IN THE FIELD OF INTELLECTUAL PROPERTY

法律出版社
LAW PRESS · CHINA
北京

图书在版编目（CIP）数据

网络服务商知识产权审查义务研究 / 于波著.

北京：法律出版社，2024. -- ISBN 978-7-5197-9361-6

Ⅰ. D923.404

中国国家版本馆 CIP 数据核字第 2024JB9819 号

网络服务商知识产权审查义务研究
WANGLUO FUWUSHANG ZHISHICHANQUAN SHENCHA YIWU YANJIU

于 波 著

责任编辑 陆帅文
装帧设计 鲍龙卉

出版发行 法律出版社
编辑统筹 法律教育出版分社
责任校对 晁明慧
责任印制 刘晓伟
经　　销 新华书店

开本 A5
印张 8.5　　**字数** 213 千
版本 2024 年 11 月第 1 版
印次 2024 年 11 月第 1 次印刷
印刷 固安华明印业有限公司

地址：北京市丰台区莲花池西里 7 号（100073）

网址：www.lawpress.com.cn

投稿邮箱：info@lawpress.com.cn

举报盗版邮箱：jbwq@lawpress.com.cn

销售电话：010-83938349

客服电话：010-83938350

咨询电话：010-63939796

书号：ISBN 978-7-5197-9361-6

定价：42.00 元

凡购买本社图书，如有印装错误，我社负责退换。电话：010-83938349

自　　序

2024年巴黎奥运会，全民关注。中央广播电视总台早在赛前就发布了《中央广播电视总台关于2024巴黎奥运会版权保护的声明》《中央广播电视总台关于未经授权的互联网平台违法违规针对2024巴黎奥运会转播开展招商活动的声明》等各项版权声明，并向各大平台发送了预警函。正式比赛期间，中央广播电视总台更是设置了版权专项保护工作组进行全平台实时监测，以便及时采取有效措施，减少侵权行为带来的不利影响。然而即使在这样全天候、全流程、多环节的高强度布控下，奥运赛事侵权短视频的网络传播数量仍然居高不下。

严峻的现实一次又一次地向我们证明，以"通知－移除"规则为核心的网络知识产权治理体系已经无法充分保障网络产业的健康发展，网络服务商承担着与其所享经济利益极不匹配的社会责任。面对未来信息技术的变革、商业模式的升级，如何扭转"通知－移除"规则异化导致的利益失衡局面，形成共创、共建、共享、共赢的网络知识产权治理新秩序，是笔者长期关注和研究的内容。

立足全球网络知识产权治理体系的升级，本书深入分析了"通知－移除"规则的必要而不充分性，旗帜鲜明地提出必须突破旧有的以平台责任免除为中心的事后模式，创设网络服务商审查义务来进行规则补强。对于网络服务商知识产权审查义务的研究，本书主要有以下三大研究特色：

其一，拓展了知识产权的法律性质。长久以来，学界对于知识产权性质的分析主要停留在私权层面，对于知识产权公法属性的关注并不充分。知识产权既是基于智力成果而形成的私人财产权，又是人类尊严和创造力的表达，具有作为宪法基本权利受到保护的正当性。本书引入德国宪法理论中著名的基本权利双重属性理论，并撷取其中的客观价值秩序理论，论证了确立知识产权审查义务的正当性，为强化网络服务商积极保护义务，推动网络知识产权治理体系变革提供了强有力的理论支撑。

其二，注重与民法体系的融合。由于“通知－移除”规则是一项“舶来品”，如何使其与我国既有的法律体系更好地融合，一直是规则本土化改造过程中的主要内容。本书从法律义务的视角切入，刺破“通知－移除”规则的面纱，揭示了其作为网络服务商过错判断规则的本质，从而架起了滥觞于英美的知识产权规则与传统民法体系之间沟通的桥梁，以审查义务引导网络服务商积极参与构建网络知识产权治理新秩序。本书所提出的审查义务正是在新型利益格局下，对网络空间权利义务作出的一次回归初心的安排，以期实现网络知识产权治理规则与民法体系的一致性与自洽性。

其三，坚持“产业法学”研究理念。网络知识产权治理史，同时也是一部技术与产业发展史。本书将“产业法学”研究理念贯彻到底。问题的思考，缘起于旧规则与新技术、新业态、新产业格局的脱节，导致“通知－移除”规则不再是利益平衡的“杠杆”，而在事实上成为网络服务商攫取利益的“登云梯”。问题的剖析，立足于技术发展引发的深刻产业变革，算法推荐背景下的网络服务商是主动的内容分发者，具备超强的内容识别与控制能力，不存在履行审查义务的技术障碍。问题的解决，聚焦于可持续发展的现实产业需求，在过滤标准设立时充分考虑技术因素，并且追求实质公平，探索构建分类分级的审查义务体系，以避免给产业发展带来不合理的负担。

在国家社会科学基金项目《网络服务商知识产权审查义务研究》的大力支持下，本人将这十多年来的研究内容进行了集中性总结，并通过本书呈现给广大读者。专著虽已完稿，但研究的脚步不会停歇。未来，我们将会迎来机遇与挑战更加错综复杂的 AI 时代，算法平台应当如何承担相应的知识产权责任，还需要与诸君共勉，不倦探索。

于　波

2024 年 11 月 22 日于华政园

目　　录

引　言 1

第一章　网络服务商审查义务的基本理论问题 4

第一节　网络服务商的知识产权审查义务 4

一、网络服务商的定义 5

二、网络服务商免责规则的确立与失灵 10

三、网络服务商知识产权审查义务的缘起与发展 20

第二节　网络服务商审查义务的类别 35

一、公法审查义务与私法审查义务 36

二、普遍审查义务与特定审查义务 42

三、事前审查义务与事后审查义务 44

第三节　审查义务与相关法律义务的界分 47

一、审查义务与注意义务 48

二、审查义务与安全保障义务 56

三、审查义务与过滤义务 62

第二章　网络服务商审查义务设立的正当性 68

第一节　权利基础:客观价值秩序理论 68

一、知识产权的积极保护义务 69

二、审查义务在保护义务体系中的必要性 74

第二节 理论依据:“网络守门人”责任理论 83
一、网络环境使知识产权法政策发生变迁 83
二、网络服务商与网络“守门人” 86
第三节 法经济学视角:审查义务与负外部性 95
一、审查义务是具有经济效率的权利义务配置 96
二、负外部性:市场自动调节无法实现最优效果 103
第四节 制度优势:弥补通知—移除规则的功能不足 108
一、利益妥协下的“通知—移除”规则 109
二、“通知—移除”规则的失灵 114

第三章 网络服务商审查义务设立的可行性 125
第一节 技术发展:服务商具有审查的技术实力 126
一、算法推送技术的发展与运用 126
二、过滤审查技术的发展与成熟 135
三、网络服务商对于过滤技术具有可操作性 142
第二节 商业模式:审查义务有利于完善网络服务商经营模式 152
一、“通知—移除”规则下网络服务商的商业模式 152
二、审查义务下网络服务商的商业模式 155
第三节 理论排除:“中立”理论无以否定审查义务 162
一、网络中立原则与审查义务 163
二、技术中立与审查义务 179

第四章 网络服务商审查义务的制度化路径 189
第一节 法律义务与侵权过错类型的对应机理 189
一、法律义务与主观状态之间的对应关系 189
二、法律义务与侵权责任之间的引起关系 194
三、技术发展与过错判定之间的动态联系 199

第二节　域外网络服务商审查义务的探索与实践 216
一、由政府代替履行审查义务的法国 HADOPI 法案 216
二、通过司法裁判与私人协议明确审查义务的美国经验 224
三、不断强化审查义务的欧盟互联网平台治理规范 234
四、我国司法实践对审查义务的创新与突破 241
第三节　网络服务商审查义务的制度构建 245
一、适用主体:区别网络服务商的服务类型、商业模式与市场地位 245
二、设立标准:技术因素与标准量化 252
三、容错机制:建立错误过滤救济机制 257

结　语 261

引　　言

随着网络技术的迭代升级，我国互联网普及率进一步提升，各互联网应用用户数量都呈现稳定增长态势，构成全球最庞大的数字社会。从个人电脑（personal computer）时代到移动互联网时代，随着4G技术的普遍渗透和5G技术的蓬勃发展，用户能以更低的网络资费获得更高速稳定的上网体验。通讯技术催生出新的媒介形态，正迅速改变着互联网流量分布及商业模式，网络用户开始更多地在移动网络中消费图片与视频内容。高速传递的互联网缩短了信息交流的时空距离，增添了社交属性，基于图片和视频的社交产品涌现，网络知识产权的客体范围不断得到扩大。数百万用户通过账号入驻各网络平台并每日发布数以千万的内容，涉及文字、图片、音乐、视频等多个领域。

互联网的蓬勃发展给了知识产权侵权可乘之机，网络知识产权侵权的手段更加隐蔽、成本更加低廉、损害更加深重。以著作权侵权为例，与依赖物质载体进行作品传播的方式截然不同，网络的无疆域性和虚拟性使之成了侵权行为的"温床"，权利人实际丧失了在网络环境下控制作品复制件数量、传播方向与传播范围的能力。网络技术的便捷性极大地降低了侵权行为的成本，任何个体只要接入互联网就有可能成为作品传播者，无须花费大量财力物力，仅需借助网络进行简单操作就可以在享受低成本的同时拥有异常强大的传播能力，各平台内大规模的侵权现象早已屡见不鲜。以网络文学和短视频领域为例，2021年4月，易观分析发布的《2021年中国网络文学版权保护白皮书》显示，

2020年中国网络文学市场盗版损失规模达60.28亿元，同比上升6.9%。受调查的创作者中超过八成表示曾被侵权，更有超过半数的全职作者遭遇反复侵权。[1] 2021年5月，12426版权监测中心发布的《2021年中国短视频版权保护白皮书》显示，2019年1月至2021年5月，12426版权监测中心受权利人及监管部门委托对1300万件短视频进行监测，累计监测到300万个侵权账号，1478.60万条影视综艺等作品的二次创作及416.31万条原创侵权短视频，涉及点击量5.01万亿次。[2]

遗憾的是，由于技术发展的不可预测性和规章制度稳定性间存在天然矛盾，现有的"通知—移除"规则不仅无法有效解决当下互联网领域的知识产权侵权乱象，而且出现了规则失灵甚至异化的问题。一方面，治标不治本的"通知—移除"规则对于知识产权人维权而言无疑是难度和成本上的"灾难"。识别侵权内容与定位侵权位置的技术与信息门槛高、侵权内容的数量繁多、网络传播渠道的广泛性，致使通知移除的速度根本无法追赶侵权内容的扩散速度，通过"通知—移除"进行的网上"强制执行"仿佛只是一场收效甚微的"打地鼠"游戏，侵权内容依旧屡禁不止。另一方面，"通知—移除"规则已然异化，甚至蜕变为搅乱数字时代知识产权保护和网络环境高效治理的干扰因素。在愈演愈烈的侵权与无休无止的通知所形成的畸化循环中，网络服务商作为商业运营者与流量利益获得者始终置身事外，一面以无知无能的姿态泊于避风港，掩盖、规避和否认自己在内容审核中的积极作用；一面又强势扮演私序控制的"准主权者"，对其持有、运营和监管的系统展现

---

[1] 易观分析：《2021年中国网络文学版权保护白皮书》，载 https://www.analysys.cn/article/detail/20020094，2023年3月19日最后访问。

[2] 12426版权监测中心：《2021年中国短视频版权保护白皮书》，载 http://www.ynsxwcbj.gov.cn/html/2021/banquanguanli_0528/2345.html，2023年3月19日最后访问。

出完全的控制力。

目前,网络治理背景与既有规则运行现状已然表明,以“通知—移除”规则为核心的事后规制模式具有明显的滞后性。网络侵权行为的特点决定了处理网络侵权行为无法立足于作为直接侵权人的网络用户,仅依赖著作权人维权以治理网络版权侵权也无疑是妄想。实践也已然证明,一味强化侵权用户的直接侵权责任,并不能充分实现法律的威慑和教育功能,单独追究侵权用户的侵权责任对著作权人进行经济补偿也并无实效。可以说,网络知识产权侵权的规制范式已经到了必须与互联网治理模式的升级相结合的阶段。互联网信息传播的即时性和传播后果的难以挽回性等特征,决定了网络环境治理应当注重对损害的预防。只有为网络服务商设立知识产权审查义务,才能从制度根源优化网络环境侵权治理,达成新的利益平衡。因此,我们必须突破旧有的网络治理思路,探索网络服务商知识产权审查义务的设立之道,构建一套符合当下技术发展与社会需求的新型互联网知识产权治理模式。

第一章 网络服务商审查义务的基本理论问题

在对网络服务商进行义务分析之前，需要预先讨论与网络服务商审查义务密切相关的前置问题。首先是对义务主体即网络服务商本身的讨论，包括网络服务商的界定、网络服务商传统责任形态的产生与发展、网络服务商知识产权审查义务的转向与现状。其次是对具体义务类型的讨论，审查义务是较为宽泛的概念，可具体细分为公法审查义务与私法审查义务、普遍审查义务与特定审查义务、事前审查义务与事后审查义务，在目前的立法框架下，如何从传统避风港规则中探索审查义务突破之道？对网络服务商施加何种义务类型更为适宜？最后需要厘清义务术语，将审查义务与注意义务、安全保障义务、过滤义务进行分别讨论，澄明这些术语的内涵和外延、联系和区别。对上述三个部分问题的讨论，可以为后文探索网络服务商知识产权审查义务的合理性与可行性奠定理论基础。

第一节 网络服务商的知识产权审查义务

互联网自诞生伊始，就极大地改善了人类既有的社会生活方式，人类文明迈入新阶段，与此同时，网络的发展改变了作品的传播方式，给著作权体系造成巨大冲击。网络服务商这一主体应运而生，它是新技术的创造者、新服务的提供者、信息传递的中介者，兼具实现信息交换的自然属性与具有服务社会目的、满足人类需要的社会属性，是对网络侵权的研究所离不开的特殊角色。广义上的网络服务商包括网络内容提供商和网络服务提供商，但由于互联网并不影响网络内容服务商侵权责任的构成和认定，因此本书的研究对象仅是狭义上的网络服务提供商，即除直接提供内容的网络主体以外的所有从事网络服务的机构。网络服务商的责任规则经历了长期的立法与司法变革。1998 年美国《数字千禧年版权法》规定的"通知—移除"规则为网络服务商提供了责任免除的"避风港"，后为他国沿用。但"通知—移除"规则的天生畸形与时代局限，使以该规则为主体的网络知识产权治理体系仍不健全；规则设计的极端失衡、规则涉及主体的"各怀鬼胎"、规则运行的失灵异化使作为事后保护手段的"通知—移除"制度难以有效保护知识产权。伴随计算机与互联网技术的高速发展，各国纷纷进行制度反思，对网络服务商课以较高要求的审查义务的理论出现，并逐渐为各国接纳。

一、网络服务商的定义

伴随互联网技术的发展，网络环境表现为多领域的复杂主体的集合，辨明网络服务商在其中的角色定位是划定责任与义务的前提。按提供的服务类型，广义的网络服务商可被划分为网络内容提供商、网络服务提供商，鉴于二者的不同功能，准确界定本书所指的网络服务商的内涵与外延，是构建网络服务商义务体系的基础。

（一）网络服务商的角色定位

互联网本身是一个技术上的概念，指的是由广域网、局域网及单机以一组通用协议相连而成的单一巨大国际网络。随着互联网技术的飞速发展，特别是三网融合的广泛应用，手机等终端设备可以随时接入网络，能够满足人们信息交流、交通出行、公共安全、休闲娱乐等各个领域的多样化需求。统计报告显示，截至 2021 年 6 月，我国网民规模已经高达10.11亿,网络视频用户达9.44亿。[1] 与我国人口基数相比,上述数据足以体现人们的社会生活已经被网络紧密包围,网络环境也就此成为了一个社会学意义上的概念,它指的不仅是技术构建而来的硬件设备和虚拟空间,更指向人们在互联网中从事的行为和以此建造的新的生产生活模式。[2]

网络服务商作为网络环境下提供技术支持的一方,代表着新技术的提供者、新模式的创造者,可谓网络空间进步与发展的"掌舵人"。[3] 网络服务商作为网络环境的众多主体之一,是对网络环境的研究所离不开的特殊角色。人们在互联网中的所有行为,都有赖于网络服务商所提供的服务。网络服务商不仅具有实现信息交换的自然属性,还具有服务社会目的、满足人类需要的社会属性。一味强调网络服务商的信息传播者、服务提供者的角色,而忽视其作为自然属性与社会属性的统一体,背离了网络媒介的传播学原理。网络服务商应当为网络空间的良性运转、网络版权的健康发展承担责任,这是网络服务商社会属性的应有之义。

伴随网络技术的发展,网络在极大地改善了人类社会生活方式的同时,其无疆域性和虚拟性的特性也使之成了侵权行为的"温床"。在依赖物质载体进行作品传播的时代,著作权人在作品传播过程中仍具有控制力,而在网络环境下,著作权人实际丧失了控制作品复制件数量、传播方向与传播范围的能力,作品传播和作品控制的平衡被彻底打破。与此同时,网络技术的便捷性降低了侵权行为的成本,任何个体只要接入互联网就能成为作品传播者,社会公众只需进行基本的输入、点

---

〔1〕 中国互联网络信息中心:《第48次中国互联网络发展状况统计报告》,载 http://www.cnnic.cn/hlwfzyj/hlwxzbg/hlwtjbg/202109/P020210915523670981527.pdf,2021年11月30日最后访问。

〔2〕 宋哲:《网络服务商注意义务研究》,北京大学出版社2014年版,第1页。

〔3〕 张玲玲:《网络服务提供者侵犯著作权责任问题研究》,中国人民大学出版社2019年版,第32页。

击就可以拥有异常强大且成本低廉的传播能力，直接侵权人无须花费大量财力物力，仅需借助网络进行简单操作就可以实现大规模侵权。更为严重的是，网络环境的匿名性和侵权行为的隐蔽性又使追究直接侵权人责任难上加难。这种网络侵权行为的特点决定了处理网络侵权行为无法立足于作为直接侵权人的网络用户，仅依赖著作权人维权以治理网络版权侵权也无疑是妄想。实践也已然证明，一味强化侵权用户的直接侵权责任，并不能充分实现法律的威慑和教育功能，单独追究侵权用户的侵权责任对著作权人的经济补偿也并无实效。在此情形下，应当将目光转向作为信息传播枢纽的网络服务商，充分发挥其在制止网络侵权中的地位和作用，[1]促使著作权人与网络服务商两方联手合作，共同抑制网络侵权行为。

网络环境中的信息传输可以简要概括为三个环节：信源、信道、信宿。就知识产权法语境而言，对于作品在互联网中传播这一过程，首先需要经过数字化处理而成为数字作品，其载体是存储在一定介质之上的数据，这种存储有赖于作为上载者的"信源"；作品在网络中的复制与传播属于数据传输行为，而传输这些数据必须借助一定的通道，这种传输正是有赖于"信道"的技术支持；作品无论是上载、存储于网络空间，还是通过网络服务将信息传递给作为"信宿"的接收方用户，都需要借助网络服务商所提供的重要桥梁。当这一桥梁被权利人以外的主体所利用，网络服务商就成了知识产权侵权的"帮凶"。事实上，网络知识产权侵权离不开网络服务商提供的服务，它们总是主动或被动地参与相关侵权活动之中。

（二）网络服务商的内涵与外延

尽管规制网络服务商对于治理侵权的重要性已成为学界共识，但在世界各个国家和各个法律文本中，网络服务商的内涵和外延并不一

---

〔1〕 周汉华：《论互联网法》，载《中国法学》2015年第3期。

致,至今仍然没有权威的界定。首部网络著作权立法文本——美国《数字千禧年版权法》使用的称谓是“服务提供者”(service provider),第512条(k)款对其下了两种定义,其一是“在使用者要求的两点或多点之间,不改变使用者要求传输的素材内容,而提供传导、路由或接入服务的实体”,另一更广义的概念是“在线服务、网络接入的提供者,或者为前者提供设备的运营商”;[1] 2000年,欧盟在《电子商务指令》中将其称为“信息社会服务提供者”(information society services),指的是一切提供信息社会服务的主体,包括法人和自然人在内的任何人,其中“信息社会服务”通常包括“在服务接受者的个人要求下,通过电子设备进行处理(包括数字压缩)和数据存储,并且需要支付报酬的任何远程服务”。[2] 2005年,世界知识产权组织(WIPO)在版权与网络中介服务商研讨会(Seminar on Copyright and Internet Intermediaries)上将之命名为“网络中介服务商”(Internet intermediaries),WIPO的后续文件中沿用了此种表述,这一术语也被经济合作与发展组织(OECD)采纳,2010年6月,OECD发布的报告中表示,网络服务商是聚合他人于网络之中、或促进他人在网络中的交易的网络主体,其手段包括为来自他人的内容、产品或服务提供网络接入、存储、传输或索引服务,或者向他人提供借助网络提供的服务。这一定义的影响力较大,在后续立法文本和学界探讨中被广泛援用。[3] 我国《信息网络传播权保护条例》第13—17条、第20—24条中均出现了“网络服务提供者”,指的是通过信

---

〔1〕 17 U. S. C. &512(k)(1)(2010).

〔2〕 Directive 2000/31/EC of the European Parliament and of the Council of 8 June 2000 on certain legal aspects of information society services, in particular electronic commerce, in the Internal Market, Article 2.

〔3〕 Perset Karine, *The Economic and Social Role of Internet Intermediaries*, OECD Digital Economy Papers, 2010, p. 9.

息网络向公众提供信息或者基于获取网络信息等目的提供服务的机构,[1]在2012年通过的《最高人民法院关于审理侵害信息网络传播权民事纠纷案件适用法律若干问题的规定》第4条也沿用了这一称谓。在本书中,为了便于学术探讨,我们使用目前理论界较为认可的"网络服务商"这一内涵丰富的概念,以便对其作出进一步研究和界定。

探讨网络服务商内涵的前提是明确网络环境下的各个主体的划分。整体而言,网络环境下的参与者可分为三种:网络内容提供商(Internet content provider)、网络服务提供商(Internet service provider)和终端用户。[2] 网络内容提供商和网络服务提供商共同构成广义上的网络服务商,而狭义上的网络服务商仅指后者,即提供设备和技术支持而不参与内容生产的主体。在知识产权法视角下,网络内容提供商担任信息发布者的角色,它只是将传统发布行为平移到网络环境下,互联网因素并不影响其侵权责任的构成和认定,对此,沿用知识产权侵权认定方式的传统路径不存在障碍。而传统侵权理论所难以解决的问题是网络服务商的间接侵权责任,这成了网络环境下探讨的重点。因此,本书所称网络服务商仅针对狭义上的网络服务提供商。换言之,本书网络服务商是与网络内容提供者相对应的概念,与网络服务提供者属于同一范畴,是指不组织、选择网络内容而提供中介性技术服务的机构。鉴于网络主体所从事行为的不断融合和服务类型的日渐多样化,从反面排除网络内容提供行为可以更全面涵盖网络服务商的含义,即除直接提供内容的网络主体以外的所有从事网络服务的机构,其提供网络服务而引起第三方侵权的问题均涉及直接侵权以外的侵权理论。

网络服务商概念的外延则更加缺乏统一的认识和界定,厘清这一

---

[1] 张建华主编:《信息网络传播权保护条例释义》,中国法制出版社2006年版,第52页。

[2] 薛红:《网络时代的知识产权法》,法律出版社2000年版,第199页。

外延有助于限定本书所称网络服务商所提供的服务类型和相应的责任程度。美国《数字千禧年版权法》结合网络结构的不同位序将网络服务提供商分为四类:网络接入提供商、系统缓存提供商、信息存储空间提供商、搜索链接提供商。这四种服务商分别位于技术层面的上、中、下游:越靠近上游的服务则越接近互联网结构的物理连接层,同时也越远离提供给终端用户的信息和内容,识别侵权内容的可能性也越低;中下游则分布着传输、应用层面的服务类型,更加接近于终端用户,也更能够被用户所识别和感知。因此,对于处在网络结构上游的为用户提供互联网接入、缓存等服务而言,它属于一种被动的技术过程,尤其是互联网接入服务更是网络互联的基础,提供这种服务的提供商对不法内容所承担的责任相应较低;而对于与用户应用层面紧密相连的传输、平台服务商而言,其接触信息的可能性更高,对内容的掌控力也相应更强,其对第三方侵权承担更重的责任才有理可依。综上而言,在构建网络服务商义务体系时,尤其是试图论证加重网络服务商平台责任的合理性时,有必要准确界定适用对象的内涵与外延,而不能武断地对所有网络服务商加以适用,如此方能更好地实现网络环境下多方主体、多重目标的利益平衡和均衡发展。

二、网络服务商免责规则的确立与失灵

1998 年美国《数字千禧年版权法》[1]规定的“通知—移除”规则为网络服务商提供了责任免除的“避风港”。在这一规则的影响下,欧盟《欧洲议会内部市场电子商务资讯社会指令》(以下简称《电子商务指令》)也要求成员国有义务制定类似的法律,以保护各种在线中介机构

〔1〕 See 17 U. S. C. &512(a) (2010).

免于承担相应责任。[1] 随后,澳大利亚[2]、加拿大[3]、俄罗斯[4]、中国[5]等也纷纷引入"通知—移除"规则。无论是著作权、商标等领域,还是普通的电子商务交易,"通知—移除"规则风靡全球,成为国际网络知识产权治理的主体规则。然而,"通知—移除"规则仅是网络知识产权治理体系的一个方面,仅是网络知识产权治理水平得以有效提升的"必要不充分"条件,在实践中,泊在"避风港"内的网络服务商并未有效承担起保护知识产权的责任。

(一)天生畸形与时代局限:"通知—移除"规则确立

1996年,美国国会通过了《通信规范法案》(Communications Decency Act,CDA),该法案的出台是为保护未成年而对互联网中的成人内容进行"清洁",虽然该法案中大部分条款因违宪而无效,但其中第230条被保留了下来,该条款被广泛地解释为适用于许多类型的侵权豁免,对于网络中出现的诽谤、隐私、因疏忽引起的错误陈述、通过广告引诱卖淫等第三方提供的内容,给予交互式服务提供商完全的豁免权。但对于网络服务商的版权归责并不属于《通信规范法案》的豁免范畴,而是由1998年《数字千禧年版权法》予以规定。[6]

然而,从诞生之初,试图构建知识产权人和网络服务商利益"双赢"机制的"通知—移除"规则就背离了平衡中立的规范初衷。《数字

---

〔1〕 See Directive 2000/31/EC of the European Parliament and of the Council of 8 June 2000 on certain legal aspects of information society services, in particular electronic commerce, in the Internal Market, Article 12.

〔2〕 See Copyright Legislation Amendment Act, 2004 (Cth), No. 154, Sch. 1 (Australia).

〔3〕 See Copyright Modernization Act, SC 2012, c20, § 31.1 (Canada).

〔4〕 See Federal Law No. 149 – FZ, on Information, Information Technologies and Protection of Information, July 27, 2006 (Russia).

〔5〕 参见《信息网络传播权保护条例》第15、16、17条。

〔6〕 *Role and Responsibility of Internet Intermediaries in the Field of Copyright and Related Rights*, https://www.wipo.int/export/sites/www/copyright/en/doc/role_and_responsibility_of_the_internet_intermediaries_final.pdf, last visited on October 20, 2021.

千禧年版权法》立法从草案文本中过度保护知识产权人利益的极端直接滑向了片面维护网络服务商利益的另一个极端。

1993年,美国政府正式宣布实施“国家信息基础设施”计划,并设立“信息政策委员会知识产权工作组”(以下简称知识产权工作组),以阐明政府对互联网信息基础设施的愿景、实施政府制定的互联网环境下知识产权政策。作为《数字千禧年版权法》的立法雏形,《知识产权与国家信息基础设施:知识产权工作组的报告》(以下简称《美国知识产权白皮书》)认为保护作者权利的最佳方式是让网络服务商对其用户的侵权活动负责,这种直接责任应被视为经营成本,[1]即便网络服务商本身没有侵权故意。

在《美国知识产权白皮书》中,知识产权工作组已然认识到网络服务商的多样类型、提供的多样服务的事实。他们也承认,鉴于在线服务提供商的不同功能,“一刀切”的做法可能不是最佳政策。在允许用户上传材料方面,网络服务商实质上是在充当电子出版商的角色,而在其他类型下,网络服务商提供其他服务。如果一个网络服务商真的就像电话公司那样,只提供电线和管道,不能控制在其系统上的用户,也不能控制在其系统上传播的内容,又或者是在不知情的情况下传输加密的侵权材料的网络服务商,他们的确会存在责任豁免的可能性。但尽管如此,知识产权工作组仍然认为有很多实践和理论的原因,使得网络服务商无法从用户的侵权行为中获得豁免,减少任何类型的网络服务商的责任还为时尚早。其一,网络服务商有能力切断违法用户的连接,因此他们可以承担执法职能;其二,侵权责任的豁免可能会给网络服务商带来不正当的激励,使得他们故意无视其系统中发生的侵权行为;其三,网络服务商通过增加用户规模和增加使用量的方式从侵权行为中

[1] See Joseph Levi, *Will Online Service Provider Liability Unravel the Web?*, 477. PLI/PAT547, 547(1996).

获得实际回报,因此他们应当承担与该行为有关的责任。鉴于这些理由,知识产权工作组坚持认为,以任何方式改变现有的责任标准,"将导致对版权所有者权利的实质性减损"。[1] 因此,在与《美国知识产权白皮书》一起提交的拟议立法文件中,没有任何条款以任何方式使网络服务商免受因其用户侵权行为而产生的责任。

可见,为了实现网络环境下对知识产权的充分保护,《美国知识产权白皮书》实际上要求网络服务商对平台上信息的合法性承担全面的审查义务,由此必然会加重互联网企业的运营成本和负担。

《美国知识产权白皮书》不可避免地遭到互联网企业与相关非政府组织的抵制。网络服务商认为自己只充当"信使"的角色,对"信件"中非法或侵权内容缺乏事实或可能的了解,在道德上是全然无辜的,如果要承担法律责任是不公平的。经济后果也是反对者考虑的重要因素,他们通常认为网络服务商承担责任会使互联网行业遭受不必要的经济后果,而对电子商务和信息社会的促进有赖于可靠的、不断扩大的互联网基础设施,因此这些经济后果最终会导致社会面临损失,相反,实行责任豁免制度才符合公众利益。经过多方主体大量的游说、谈判和讨价还价,在履行国际条约义务与数字环境著作权保护需求的双重推动下,《数字千禧年版权法》的最终文本反映了相互竞争的利益集团之间的妥协:美国国会希望保护著作权人免受大规模数字盗版的影响,但同时它又致力于保障通过互联网快速访问电影、音乐、软件和文学作品的公众的利益。

《数字千禧年版权法》的最终文本豁免了网络服务商对因传输、缓存、存储或链接侵权内容所造成的所有金钱损失的责任,为网络服务商

---

〔1〕 See Bruce A. Lehman, *U. S. Patent and Trademark Office*, *Intellectual Property and The National Information Infrastructure*: *The Report of The Working Group on Intellectual Property Rights*, https://www.eff.org/files/filenode/DMCA/ntia_dmca_white_paper.pdf, last visited on October 23, 2021.

提供了避风港保护。为了获得这种保护,网络服务商必须满足特定条件:第一,他们必须遵守两项一般要求,即移除重复侵权者,并且不干扰权利人为保护其内容而采取的标准技术措施;第二,他们不能从侵权活动中获得任何直接经济利益;第三,虽然平台不需要监控其服务或积极寻找侵权活动,但它们不得实际或推定知道侵权内容在其系统中;第四,在收到权利人的通知后,平台必须迅速采取行动,将声称的侵权内容移除或禁止访问,这一程序通常被称为"通知—移除"。

从避风港规则的确立过程就可以发现,其诞生是利益博弈的结果,而非具有充分正当性基础的平衡中立的规范选择。不仅如此,美国国会在确立避风港规则时,还有其时代局限性。《数字千禧年版权法》的目的是将版权引入数字时代,但起草该法案的时候,数字化的全面影响和互联网的全球互联性根本无法被预料到。1998 年,美国只有 41% 的家庭连接到互联网中。即使互联网用户能够拥有当时最新的 56k 调制解调器,一个小时内容的电视也需要超过 24 小时的时间才能完成下载任务。[1] 谷歌成立于 1998 年 9 月 4 日,距《数字千禧年版权法》签署生效还不到两个月。彼时国会更不可能预见到用户生成内容、脸书(Facebook)、帖子、推特社交网络、虚拟网络系统(Virtual network system)、Snapchat 视频等,他们脑子里想的是一种"天堂点唱机"(Celestial Jukebox),这种点唱机可以播放传统的内容,而这些内容是由传统制作商制作的,通过点唱机,可以点播,也可以订阅这些内容。[2]

更为严重的是,在这样的规则设计下,权利人与网络服务商平台存

---

〔1〕 See Susannah Fox, *The Internet Circa* 1998, PEW RES. CTR. (June 21, 2007), http://www. pewlnternet. org/2007/06/21/the - Internet - circa - 1998/, last visited on October 23, 2021.

〔2〕 See Bonneville Int'l Corp. v. Peters, 153 F. Sup. 2d 763, 767 (E. D. Pa. 2001), affid, 347 F. 3d 485 (3d Cir. 2003). See generally Paul Goldstein, Copyright's Highway from Gutenberg to the Celestial Jukebox 187 - 88 (rev. ed. 2003).

在巨大实力差距,甚至可能落入“价值鸿沟”。[1] 一方面,每一个网络用户都可以是创作者和传播者,然而这些网络活动所涉及的知识产品可能并未获得作者授权。网络服务商利用大量未经授权使用的知识产品招揽用户、取得流量、壮大平台的行为,仅需承担较小的事后删除责任就能够规避侵权风险,也无须向权利人支付任何价款,网络服务商已经事实上成为侵权获益者。[2] 另一方面,版权作品为网络服务商带来的收入与网络服务商向权利人支付的报酬之间存在巨大差距。以音乐行业为例,尽管优兔(YouTube)等平台上的大部分创收内容都来自音乐行业,但这些平台给权利人的报酬却低得不成比例。这就使网络服务商和权利人之间形成“价值鸿沟”,进而演变成两方之间的对立与冲突。

简言之,“通知—移除”规则仅仅是为提供通道、缓存和托管服务的网络服务商提供豁免,同时排除网络服务商监测其传输或储存的信息、积极寻找表明非法活动的事实或情况的一般义务。其立法缘起决定了其只能作为网络服务商的“避风港”而存在,无法有效阻止互联网中侵权知识产品的传播,无法实现互联网环境下知识产权人实际利益的最大化,沦为经济和技术“巨兽”的网络服务商平台“张目”的工具。“通知—移除”规则的天生畸形与时代局限,使得以该规则为主体的网络知识产权治理体系仍不健全。

(二)效果失灵与规则异化:“通知—移除”运行之殇

随着互联网产业发展和商业模式的演进迭代,网络服务商早已不是当年亟须被扶持和保护的“新生儿”,其所倚仗的“通知—移除”规则业已失灵异化,甚至蜕变为搅乱数字时代知识产权保护和网络环境高

[1] See Martin Husovec, *EC Proposes Stay - down & Expanded Obligation to License UGC Services*, Hut'ko's Tech. Law Blog, (Sept. 1, 2016).

[2] 马胜男:《网络服务提供者著作权过滤义务研究——以欧盟立法实践及其对我国立法的启示为视角》,载《社会科学动态》2021 年第 1 期。

效治理的干扰因素。

一方面,治标不治本的“通知—移除”规则对于知识产权人维权而言无疑是难度和成本上的“灾难”,也无益于著作权有效保护。

权利人若要维护自身知识产权、防止非法知识产品的传播和扩散,就必须要在互联网的数据海洋中锁定侵权知识产品的位置或 IP 地址。即使权利人有维权的意识、对知识产权权属有清晰的认知,也无权从网络服务商处获取访问代码,这就使得识别侵权内容、定位侵权位置变得异常困难。不仅如此,侵权知识产权数量繁多、类型丰富且所载平台不一,每个网络用户都有成为侵权人的可能性,侵权人就需要分别对不同网络平台的侵权内容进行监控,监控与识别的难度呈指数级攀升。更为严重的是,通知—移除的速度始终跟不上侵权的扩散速度。随着网络服务类型和具体社群的泛化,网络传播的渠道早已不再单一,网络侵权类型也呈现出多样化发展趋势,网络环境下知识产权侵权的数量极大、范围极广、传播极快、存在于不同网络服务商提供的平台之上且屡禁不止。在“通知—移除”规则之下,控制网络侵权内容就类似于游乐场里的“打地鼠”游戏,即当一个侵权作品被“打”下时,另一个便很快出现,替代了它的位置。[1] 在此情形下,由权利人主导通知、网络服务商被动删除侵权内容的模式无疑成本巨大且需重复操作,“通知—移除”规则只能产生微弱效果,知识产权人的维权效果难以如愿,“通知—移除”这一事后救济手段已经无法充分保护著作权人的利益。

另一方面,“通知—移除”规则已然异化为部分权利人和网络服务商的逐利工具。对于部分权利人来说,“通知—移除”规则是对竞争对手有力的攻击武器。自甘沦为“知产蟑螂”的权利人通过发起批量投诉,以大规模的恶意通知干扰网络服务商的经营活动。2015 年“双十

〔1〕 See *Hearing on Section* 512 *of Title* 17, *Before the H. Comm. on the Judiciary, Subcomm. on Courts*, Intellectual Property and the Internet 31 (2014).

一”期间,一专利权人向某电商平台发布了超过7000条通知,要求删除竞争对手的商品链接,后该操作严重干扰竞争对手正常经营。[1] 根据阿里巴巴集团提供的数据,2018年其经营平台中的恶意通知牵涉了103万家商户、600万条商品链接,造成了1.07亿元的利益损害。[2] 2018年,在平台节点性大促期间,京东平台投诉量增长幅度为30%~40%,远超正常的月平均数;而在促销周期过后,投诉数量便会明显下降。[3] 在“双十一”、圣诞节、春节等特定时段,大批“权利流氓”向平台发布海量针对其竞争商家的恶意通知,促使平台下架那些“可疑侵权”商品,从而严重扰乱竞争商家的经营获利和平台内的交易秩序。网络服务商机械而被动的移除机制为不正当竞争者所利用,给电子商务环境的经营和交易秩序造成巨大影响。

在“通知—移除”框架下,网络服务商已成为消极不作为的“既得利益者”。愈演愈烈的侵权和无休无止的通知已经形成畸化循环,反映着知识产权人与侵权人的激烈斗争,但网络服务商作为商业运营者与流量利益获得者却始终置身事外,并一直掩盖、规避和否认自己在内容审核中的积极作用。网络服务商的“不作为”一定程度上导致了侵权行为的“乱作为”,例如,在网络服务商简单移除知识产权侵权内容后,前一波的扩散早已使侵权源头和内容辐射出去,因此,如果不从源头对内容进行一定程度的审查而仅进行“通知—移除”,只会引来更多同类侵权内容的蔓延。

网络服务商一面以“无知无能”的姿态泊于“避风港”,一面又强势

[1] 仇飞:《电商平台频遭虚假投诉陷尴尬——“通知删除”规则易误伤他人经营权》,载 http://tech.hexun.com/2016-04-27/183541917.html 和讯网,2021年10月20日最后访问。

[2] 《2018阿里巴巴知识产权保护年度报告》,载 http://www.iprdaily.cn/article_20707.html IPR Daily 中文网,2021年10月20日最后访问。

[3] 杜颖、刘斯宇:《电商平台恶意投诉的构成分析与规制创新》,载《中国应用法学》2020年第6期。

扮演私序控制的“准主权者”。首先,作为网络、平台和各种网络空间的控制点,网络服务商不仅对确保互联网的良好运行至关重要,还能够通过其服务条款与技术措施有效规范用户行为、维护平台私序,对其持有、运营和监管的系统具有完全的控制力。除在合同自治权上存在或多或少的法定限制外,网络服务商不受其他任何约束,用户只能机械地“同意”预先设立的格式合同,而无谈判与议价能力。这也就意味着,网络服务商在网络平台中实际承担着“准立法”功能,包括规定和解释在其网络空间内允许存在哪些行为和信息的能力。例如,网络服务商可以单方面决定哪些内容在其平台上被禁止,哪些个人数据将会被收集以及将会被怎样收集。其次,网络服务商也享有准行政权力。其在权限范围内定义网络空间的软件和硬件架构,并通过删除被服务条款视为滥用的内容来执行自己的决定,以便实施其合同规定。最后,掌握移除权力的网络服务商俨然已成为判断侵权与否的裁判者,[1]通过强行使用非诉讼方式解决用户之间的冲突而享有准司法权;而且在事实上,网络服务商被动接收并判断双方通知与反通知意见的过程是利益寻租的过程,缺乏可靠外部主体和内部程序约束,因此,由网络服务商主导的最终处理结果受非法律因素干扰的概率较大。

规则设计的极端失衡,规则涉及主体的“各怀鬼胎”,规则运行的失灵异化共同决定了作为事后保护手段的“通知—移除”制度实难有效保护知识产权。

(三)“通知—移除”规则的域外反思

自“通知—移除”规则诞生起,其范围和应用一直存在争议。目前,域外对于“通知—移除”规则存废之争愈发激烈,对避风港规则的缺陷审视愈发深入。

---

〔1〕 浙江省高级人民法院联合课题组:《关于电商领域知识产权法律责任的调研报告》,载中国法院网,https://www.chinacourt.org/article/detail/2020/03/id/4871104.shtml,2021年10月20日最后访问。

在美国,《数字千禧年版权法》的避风港规则正遭遇审查。美国版权局发起了一场"评估避风港规则的影响和有效性"的研究,在这项研究中,美国版权局关注"如何权衡受影响的利益相关方的不同利益和需求,这些利益相关方包括个人作者及其小企业、各种规模的出版商和制作人、各种规模的互联网提供商,以及可能出于任何原因在任何一天寻求访问互联网的公众",重点考量了利用避风港规则解决在线侵权问题对不同规模的内容创作者的负担与成效,以及网络服务商使用自动过滤系统及其他工具的情况。该研究提出的解决方案既包括非立法解决方案(如教育、技术使用或自愿和标准技术措施),也包括立法修复方案(通过修改第 512 条本身或通过立法来解决第 512 条未直接解决的问题)。立法修复方案具体包括通知和停止(notice and stay - down)要求、强制性内容过滤系统以及网络服务提供商在收到删除通知后强制搜索其平台上的侵权行为等举措。[1]

欧洲对避风港规则的反思则走得更远。在欧洲,应当修改避风港规则的意见已经成为主流。欧盟委员会对欧盟版权规则现代化的影响评估中明确指出"存在大量用户上传的受保护内容"以及"法律存在的不确定性阻碍了(他方)与提供存储和访问用户上传的受保护内容的服务商之间进行协议谈判的可能"。为解决这些问题,欧盟委员会建议,除特殊情况外,要求"存储和获取用户上传的大量内容的网络服务商有义务采用适当的技术,并提高对权利人的透明度"。[2]

事实上,在立法中强化网络服务商对于知识产权保护的相关义务已成为调整探索的主要趋势,例如,欧盟《数字化单一市场版权指令》

---

〔1〕 See *Section* 512 *Study*: *Request for Additional Comments*, 81 Fed. Reg. 78636 (Nov. 8, 2016).

〔2〕 Niva Elkin - Koren, Yifat Nahmias & Maayan Perel, *Is It Time to Abolish Safe Harbor? When Rhetoric Clouds Policy Goals*, 31 Stan. L. & POL'y REV. 1 (2020).

中规定的“过滤义务”[1]、英国《数字经济法》提出的“逐级响应”解决方案[2]、法国《促进网络著作传播与权利保护法案》(以下简称HADOPI法案)[3]规定的“级别相应”制度[4]等。

由于互联网的跨国性质,域外对“通知—移除”规则的反思也必然与我国密切相关。突破旧有的制度体系,结合实际国情设计平衡私权与公益的互联网知识产权保护治理规则极为必要,而升级网络知识产权治理体系亟待作为重要参与主体的网络服务商发力。制度窘境和现实需要的双重作用均指向了网络服务商知识产权审查义务的确立。

三、网络服务商知识产权审查义务的缘起与发展

知识产权审查义务,即要求网络服务商主动采取技术手段,审查第三方上传平台内容的知识产权合法性,对第三方知识产权侵权行为进行预防、监督、审查和控制。设立这一义务意味着网络服务商必须对用户在其技术服务下所传输的数据进行积极的检测,这与人们对网络服务商直觉上的“中立”身份相悖,显然是对网络服务商课以高要求的一种义务类型。

(一)知识产权审查义务的缘起

审查义务这一高要求的出现充分说明,随着计算机与互联网技术

---

〔1〕 谭洋:《在线内容分享服务提供商的一般过滤义务——基于〈欧盟数字化单一市场版权指令〉》,载《知识产权》2019年第6期。

〔2〕 See Digital Economy Bill art3.

〔3〕 2009年6月,法国国会通过了《促进网络著作传播与权利保护法》(Loi favorisant la diffusion et la protection de la création sur Internet,又称HADOPI-1法案),但随即遭到反对党要求的违宪审查,法国宪法委员会认定该法案违反了“无罪推定原则”,同时侵犯了公民的言论表达自由权、隐私权等宪法规定的基本权利,并以违宪为由推翻了此项法案。同年9月,法国国会对部分条款进行修正形成HADOPI法案-2,并重新表决和提请合宪性审查。

〔4〕 参见《法国HADOPI互联网法案:预防和惩治两手管理》,载https://www.chinanews.com/cul/2010/07-08/2390002.shtml中国新闻网,2021年10月20日最后访问。

的高速发展，理论界和实务界对网络服务商所担任角色态度的转变。信息技术从诞生至今三四十载（如果以 1993 年的 Mosaic 浏览器为发展起点，仅有 31 年），凯鹏华盈（Kleiner Perkins Caufield & Byers）公司的报告显示，截至 2018 年，全球个人电脑保有量已达到 38 亿左右，全球个人电脑渗透率已超过 50%。[1] 根据技术扩散三阶理论，渗透率在 0% –10% 阶段属于萌芽期，10% –40% 为成熟期，40% –75% 则到达饱和期。网络服务商作为提供网络互联之基础技术的"工程师"，其身份和责任也随之不断在更新和变化。

在互联网时代的发展初期，网络服务商随着互联网技术的萌芽而涌现出来。为了满足技术扩张的第一要义，早期的网络环境经历了一定期间的无监管状态，彼时信息、思想和言论都可以快速传播，网络空间仿佛自由出入、无边无垠的无人之境。[2] 此时，知识和信息数字化使得复制、传播成本近乎于零，而网络服务商对于承载有权利、具有价值的信息数据几乎不承担任何义务，推动网络服务商生产新的网络服务、创造多样的商业模式。

在短暂的无监管时期后，诸多问题随着互联网"共享免费"模式的出现而暴露出来。在指数级增长的信息海洋中，混杂着相当多受版权保护的作品。而网络所带来的便利也不可避免地助长和增强了侵犯著作权行为的程度和方式，网络盗版现象肆意横飞，严重侵害著作权人的利益。在此背景下，著作权法开始积极回应网络技术的发展。1996 年世界知识产权组织（WIPO）通过了《WIPO 版权条约》（WCT）和《WIPO 表演和录音制品条约》（WPPT），通过设立"向公众传播权"，将

---

〔1〕 Mary Meeker, *Internet Trends 2019*, https://www.bondcap.com/report/itr19/, last visited on October 19, 2021.

〔2〕 张西明：《从 Non – regulation 走向 Regulation——网络时代如何保障言论自由》，载《法学》2001 年第 7 期。

著作权保护扩张到网络空间。[1] 21 世纪初，尽管各国都为打击日益泛滥的网络盗版行为而设立了新的著作权项或建构了特别的规制体系，但对于网络服务商这一“中介人”在知识产权保护中应当发挥的作用，各国都倾向于采取审慎和保守的立法态度。1998 年出现了第一部数字时代的版权法——《数字千禧年版权法》，由此确立了沿用至今、被各国普遍采纳的网络服务商版权侵权责任模式，亦即，在传统免责条款（如合理使用、法定许可）以外，为网络服务商专门设立“通知—移除”规则以提供一道责任屏障。它被形象地称为网络服务商的“避风港”，即不要求网络服务商对侵权内容承担主动检测和审查的义务，仅需要网络服务商在意识到具体侵权行为发生后，采取移除等相应措施，即可避免承担侵权责任。

《数字千禧年版权法》之所以不对网络服务商施以主动检测和审查侵权内容的义务，很重要的原因是在当时的立法背景下，网络服务商并不具有承担审查义务的能力。网络服务商这一新生的网络主体，既无审查的技术能力，也无审查的经济实力，倘若课以审查义务，那么今日数字化的全面影响和互联网的全球互联性可能根本无法实现。彼时，权利人是监控侵权行为的最小成本负担者，其作为权利所有者与利益保有者，居于特殊地位。网络发展的初期，用户访问侵权内容或从事侵权活动的能力最终反而可能成为为版权人提供将其知识产品货币化的替代工具，具体表现为版权人因作品被侵权传播而得到的经济收益甚至超过了通过主要媒体合法传播带来的收益。[2] 在当时的传播条件下，权利人完全可以通过评估侵权行为给自己造成的经济损失与网络传播对作品的促销价值，以决定是否启动“通知—移除”程序。但在

---

〔1〕 吴汉东：《著作权合理使用制度研究》，中国政法大学出版社 2005 年版，第 260 页。

〔2〕 Anna Katz, *Copyright in Cyberspace: Why Owners Should Bear the Burden of Identifying Infringing Materials under the Digital Millennium Copyright Act*, 18 B. U. J. Sci. & TECH. L. 343 (2012).

“通知—移除”规则确立的20余载间，信息技术保持着高速发展的态势，网络服务商的技术手段和控制能力因此发生了巨大扩张和提升，早已不是当年亟需被保护和扶持的“新生儿”，权利人也不再是监控侵权行为的最小成本负担者。技术的发展使网络空间的生态愈发变幻莫测，时至今日，倘若网络服务商仍然只承担侵权发生后的审慎义务，则在特殊情况下难以认定其对侵权具有过错；且“通知—移除”规则的失灵使网络著作权侵权现象屡禁不止，同时又无法调动网络服务商主动承担知识产权保护义务的积极性，这使得当前技术背景下的知识产权保护问题再次凸显，造成严重的利益失衡。

美国《数字千禧年版权法》之所以不要求网络服务商承担知识产权审查义务，另一个重要原因在于，在当时的立法背景下，网络服务商还是“被动传输者”(Passive Carriers)与“单纯的管道”(Mere Conduits)——路由和传输信息但不修改信息或存储信息。在早期的普通法时期确立的责任规则中，各种各样的商人，包括旅馆老板、铁路、仓库、包裹承运人和渡轮承运人，都被归类为普通运输者，其基本属性是对所有服务对象的无歧视准入和对所运货物性质的不加关注。在普通法和随后发展的监管框架中，即使运输工具发生改变、运输内容变为无形，对普通运输者手中的“包裹”的目的地和内容的控制权在任何时候都掌握在寄件人手中。[1] 基于此，网络服务商显然有资格作为被动传输者获得特殊待遇，而无需对传输内容承担责任，因为他们所做的一切——就像电话公司一样——只是在管道中传输其他人的数据。但伴随智能网络的蓬勃发展，网络服务商采取的越来越常规的智能技术部署，使得网络服务商对流经其“管道”的内容有了空前的控制力。以深度数据包检测(Deep Packet Inspection, DPI)技术为例，深度数据包检测技术可以超

---

〔1〕 Annemarie Bridy, *Graduated Response and the Turn to Private Ordering in Online Copyright Enforcement*, Oregon Law Review(2010).

越网际互连协议和传输控制协议的标头信息来查看数据包的有效负载,[1]即查看数据包内的实际数据。深度数据包检测技术可用于检测和过滤病毒和恶意软件、管理部分由点对点(peer - to - peer,以下简称p2p)流量造成的网络拥堵、通过支持服务分层或优先化实现流量分类、支持行为广告以进行数据挖掘。网络服务商对流经的数据内容与访问用户的掌控,已经背离了最初为其提供避风港的立法初衷。在技术能力、平台控制、信息优势、市场能力等因素的共同作用下,网络服务商已经成为网络空间的主导者与控制者。

由此,世界各个法域开始对确立已久的“通知—移除”规则进行审视和反思,意在加重网络服务商的版权侵权责任,具体而言,各国司法实践中开始要求一些网络存储空间提供者对特定内容承担更高的审慎义务,各国立法也着手对网络服务商——尤其是信息存储空间提供者施加版权审查义务,主要要求网络服务商通过屏蔽、移除等技术手段主动对第三方上载的信息是否侵犯版权进行审查。

目前,版权审查义务主要通过版权内容过滤的技术手段得以实现,而内容过滤主要存在以下两种模式:第一种模式是网络服务商和版权人进行互联合作,版权人需要向网络服务商先行提供作品情况和信息,以供网络服务商构建全面的正版作品数据库,在履行过滤义务时网络服务商可以将网络用户上载的信息与正版数据库进行比对,从而剔除掉未经许可的盗版内容;第二种模式则无须版权人的参与,而是对网络服务商单方面施加的要求,需要网络服务商对于热度较高、易被侵权的作品进行全面的审查和过滤。

从直觉而言,承担审查义务的网络服务商对于加重自身义务的趋势应当会采取极力阻止、反对和抗拒的态度,但事实证明,审查义务的

---

[1] Nate Anderson, *Deep Packet Inspection Meets Net Neutrality*, *CALEA*, ARS TECHNICA, (July 25, 2007), http://arstechnica.com/hardware/news/2007/07/Deep - packet - inspection - meets - net - neutrality.ars, last visited on December 10, 2021.

设立所面临的支持与反对声并不是非黑即白的，而是形成了一种微妙的态势——一边反对立法，一边按照立法趋势的要求自行加重自身责任。对于大型网络服务商而言，在理论界、立法动向和司法实践均倾向于对其施加版权审查义务的风口浪尖上，他们虽然绝不可能为自身加重法律责任投赞成票，但也的确在行动上主动实施更加严格的版权审查、发展更加先进的版权过滤技术。具体而言，美国拥有大量闻名全球的互联网巨头企业，而版权过滤系统早已得到他们的广泛应用，如谷歌公司开发了“Content ID 过滤系统”，脸书（Facebook）、优兔（YouTube）、照片墙（Instagram）等著名社交平台也纷纷安装过滤器，以防止用户上传受版权保护的作品。[1] 我国版权审查所依赖的技术同样稳步发展，如百度公司为“百度文库”软件设计了“DNA 反盗版文档识别系统”；网易公司推出的“网易云盾”产品可以通过技术手段对文字、图片、音视频加以监控；字节跳动公司为“今日头条”App 建立了国内首个短视频版权过滤器——“灵石”。网络服务商们纷纷在法律尚处酝酿和磋商、暂无明确规定之时，主动承担起版权审查义务。

（二）知识产权审查义务的立法现状

1. 智能网络冲击下的美国版权规则

美国现有版权制度中并未对网络服务商设立普遍性审查义务，而是通过实施“通知—移除”规则采取一种无监督责任。美国具有互联网产业的先锋地位，网络服务商的侵权责任立法规范也起源于此。作为普通法系国家，美国的立法由判例法和成文法共同构成，在《数字千禧年版权法》颁布之前，美国早已在判例法实践中尝试和摸索出了一系列网络服务商责任认定方式。在首个有关网络服务商间接侵权责任的判例花花公子公司诉弗雷纳案[2]中，法院指出，被告是信息存储空

---

〔1〕 Matthew Sag, *Internet Safe Harbors and the Transformation of Copyright Law*, Social ence Electronic Publishing, p. 539 (2017).

〔2〕 Playboy Enterprises, Inc. v. Frena, 839 F. Sup. 1552 (M. D. Florida, 1993).

间的提供者,主观上对于版权侵权并不知悉,但若因此对其不课以责任而放任版权侵权的发展,则会对权利人之作品的经济利益产生巨大威胁。其后的世嘉公司诉马菲亚案中,被告是一家网络论坛(Bulletin Board System,BBS)服务提供商,公众可以在其网络论坛网站中上载、浏览、利用、储存原告的游戏软件,同时,被告借此经营该游戏软件所配套的游戏机业务,对此,法院在最终的永久禁令判决中推翻了初审法院作出的直接侵权判决,[1]而是认定其构成帮助侵权。[2] 从上述判例中可以看出,各审级法院没有依据相同的判决思路,这进一步增加了同案不同判的不可预测性。

为降低司法的不确定性,需要构建统一的规范,在此背景下,美国于1998年在《数字千禧年版权法》中新设了第512条网络版权条款,首次以立法明文确立网络环境下的"通知—移除"规则,并据此确立了网络服务商对网络环境中的信息不承担普遍审查义务的基本原则,即不要求网络服务商对用户生成的内容进行主动审查,仅需要承担一般意义上的审慎义务。在增设第512条后,网络版权侵权中的间接责任问题便有法可依,网络服务商可以在符合条件的情况下进入"避风港"。[3] 例如,在维亚康姆(Viacom)国际公司诉优兔公司案中,原告维亚康姆公司向被告谷歌公司发出了10余条侵权通知,谷歌公司在收到通知后对相关材料进行了删除,最终,法院根据避风港规则认定其不构成版权侵权。

---

〔1〕 Sega Enterprise Ltd. v. Maphia, 857 F. Sup. 679(N. D. Cal. 1994).

〔2〕 Sega Enterprise Ltd. v. Maphia, 948 F. Sup. 923(N. D. Cal. 1996).

〔3〕 第512条规定了"避风港"免责条款的适用条件,即(1)网络服务商实际上不知道有侵权内容和侵权用户的行为存在于平台中;在确实不知情的情况下并未意识到平台存在侵权行为这一事实;在知道或意识到后迅速删除侵权内容或阻止其传播;(2)网络服务商在有能力控制侵权行为的前提下,没有从用户侵权行为中获得直接经济利益;(3)网络服务商在收到权利人发出的侵权通知后迅速采取行动删除或禁止访问该侵权内容。

从被动传输向智能网络转变的过程中，网络服务商能够了解和控制他们为用户传输的内容，也为自己不仅仅是“哑巴管道”而自豪，但同时也导致网络服务商丧失了作为被动传输者所享有的版权责任豁免的可能性。

在米高梅电影公司诉格罗斯特公司案（以下简称格罗斯特公司案）中，该案被告格罗斯特公司发行的免费软件允许计算机用户通过点对点网络共享电子文件，用户大多在未经授权的情况下使用该免费软件来分享受版权保护的音乐和视频文件，米高梅电影公司认为格罗斯特公司在知情的情况下故意传播其软件，帮助其用户侵犯版权作品，法院判决的理由如下：尽管分散的网络无法表明哪些文件被复制以及何时被复制，但被告绝不仅仅是侵权内容的被动接收者，很多证据表明，当被告开始推广他们的免费软件时，已经清楚地表达了用户使用该软件下载受版权保护的作品的目标，并采取积极措施鼓励侵权行为；在文件共享服务商奈普斯特公司（Napster）被版权人起诉侵权而臭名昭著之后，被告还将自己作为奈普斯特公司的替代品进行宣传和营销。除了上述明确推广、营销和进一步推广意图的证据外，被告采用的商业模式也足以证实，他们的主要目标是使用他们的软件下载受版权保护的作品——被告虽然没有从用户那里获得直接收入，但是通过出售广告空间并向用户展示广告来获得收入，被告将用户获取最新版权作品的需求转化为自己口袋中的广告收益。该案的重要贡献在于，最高法院明确了侵权诱导理论的间接责任，“如果一个主体分发设备的目的是促进其使用以侵犯版权，并通过明确地表达或采取其他肯定的步骤来促进侵权行为，则应对由此产生的第三方的侵权行为负责”。但美国联邦最高法院在该案判决中的另一段论证同样值得关注：“米高梅电影公司表明，两家公司都没有试图开发过滤工具或其他机制来减少使用其软件的侵权活动。虽然美国第九巡回法院认为被告未能开发此类工具无关紧要，因为他们缺乏监控用户活动的独立义务，但我们认为这一证据强调了被告故意为其用户侵权提供便利。”[1]这段论述表明美国司法实践已经在分析侵权责任时思考网络服务商过滤侵权内容的能力和过滤实践。

其后，在阿日斯特(Arista)唱片公司诉新闻组(Usenet. com)案中，此种思考则更进一步。阿日斯特唱片公司和其他一些主要的音乐发行商声称被告新闻组维护的系统绝大部分被用于非法分享受版权保护的音乐文件，据此认为被告直接侵犯发行权，间接侵犯复制和发行权。关于间接侵权，由于被告把自己推销为“正在被关闭的点对点文件共享程序的安全替代品”，宣传“免费音乐”并提供使用侵权文件作为说明的下载教程，这些行为明显吻合了前述讨论的基于侵权诱导理论的间接责任的构成要件。关于直接侵权，被告援引先例，认为构成直接侵权需要满足网络服务商的某种意志行为导致侵权发生，如果为用户提出的服务仅仅是提供传播的作品的“被动渠道”，则不应当对直接侵权负责。但法院最终驳回了被告的抗辩。因为有证据表明，被告参与了多种形式的主动网络管理，包括阻止发布垃圾邮件、限制下载量过大的用户的下载速度、限制用户发布和下载色情制品，此外，被告还采用了自动过滤和人工审查技术，以阻止、拒绝某些用户对某些类别内容的访问。尽管被告知晓自己的服务被用来侵犯版权，但被告没有使用自己掌握的技术来阻止或试图阻止侵犯版权的内容传输，最终“被告从侵权活动发生空间的被动提供者变成了版权侵权过程的主动参与者”。[2]

事实上，智能网络技术的使用的确影响了网络服务商在版权侵权诉讼中的责任承担，流量管理和增加对用户内容控制给网络服务商带来了管理与运营的便利，随之而来的是协助减少版权侵权的义务。随着过滤技术的发展，考量网络服务商过滤侵权内容的能力在避风港规

---

[1] Metro - Goldwyn - Mayer Studios Inc. v. Grokster, Ltd. , 545 U. S. 913, 936 - 37 (2005).

[2] Arista Records LLC v. Usenet. com, Inc. ,633 F. Sup. 2d 124 (S. D. N. Y. 2009).

则的适用时变得愈发重要。技术驱动下,侵权责任的重新分配正在进行,《数字千禧年版权法》在版权人和网络服务商之间达成的旧平衡也需适时进行重新调整。

2. 欧盟版权立法突破性变革

欧盟立法对于网络服务商间接侵权责任的规定同样经历了重大演进。2000 年欧盟颁布了《电子商务指令》,但并未从正向规定网络服务商的间接侵权制度,而是从反向的责任豁免视角作出规定,这种免责条款可谓借鉴了避风港规则的精神,以此给网络服务商营造宽松的发展空间。但是欧盟的立法模式也与美国《数字千禧年版权法》存在明显区别,从责任形态而言,欧盟采用了横向一体化立法模式来规制网络服务商,水平监管所有类型内容的中介责任,即该责任豁免条款适用于网络诽谤与侮辱、网络色情暴力、网络非法交易等各种侵权责任,不局限于网络版权侵权;而美国《数字千禧年版权法》第 512 条采取的是仅针对版权侵权的垂直立法模式,对于网络接入服务商、系统缓存服务商、信息存储空间提供商、搜索链接服务商这四类网络服务商的免责条件作出详细规定。对于网络服务商审查义务,《电子商务指令》第 15 条规定网络服务商不承担主动收集表明违法活动的事实或情况、审查传输及储存信息的一般性义务,因为在当时的技术背景下,对于充斥着海量信息的网络资料进行审查是非常困难的,所以这种免除网络服务商普遍检测职责的规定是合情合理的。尽管《电子商务指令》第 15 条如《数字千禧年版权法》第 512 条一样免除了网络服务商的一般性审查义务,但是立法理由之 47 项对此进行了补充性说明:成员国不应当要求网络服务商承担的一般性审查义务指的是全面而普遍的审查义务,但这并不影响在特殊情况下或符合国内法规定的审查和监督义务的施加。立法理由之 48 项规定:成员国不应当要求网络服务商承担一般性审查义务,但这并不影响成员国要求信息存储空间提供者承担注意义务(duty of care),成员国仍然可以要求其承担在合理预期范围内、国家法律规定的义务,以发现和防止某些类型的非法活动。综上可以看出,立法理由之47项、48项并未完全排除特定情况下防止或制止非法行为的义务,为审查义务留有余地,因此《电子商务指令》并不能看作"一刀切"地否定网络服务商审查义务的设立。

《电子商务指令》中所载的原则——只要严格以被动方式行事,网络服务商就不应对其传输、存储或托管的内容负责——推动了互联网在欧洲的飞速发展。与此同时,欧盟立法者也一直致力于缩小价值鸿沟,努力改善在线出版价值链条中不同参与者之间的收入分配状况。随着信息技术的飞速发展引发的网络服务商间接责任的变迁,欧盟率先在立法上做出突破性举措。

欧盟委员会在2015年《欧洲单一数字市场战略》中充分肯定了网络服务商在社会和经济生活中发挥的重要作用,但同时也承认目前出现了一些新的监管问题,例如,网络服务商生成、积累和控制用户的海量数据,并可以使用算法将其转化为可用信息,但相关信息的获取与使用缺乏透明度;部分网络服务商拥有控制其他主体进入在线市场的机会,并且可以对其他市场参与者的获酬产生巨大影响;在网络服务商与权利人、用户之间,网络服务商明显拥有更强的议价能力,并可以反映在定价、销售等合同条款中。欧盟委员会承认,在《电子商务指令》框架下,要求网络服务商对其传输、存储或托管的内容进行限制并不容易,网络服务商仍然可以从免责规定中获益,但欧盟委员会已经在考虑是否要求网络服务商在管理其网络和系统的方式上履行更大的责任和尽职调查,显然这是一种审慎义务。[1] 随后在另一份文件中,欧盟委

---

〔1〕 *Communication from the Commission to the European Parliament, the Council, the European Economic and Social Committee and the Committee of the Regions: A Digital Single Market Strategy for Europe*, COM(2015), https://eur-lex.europa.eu/legal-content/EN/TXT/?uri=CELEX%3A52015DC0192, last visited on December 14, 2021.

员会建议引入过滤义务和自愿措施，特别是在保护未成年人、打击仇恨言论和商业传播方面采用共同监管和自我监管。[1] 针对网络知识产权侵权问题，欧盟将通过修改版权规则和视听相关规则等来实现。整体而言，欧盟委员会的战略无疑强化了网络服务商的义务，似乎要把网络服务商变成内容监管者，监管范围涵盖网络欺凌、仇恨煽动、针对未成年人的有害内容、侵犯知识产权等诸多内容。[2]

2016 年，欧盟发布了《数字化单一市场版权指令》的拟议文件，在近两年的多方磋商和磨合后，于 2018 年 9 月通过了《数字化单一市场版权指令》草案，最终，在 2019 年 3 月 26 日，欧洲议会批准了《数字化单一市场版权指令》，并正式公开发表。《数字化单一市场版权指令》被评论界称为“网络中介服务商间接责任的地震”，其规定网络服务商应当对其用户上传的内容采取过滤措施以限制平台责任豁免条件，通过设置“上传过滤器”持续监测、识别并阻止未授权作品的上传[3]，即以“过滤义务”补偿网络服务商与版权人之间的“价值差”，对各国现有网络服务商责任体系都产生了巨大的冲击和影响。

《数字化单一市场版权指令》第 17 条对网络内容共享服务提供商(online content – sharing service provider，OCSSP)的责任与义务进行了变更规定。根据该版权指令第 17 条的规定，在提供受版权保护的内容时，OCSSP 进行的是向公众提供或传播作品的行为，这使 OCSSP 不在《电子商务指令》规定的避风港豁免范围内。为避免承担侵权责任，OCSSP 必须通过签订许可协议等方式，积极寻求权利人的授权。在未

---

〔1〕 *Proposal for a Directive of the European Parliament and of the Council*, COM(2016), https://eur – lex. europa. eu/legal – content/EN/TXT/? uri = CELEX%3A52016PC0287, last visited on December 14, 2021.

〔2〕 Luca Belli, *Cristiana Sappa*, *The Intermediary Conundrum: Cyber – Regulators*, *Cyber – Police or Both?*, 8 JIPITEC 183 (2017).

〔3〕 参见王箏:《网络服务提供者最低义务设置——兼评欧盟〈数字化单一市场版权指令〉第 17 条》，载《中国出版》2020 年第 6 期。

获得授权的情况下,OCSSP 仅在能够证明履行下述义务时可享受责任豁免:(1)已尽最大努力试图从权利人处获得授权;(2)已尽最大努力确保权利人已向其提供相关且必要信息的特定作品和其他受保护的内容无法被获得,符合高度行业标准下专业的注意义务;(3)在收到权利人发出的有充分证据的通知后迅速采取行动,禁止访问或删除侵权内容,并尽最大努力防止将来侵权内容被上传到平台上。在判断上述义务是否被遵守时,应当考量下述因素,使之符合比例原则:服务的类型、受众、规模,用户上传的作品或其他内容的类型,以及网络服务商采取适当且有效的手段及其成本。[1] 虽然在整个谈判过程中,许多利益相关者坚持认为该指令没有要求 OCSSP 承担过滤义务,指令也载明第 17 条的适用不应导致任何普遍的监控义务,但一方面,指令并未排除特殊情形下的监控义务;另一方面,针对优兔(YouTube)、脸书(Facebook)和谷歌(Google)这样的 OCSSP,考虑到用户每天上传的内容数量巨大,如果不采取一些事先的技术性内容识别与控制措施,他们将几乎不可能充分履行他们在新指令下的义务,也就无法享受责任豁免的例外。[2] 《数字化单一市场版权指令》更为严格的责任豁免条件将倒逼网络服务商采用过滤技术,体现出欧盟强化网络服务商审查义务的立法改革趋势。

3. 中国探索性接纳审查义务

关于版权与邻接权的国际条约并没有明确规定网络服务商的责

---

〔1〕 Directive(EU)2019/790 of The European Parliament and of The Council of 17 April 2019 on copyright and related rights in the Digital Single Market and amending Directives 96/9/EC and 2001/29/EC, Article 17.

〔2〕 Mike Masnick, *After Insisting That EU Copyright Directive Didn't Require Filters, France Immediately Starts Promoting Filters*, TECHDIRT (March 28, 2019, 9:33 AM), https://www.techdirt.com/articles/20190327/17141241885/after - insisting - that - eu - copyright - directive - didnt - require - filters - france - immediately - starts - promoting - filters.shtml, last visited on December 15, 2021.

任，在通过《WIPO 版权条约》（WCT）的外交会议的议定声明中，关于《WIPO 版权条约》第 8 条的议定声明指出，仅为传播提供实物设施这一行为本身，并不等于该条约或《伯尔尼公约》意义下的传播。[1] 这一规定被认为间接为网络服务商提供了"避风港"。

我国于 2006 年颁布了首部规制网络版权侵权的基本法律——《信息网络传播权保护条例》，对我国规范网络服务商间接侵权责任给予了立法上的指引，虽然其中并未规定网络服务商的知识产权审查义务，但我国法律界一般认为网络服务商不需要主动对其接收到的材料进行内容合法性审查。一方面，就法律移植的角度而言，我国《信息网络传播权保护条例》参考了《数字千禧年版权法》的相关规定，确立了网络服务商不承担一般性审查义务的基本原则；另一方面，就互联网产业的发展而言，对于我国 21 世纪初的信息技术手段来说，要求网络服务商承担普遍而全面的版权内容审查是无法做到的，不仅无益于创作生态，更有可能危及网络服务商的发展，抑制互联网产业的创新和进步。

尽管我国法律并未要求网络服务商承担知识产权审查义务，但鉴于规制层出不穷的网络侵权行为的实践需要，文娱产业相关政策文件率先对网络服务商的知识产权审查义务作出要求。2015 年，针对屡禁不止的网盘版权侵权现象，国家版权局颁布了《关于规范网盘服务版权秩序的通知》，强化网盘服务商的监督管理责任，要求网盘服务商采取有效的技术措施遏制网盘中的侵权现象，网盘服务商不仅需要主动对侵权作品进行屏蔽与移除，还要在运营中对用户违法上传、存储、分享他人作品的行为进行规制。2016 年，国家版权局又颁布了《关于加强网络文学作品版权管理的通知》，进一步强化了上述法规所涉的审查义务，不仅重申了上述通知中对网盘服务商要求的监督管理责任，更

---

〔1〕《通过该条约的外交会议的议定声明　世界知识产权组织版权条约》，载 https://wipolex.wipo.int/zh/text/381341，2021 年 12 月 14 日最后访问。

是明确要求提供文学作品的网络服务商“依法履行传播文学作品的版权审查和注意义务”。此外，自2014年起，国家版权局每年颁布数批重点影视作品预警名单，要求提供存储空间的网络服务商承担“禁止用户上传版权保护预警名单内的作品”的责任。上述规定已然要求网络服务商承担起知识产权审查义务。

无独有偶，行政法规和司法实践也对网络服务商的知识产权审查义务表示出接纳的倾向。2001年，当时的信息产业部（现为工业和信息化部）颁布了《关于进一步做好互联网信息服务电子公告服务审批管理工作的通知》，商务部颁布了《第三方电子商务交易平台服务规范》，这些行政法规从文义解释和目的解释的法律解释方法入手，认为对著作权的合法性进行审查是网络服务商审查义务的题中应有之义，据此要求网络服务商对用户上载、传输的信息数据采取必要的审查措施。这些法律文本直接体现了立法者的普遍性态度，网盘服务商、网络论坛（BBS）服务商和第三方电子商务平台等特定主体应当承担知识产权审查义务。这也就充分说明，法律认可某些类型的网络服务商对于版权侵权行为应负主动监测、保护的责任。不仅如此，部分法院在判决中也暗含对网络服务商承担审查义务的要求，如认为网络服务商对平台上储存的影视作品〔1〕、音乐盛典〔2〕等，在审核时应负有较高的注意义务；甚至要求网络服务商“在原有的技术过滤、人工回查的基础上采取更为有效的措施进一步防止侵权行为的发生”〔3〕，承担“对网络用户的传输内容‘事先’进行注意的义务”〔4〕等。

从当前世界各国家和地区立法来看，认定网络服务商间接侵权的路径仍然处于“通知—移除”框架下，但无论是美国、欧盟还是中国，都

〔1〕 北京互联网法院民事判决书，（2020）京0491民初24656号。
〔2〕 上海市杨浦区人民法院民事判决书，（2019）沪0110民初7624号。
〔3〕 上海市浦东新区人民法院民事判决书，（2010）浦民三（知）初字第789号。
〔4〕 广东省高级人民法院民事判决书，（2006）粤高法民三终字第355号。

为加重网络服务商责任、要求其从被动谨慎转变为主动监测留下了空间。并且从欧盟立法趋势来看,要求网络服务商承担更大程度上的主动保护知识产权义务已经不再停留于设想和口号,而是已成现实。随着互联网产业开始普遍采取 Content ID 等信息识别手段,美国、欧盟、中国等法域的立法界、理论界和司法实践都对设立版权审查义务给予越来越高的重视。

第二节　网络服务商审查义务的类别

作为一种具体的义务类型,审查义务是版权积极保护义务这种抽象义务的具体化,即要求具有“编辑控制权”的网络服务商主动采取技术手段,审查第三方上传平台内容的版权合法性,对第三方版权侵权行为进行预防、监督、审查和控制。从义务来源上看,审查义务可被分为公法审查义务和私法审查义务两种,其中,公法审查义务系指信息发布者根据国家公法规范的要求,对反动、色情、暴力等信息进行审查,这属于网络服务商必须履行的强制性义务;[1] 排除公法审查义务的领域即私法审查义务的范畴。对版权侵权内容的审查属于公私法竞合的领域,既可以引发行政责任,又可以引发民事责任。本书所称版权侵权内容的审查涉及间接侵权的认定,是在私法义务语境下进行的探讨。按照网络服务商审查内容信息的范围差异,私法审查义务可进一步分为普遍审查义务和特定审查义务。一般认为,除网络内容提供者以外,其他服务提供者不承担普遍的审查义务,只需在特殊情形下承担审查义务。按照审查的启动程序是否需要权利人通知,可以将知识产权审查

---

〔1〕 梅术文:《网络知识产权法:制度体系与原理规范》,知识产权出版社 2016 年版,第 361 页。

义务划分为事前审查义务与事后审查义务。综合考虑网络服务商的审查成本、权利人维权的有效性以及保护特殊类型知识产品的需要，对网络服务商课以事前特定审查义务与事后审查义务具有理论与实践的合理性。

一、公法审查义务与私法审查义务

根据网络服务商审查的内容、范围和法律渊源的不同，就学理上而言，审查义务存在公法与私法之分，即存在来自公法规范的审查义务和来自私法规范的审查义务，二者在内涵、要求和责任承担方式等方面存在明显差别，有必要加以区分。[1]

（一）网络服务商对信息内容监管的公法义务

公法上的审查义务指的是由公法规范进行规制的网络服务商审查义务，具体而言，公法规范重在规制网络服务商对平台内用户或经营者的行为是否违法进行全局性的监控。根据《广告法》《电子商务法》《网络安全法》《食品安全法》《网络交易管理办法》《互联网等信息网络传播视听节目管理办法》等法律、法规，网络服务商须承担对违法信息的处置义务和协助执法义务、披露交易规则、对网络信息内容进行审查的义务、监控经营者的信息与行为并采取必要措施的义务。就公法义务而言，除了报送经营者的有关信息、公示交易规则等义务以外，部分网络服务商还被要求对经营者的身份资质、发布的信息、交易行为以及消费者权益是否受到侵害等事项进行真实性与违法性的判断。[2]

早在21世纪初互联网刚刚兴起之时，审查义务就已体现在公法规范之中，早期审查仅针对用户上传的信息内容。具体表现为，2000年

[1] 姚志伟：《技术性审查：网络服务提供者公法审查义务困境之破解》，载《法商研究》2019年第1期。

[2] 伏创宇：《我国电子商务平台经营者的公法审查义务及其界限》，载《中国社会科学院研究生院学报》2019年第2期。

发布的《互联网信息服务管理办法》第 15 条通过明确列举加兜底条款的方式对网络服务商应当承担责任的网络信息作出了规定，承担责任的情形主要包括内容违反宪法基本原则、危害国家安全与统一、损害国家荣誉和利益、破坏民族团结、破坏国家宗教政策、扰乱社会秩序、侮辱或者诽谤他人，或者包含淫秽、色情、暴力、恐怖或者教唆犯罪的内容以及其他含有法律、行政法规禁止传播的内容。换言之，网络服务商的公法审查义务为不得“制作、复制、发布、传播”违宪、危害国家安全、淫秽等法律法规禁止的内容。第 16 条则明确规定网络服务商对于包含上述内容的信息承担责任，即在发现网站传输的信息明显属于上述所列情形的，应当履行停止传输、保存记录、向相关行政机关报告的义务，违反者可能承担被行政机关责令改正、吊销经营许可证、关闭网站等行政责任。

2012 年全国人民代表大会常务委员会发布的《关于加强网络信息保护的决定》对上述条文作出了细微调整，其中第 5 条规定网络服务提供者应当加强对其用户发布的信息的管理，发现法律、法规禁止发布或者传输的信息的，应当立即停止传输该信息，采取消除等处置措施，保存有关记录，并向有关主管部门报告。与上述文本相较，该条文删除了“违法信息”前的定语“明显”，并在对违法信息的处置措施上增设“消除”等具体方式。

2016 年公布的《网络安全法》第 47 条承接了上述条款的内容，规定：“网络运营者应当加强对其用户发布的信息的管理，发现法律、行政法规禁止发布或者传输的信息的，应当立即停止传输该信息，采取消除等处置措施，防止信息扩散，保存有关记录，并向有关主管部门报告。”不仅如此，《网络安全法》还在《关于加强网络信息保护的决定》第 5 条的基础上增加了新的规定，对网络服务商公法审查义务的过错与责任情形作出进一步规制，该规定体现在第 48 条中：“任何个人和组织发送的电子信息、提供的应用软件，不得设置恶意程序，不得含有法律、行政法规禁止发布或者传输的信息。电子信息发送服务提供者和应用软件下载服务提供者,应当履行安全管理义务,知道其用户有前款规定行为的,应当停止提供服务,采取消除等处置措施,保存有关记录,并向有关主管部门报告。"由此,违法信息的"明显性"标准被立法者正式摒弃,网络服务商对网络内容的审查义务标准有所提升。

伴随互联网技术的高速发展,网络服务商创造的技术手段日益多元化,尤其是网络交易行为的盛行更加推动了行政监管的必要性。公法对网络信息内容的调整更加广泛化,逐渐表现为对网络交易、社交活动等行为的专门化调整,其特点在于:第一,审查范围不断扩张,网络服务商履行公法审查义务不仅应当对用户发布的信息是否违法进行审查,还要对用户从事的交易行为是否违法进行审查;第二,审查形式日趋严格,网络服务商不仅需要被动履行义务,即在发现、明知或者应知经营者有违法行为时应当向有关部门报告并采取必要措施,还要在很大程度上履行积极义务,即在法律规定的领域构建主动审查的机制。

为规范网络商品交易以及相关服务,原国家工商行政管理总局于2010年出台了《网络商品交易及有关服务行为管理暂行办法》,它也为后续《电子商务法》的颁布奠定了重要基石。该法设专节规定网络交易平台经营者的义务,网络交易平台经营者不仅在"发现有违反工商行政管理法律、法规、规章"的经营行为时具有向工商行政机关报告并"及时采取措施制止的义务",还应当"建立检查监控制度"。2016年制定的《网络食品安全违法行为查处办法》第10条同样要求"网络食品交易第三方平台"建立"食品安全自查、食品安全违法行为制止"制度。2015年修订的《食品安全法》在第62条中增加了"网络食品交易第三方平台提供者"的义务,既包括"对入网食品经营者进行实名登记""审查其许可证",还要求"发现入网食品经营者有违反本法规定行为的,应当及时制止并立即报告所在地县级人民政府食品安全监督管理部门;发现严重违法行为的,应当立即停止提供网络交易平台服务"。

《广告法》第 45 条则对“互联网信息服务提供者”课以对其“明知或者应知”利用其平台发送、发布的违法广告进行制止的义务。

综上所述,网络服务商的公法审查义务体现了行政法对第三方平台和用户所共同参与的网络活动的干预,其意涵较为丰富。公法审查义务的对象包括信息和行为。其中,电子商务平台经营者对平台内经营者的信息审查义务限定在身份资质信息和发布在该平台上的信息,义务范围较为明确,主要包括以下内容:(1)资格资质审核义务,即核验登记平台内的经营者的身份与行政许可信息,并定期核验更新。该义务源于《电子商务法》第 27 条的规定,主要涉及身份真实性审查,至于是否涵盖违法性审查,目前学界还存在争议。(2)对发布在平台内的信息的审查义务。作为网络服务提供商的电子商务平台经营者,在发现平台内存在违反法律、法规的信息时应当及时采取必要措施,该种情况下的信息审查涉及的是违法性审查。行为审查义务针对的则是平台内经营者的违法行为。当发现平台内经营者实施了与《电子商务法》相关规定相悖的行为时,平台经营者应当履行采取必要措施的处置义务。很显然,采取处置措施的前提是发现违法行为的存在并定位到行为人。因此,审查义务的履行是履行处置义务的前提条件。具体来说,平台经营者需要判断平台内经营者是否应依法取得行政许可,是否实施了法律、行政法规禁止交易的行为,以及交易是否符合保障人身、财产安全的要求和环境保护的要求。

(二)网络服务商对内容审查的私法义务

以义务设立主体为标准,可以将义务分为公义务和私义务。公义务是个体的由法律明文规定的强制性法定义务,不能由个人擅自设立,也不能肆意违反,否则将受到公法的惩处;而私义务是私法上的个人或者组织之间,在不违反法律强制性规定的条件下,按照个人意志所设立的义务,义务双方的地位是平等的,并且可以磋商、调整和变更。从调整的社会关系即对象来看,公法调整的是公主体之间、公主体与私主体之间的各种关系，主要体现为政治关系、行政关系及诉讼关系等。私法调整的是私主体之间的民商事关系即平等主体之间的财产关系和人身关系。

公法调整的是国家与公民间的法律关系，当公民不履行公法义务时，其侵害的是某一方面的社会利益，这种侵害之下的“过错”乃是对国家的过错，而不是民事法律规范中的“主观过错”，因为该行为并不一定在民事纠纷中侵害了对方当事人诉讼请求中所言的具体个人权利，更不一定对该当事人有过错。只有在公法设定了保护个人权利的相关规范时，违反公法规范才可以被视为民事上有过错。

依据《电子商务法》第 42 条、第 45 条的规定，除了承担上文提及的报送经营者的有关信息、公示交易规则、协助执法、审查违法信息等义务，网络服务商的公法审查义务还包括保护知识产权的义务，具体条文如下：电子商务平台经营者应当对平台内经营者实施的侵犯知识产权行为依法采取必要措施。无独有偶，为了强化网络版权保护，由国家版权局、公安部、工业和信息化部联合发起的“剑网行动”先后要求视频、音乐、文学网站对其网站上内容的版权状况进行核查，主动下线侵权内容，务必做到先授权后使用。网络存储空间服务提供者违反了前述公法层面的内容审查义务，其直接后果是承担行政责任，而要承担民事责任则一般需要转介条款。可见，知识产权审查义务兼具民事与行政双重属性。正如北京市高级人民法院《关于审理涉及网络环境下著作权纠纷案件若干问题的指导意见（一）》（试行）第 17 条规定：“提供信息存储空间、搜索、链接、p2p（点对点）等服务的网络服务提供者对他人利用其服务传播作品、表演、录音录像制品是否侵权一般不负有事先进行主动审查、监控的义务。”这里规定的是特定种类的网络服务提供者不承担私法上的审查义务。该条接下来规定“依照相关法律及其规定应当进行审查的，应当审查”，则是对公法上审查义务作出的例外规定,即按照公法规范需要承担审查义务的,依然需要审查。[1] 上述条文淋漓尽致地体现了知识产权保护义务在民事和行政领域存在竞合。

但知识产权审查义务的此种竞合对于网络服务商侵权责任判定而言,可能导致矛盾的立法指引。一方面,网络服务商的知识产权审查义务可能来源于对公法义务的履行,由相关公法规范转化为知识产权审查义务。如《互联网视听节目服务管理规定》中要求网络服务商对视频是否存在色情、低俗、反动内容进行审核,司法实践中,有法院就认为这一公法义务的履行实际提高了网络服务商的注意义务。[2] 另一方面,网络服务商的知识产权审查义务也可能直接来源于公法规定,如《关于规范网盘服务版权秩序的通知》《关于加强网络文学作品版权管理的通知》等规定,直接要求网络服务商承担知识产权审查义务,对内容的知识产权合法性进行审查。

上述来源于公法的知识产权审查义务无疑突破了既有的知识产权民事规范,明显超出了《信息网络传播权保护条例》对网络服务商无须主动对其接收到的材料进行内容合法性审查的义务要求,导致知识产权审查义务在公私法规范上存在"悖论式并行"的现象。[3] 为了应对此种矛盾,有必要对知识产权审查的私法义务进行审视。因此,本书语境下的网络服务商知识产权保护义务限定于民商事领域,因此尽管《电子商务法》对电子商务平台的知识产权保护义务施以公法上的要求,但本书重点不在于相关公法义务和行政责任,而是要厘清审查义务在认定民事责任中的功能与定位,以此论证其设立的合理性。换言之,本书探讨的是版权领域的民事侵权责任,因而仅以私法层面的版权审

〔1〕 姚志伟、刘润涛:《广告发布者的著作权审查义务问题研究》,载《知识产权》2016年第4期。

〔2〕 北京互联网法院民事判决书,(2019)京0491民初16240号。

〔3〕 姚志伟:《公法阴影下的避风港——以网络服务提供者的审查义务为中心》,载《环球法律评论》2018年第1期。

查义务为研究对象。

在私法领域存在四大基本原则:人格平等、合同自由、过失责任和绝对所有权原则,其中的过失责任是民事侵权理论的基石。根据法律义务直接引发法律责任的基本法理,所谓过错就是对某种民事义务的违反,因此,没有民事义务及对该种民事义务的违反,就难以称得上过错。[1] 故此,无论是在立法领域还是司法实践中,法律义务对于法律责任的来源、范围和认定都具有重要意义。进一步而言,私法上的知识产权审查义务是争议较大、理论含混的网络知识产权侵权纠纷中的制度工具,能够更好地服务于间接侵权责任的认定。研究审查义务在民事侵权认定中的功能与定位,是从义务角度探讨网络服务商知识产权侵权责任的重要手段。

从学理上分析,私法上的知识产权审查义务规定来源于私法规范,主要是指《民法典》《著作权法》《商标法》《信息网络传播权保护条例》等相关法律法规以及司法解释,这些法律文本重在保护个人或组织的知识产权这项私人权益,规范侵犯私权的行为,是本书的直接依据和研究重点。[2]

二、普遍审查义务与特定审查义务

根据网络服务商审查内容信息的范围差异,可以将知识产权审查义务划分为普遍审查义务和特定审查义务。普遍审查义务是指不区分作品范围和权利人范围,对所有权利人的所有知识产品进行审查的义务。该义务类型最大的特点在于全面性,涵盖所有的知识产权内容,也不限定权利人的范围,无论作品是否存在被侵权风险,皆会被纳入审查

[1] 张民安:《过错侵权责任制度研究》,中国社会科学院研究生院 2002 年博士学位论文。

[2] 姚志伟:《公法阴影下的避风港——以网络服务提供者的审查义务为中心》,载《环球法律评论》2018 年第 1 期。

的范围。这是一种完全的审查,对权利人作品的保护程度较高,对网络服务商的审查手段要求也较高。特定审查义务是指对知识产品范围或权利人范围进行限定的义务,根据限制对象的不同,又可进一步分为针对有限作品的审查义务和针对有限权利人的审查义务。针对有限作品的审查义务,是指网络服务商在承担审查义务的时候,只需要对一部分作品进行审查。比如可以针对权利人请求审查的作品进行审查,以此限定作品的范围。针对有限权利人的审查义务,是指网络服务商在承担审查义务之前,设定关于权利人的标准,只有符合该标准的权利人,才能将其知识产品纳入审查体系,并以过滤等技术手段加以监测。[1]

普遍审查义务和特定审查义务各有各的优点和劣势,普遍审查义务在抑制盗版和侵权行为上发挥着更加全面和彻底的作用,但是会给网络服务商施加过大的责任和负担;特定审查义务无法包括所有的知识产权信息,在保护力度上显然弱于普遍审查义务,但这一精准打击的审查方式更符合当前的技术和发展现状,能够缓释网络服务商的沉重负担,避免矫枉过正。

无论是美国《数字千禧年版权法》、欧盟《电子商务指令》,还是我国立法文本与司法实践,都以"网络服务商不承担普遍审查义务"为基本原则。但是这并不妨碍下列两种情况下的审查:一是网络服务商自愿的审查;二是特殊情况下的审查义务。[2]

一方面,各国法暂时没有明确设定"审查义务",但也从未禁止"审查"。美国立法者称《数字千禧年版权法》并不阻止网络服务商以发现侵权内容为目的而审查其平台,欧盟《电子商务指令》中有关侵权责任的规定也认可网络服务商主动对非法网络内容采取必要措施。另一方

---

〔1〕 赵艳:《网络服务提供者版权过滤义务研究》,中南财经政法大学 2019 年硕士学位论文。

〔2〕 谢光旗:《普遍与特殊:网络服务提供者的著作权审查义务》,载《西部法学评论》2013 年第 3 期。

面,无普遍审查义务的基本规则并不会影响在特殊情况下的审查义务——特定审查义务。例如,《数字千禧年版权法》第512条(m)规定网络服务商可以审查标准技术措施,第512条(c)(d)也充分说明网络服务商在一定情形下应当审查知识产权侵权;《电子商务指令》序言第47项、第48项和第15条第2款,以及接入服务商(第12条第3款)、系统缓存商(第13条第2款)和宿主服务商(第14条第3款)条款都明确认可成员国在特定情况下设立审查义务,在侵权行为发生前予以预防和监管。

综上所述,普遍审查义务和特定审查义务具有递进关系,即目前法律免除普遍审查义务,但这并不排除特定审查义务的设立,后者是免除前者之后所保留下来的义务。观察世界各国的立法及司法实践,针对知识产权的特定审查义务以立法文本为直接来源,并因法院的禁令、行政机关的命令而产生,主要包括防止重复侵权、防止大规模侵权及对特定类型的侵权进行监测和阻止三种类型。这三种类型的特定审查义务在欧美法上有所体现,如美国《数字千禧年版权法》第512条概括性地规定了"标准技术措施"例外和针对重复侵权情形的审查义务,同时在判例法中,美国法院将大规模知识产权侵权归为审查对象。欧盟在《电子商务指令》中明确了特定情况下的审查义务是法院或行政机关根据国内法发布命令或禁令,防止特定侵权行为、阻止用户接触违法内容,以及对宿主服务提供商就其服务下特定类型的违法行为加以监控和阻止。

三、事前审查义务与事后审查义务

按照审查的启动程序是否需要权利人通知,可以将知识产权审查义务划分为事前审查义务与事后审查义务。事前审查义务,是指网络服务商无须接受权利人的通知,应当主动对用户上传内容进行的知识产权审查,通过审查后才将用户上传内容进行公开。具体而言,事前审查义务可以划分为事前普遍审查义务与事前特定审查义务。

事前普遍审查义务，是指网络服务商不区分作品范围和权利人范围，在未接受权利人通知时就主动承担对用户上传平台的所有内容进行知识产权审查的义务，这是一种事前的、完全的审查。事前普遍审查义务虽然能够较为充分地实现知识产权保护效果，但无疑使网络服务商承担过高的成本，也大大提高了网络服务商行业准入的技术门槛。从实践角度来看，即使是突破性引入过滤义务的欧盟，也明确将事前普遍审查义务排除在《数字化单一市场版权指令》外。从学理角度来看，将知识产权保护的责任过多地施加于网络服务商，不仅不合理地增加网络服务商的经济成本与技术负担，也无益于权利人行使权利的主动性。除此之外，事前普遍审查义务更深刻的内在缺陷在于，网络服务商实质上成了信息网络传播权的权利主张者，拥有在网络空间排除作品权利人主张权利的自由。

事前特定审查义务，是指网络服务商针对特定的知识产品或特定权利人的作品，在未接收到权利人通知时就主动承担对用户上传平台的相关内容进行知识产权审查的义务，这是一种事前的、部分的审查。在下述三种情形，网络服务商具有履行事前特定审查义务的合理性。其一，网络服务商可以从特定内容中直接获利，如网络服务商针对特定知识产品投放广告带来经济收益，但仅依据时间或流量收取一般性广告费或服务费则不在此列。最高人民法院《关于审理侵害信息网络传播权民事纠纷案件适用法律若干问题的规定》第 11 条明确规定，网络服务提供者从用户上传的内容中直接获取经济利益的网络服务商，应当对侵权行为负有较高的注意义务。这从实质上认可了网络服务商在因内容而直接获利的情况下需要负担更高的义务。在此情形下，网络服务商是有针对性地投放广告，往往能够接触特定内容，很容易辨明其合法性，无须从平台的海量信息中进行繁复审查，审查成本较低。其二，网络服务商已经对内容进行人工筛选，如在提供用户上传的内容时整理榜单或分类、设置目录或索引、新增内容描述或简介。此时网络服务商应当知晓具体内容，从利益平衡角度来看，让其承担事前审查义务并无不当。亦有学者将算法推荐行为等同于网络服务商的主动选择与筛选，认为采用算法推荐技术的网络服务商同样应当履行事前特定审查义务，即事先将作品录入作品库，将作品库作为版权信息依据，通过算法将侵权内容进行版权过滤。[1] 其三，针对影视作品等制作成本高昂、时效性突出的知识产品，网络服务商承担事前审查义务同样具有合理性。制作成本高昂意味着普通平台用户不可能成为该知识产品的权利人，也几乎不会获得使用授权，侵权的可能性极大；时效性突出意味着若不提前采取措施避免侵权，侵权行为将会对权利人造成巨额损失。

事后审查义务，是指网络服务商在收到权利人的通知后，应当对有关侵权作品采取删除、断开链接等合理措施，并在之后通过过滤技术防止同样的侵权内容再次被上传到平台上的义务，是一种事后的、部分的审查义务。欧盟《数字化单一市场版权指令》要求网络服务商采取此种事后审查义务，该指令第 17 条(4)规定平台应尽最大努力根据权利人提供的信息确保侵权内容不能在平台上出现(unavailability)，并且在获得权利人适格通知后，移除侵权内容并尽最大努力保证该侵权内容将来不再出现，[2] 此处即暗含平台应根据权利人侵权通知信息持续监测类似侵权内容的事后审查义务。美国版权局发布的关于避风港规则的评估报告，虽然不建议进行大规模的结构性修法，但也认可了“通知—屏蔽”规则的微调路径。[3] 对网络服务商而言，事后审查义务更有针对性，可以在平台的运营与监管时侧重对重点版权作品的保护，有

---

[1] 林妍池:《论网络平台算法推送的版权责任与法律规制》，载《南海法学》2021 年第 5 期。

[2] See European Commission Directive on Copyright in the Digital Single Market, Art. 17, 2019.

[3] 熊皓男:《论网络服务提供者的版权审查义务》，载《电子知识产权》2021 年第 6 期。

效维护公正合法的网络环境；对权利人而言，“通知—屏蔽”规则免去重复发送侵权通知的成本，避免作品大规模侵权现象的出现，实现权利的有力保护。

综合考虑网络服务商的审查成本、权利人维权的有效性以及保护特殊类型知识产品的需要，对网络服务商课以事前特定审查义务与事后审查义务具有理论与实践的合理性。

第三节　审查义务与相关法律义务的界分

在研究网络服务商的知识产权审查义务时，司法界、学术界往往提及众多不同的术语和表述，主要包括审查义务、注意义务、安全保障义务、过滤义务等。基本概念的不一致进一步加深了网络服务商间接侵权认定的复杂性，因此，本书有必要首先厘清这些术语的内涵和外延，在此基础上探索网络服务商知识产权审查义务的合理性与可行性。在知识产权侵权语境下，审查义务与注意义务的杂糅现象尤其突出，两者虽有一定联系，但在侵权规则类别、功能、程度与要求、来源等方面存在本质区别，网络服务商在特定情形下承担的知识产权审查义务应由法律作出明确规定，而不能让注意义务成为无所不包的兜底式义务。在网络空间，网络服务商的知识产权审查义务与安全保障义务存在某种相似性，但两种义务的来源、导致义务发生的特殊关系所涉的主体均不相同，网络服务商的侵权责任与基于安全保障义务的侵权责任亦分属两种侵权责任体系，因此不能简单地对二者进行类比。过滤义务在网络服务商的责任承担时频繁被提起，但事实上，“过滤”一词在法律领域中，只是学理上对于某种手段或方法的形象化命名，而并非正式的法律概念，过滤措施实质上是一种网络审查措施，直接对应的法律概念正是审查义务。

一、审查义务与注意义务

来源于侵权责任法的注意义务是侵权判定的重要考量因素，但在知识产权侵权语境下，注意义务与审查义务出现杂糅。不仅在立法文本中同时出现了“审查义务”和“注意义务”两种表述，在司法实践中亦出现“较高注意义务”“审查义务”“审查注意义务”等不同用语。注意义务与审查义务的关系在学界争论不休，有等同关系说、并列关系说、包含关系说。在分析网络服务商审查义务之前，有必要厘清审查义务与注意义务的关系，实现概念的理性回归。

（一）注意义务的内涵与溯源

注意义务是侵权责任法上的核心概念，是指行为人身处具体情境下应当遵守的规范以及根据该规范所使用的合理避免措施。它源于对过失的认定，是以客观化标准认定过失的理论方法和制度工具，具体运作方式为：赔偿责任不从过错的角度加以认定（因为过错是主观概念，过于抽象而难以准确认定），而是衡量在这种特定情形中对注意义务的偏离程度。[1] 注意义务这一将过失客观化的功能决定了其符合现代侵权责任法的发展趋势，已经体现在全球大多数国家和地区的立法文本和司法实践中。

注意义务发源于普通法系，以中世纪损害赔偿之诉讼为发端，经历了很长一段时间的判例法演进，逐步成为过失侵权中的核心概念。《牛津法律大辞典》为注意义务作出了如下解释：行为人对他人造成的损害，只有在法院认为该人在当时的情形中对他人负有不从事该损害或避免该损害发生的法律义务，但若该人因为没有采取注意，或者没有达到法律要求的注意标准，又或者没有实施法律要求的必要避免措施

---

〔1〕 廖焕国：《注意义务与大陆法系侵权法的嬗变——以注意义务功能为视点》，载《法学》2006 年第 6 期。

而违反了这种法律义务时，他才需要为这种损害承担过失责任；反之，如若那种情形下并不存在此种义务，则该损害不能构成民事侵权中的过失，这一损害属于没有侵权发生下的损害，行为人对此不负侵权赔偿责任。[1] 由此可见，在判断人们在一定情况下的致损行为的可追责性时，以注意义务为工具认定过错存在与否是一种客观路径而非主观路径。在具体操作中，这一客观路径具有多元性和弹性的特点。一般情况下，对他人权利和利益所负有的注意义务应当遵循诚实信用、公序良俗的基本原则；在法律法规、行业规范、操作要求等具体规则指导的特定情形下，行为人应当对他人权利和利益负有特定的义务。[2]

无独有偶，大陆法系国家出于工业社会的危险与隐患难以预测的现实要求，突破了成文法的限制，给予注意义务以发挥作用的合法空间，在司法判例中运用注意义务解决侵权责任的认定问题。例如，德国判例中确立了“一般注意义务”，又有学者将其翻译为“社会安全义务”，指的是引发或者维持一定危险的行为人所应负有的、应根据该特定情形实施必要的、被期待实施的避免措施，以保护他人不受损害的义务。《欧洲民法典侵权行为法草案》的规定也可以印证，注意义务已成为欧洲侵权法的标准。该草案第 101 条规定：过失是指就具体情形来说，行为人没有达到对其所期待的合理注意标准，或者没有达到成文法为保护受害者利益而制定的特别标准。日本侵权法中同样体现出了注意义务的功能。尽管法律文本对注意义务的定义采用的是心理状态等主观化的表述，但是法律解释对于过失的具体认定进行了澄清，即过失就是违反一般理性人的注意义务。同时，日本学界和司法界对于以注意义务认定过失的路径提出了“信赖原则”，即从受害方视角来看，在发生损害的特定社会情形下，如果不能期待加害方在社会平均理性标

〔1〕［英］戴维·M. 沃克：《牛津法律大辞典》，李双元译，法律出版社 2003 年版，第 171 页。

〔2〕张新宝：《中国侵权行为法》，中国社会科学出版社 1995 年版，第 137 页。

准下实施一般行为,社会活动无法正常发生,而如果加害方违背了这种信赖和期待,则该损害构成有过失的侵权行为。[1]

(二)法律态势:审查义务与注意义务的杂糅

中介人对内容信息的注意义务与审查义务具有高度相关联性,目前,法律界并未厘清这两个概念的内涵和外延,造成了很大程度上的混淆适用。

1. 我国知识产权法中的审查义务与注意义务

我国知识产权相关立法文本中多次出现了注意义务和审查义务。最高人民法院《关于审理著作权民事纠纷案件适用法律若干问题的解释》(2002 年)第 20 条曾规定:"出版者对其出版行为的授权、稿件来源和署名、所编辑出版物的内容等未尽到合理注意义务的,依据著作权法第四十八条的规定,承担赔偿责任。出版者尽了合理注意义务,著作权人也无证据证明出版者应当知道其出版涉及侵权的,依据民法通则第一百一十七条第一款的规定,出版者承担停止侵权、返还其侵权所得利润的民事责任。"

从该条文内容而言,出版商的合理注意义务实际上就是内容审查义务,因为"合理注意义务"的对象乃是"授权、稿件来源和署名、所编辑出版物的内容等"事宜,与审查义务的对象重合。据此可知,在传统民事领域,版权审查义务和合理注意义务在司法中是可以替代使用的术语。[2]

无独有偶,北京市高级人民法院发布的《关于确定著作权侵权损害赔偿责任的指导意见》第 2 条中,同时出现了"审查义务"和"注意义务"两种表述,该司法解释从在先行为、成文法规定、合理注意义务、约定义务等方面综合判定行为人过错,宏观性地列举和涵盖了多种注意

---

〔1〕 于敏:《日本侵权行为法》(第 2 版),法律出版社 2006 年版,第 119 页。

〔2〕 王杰:《网络存储空间服务提供者的注意义务新解》,载《法律科学(西北政法大学学报)》2020 年第 3 期。

义务的来源，其中由成文法规定的审查义务和非经法律明文规定的合理注意义务属于并列逻辑关系，均属于广义上的注意义务体系。

又如，根据北京市高级人民法院《关于审理商标民事纠纷案件若干问题的解答》第21项的规定，承揽加工带有他人注册商标的商品的，承揽人需要审查定作人是否享有承揽加工商标的商标专用权。如果承揽人未尽到注意义务，则认定其与定作人构成共同侵权，共同承担损害赔偿等责任。不难发现，北京市高级人民法院将注意义务作为判断过错的工具。这也在一些司法判例中得到了印证，如在中国信达资产管理公司与张景宗等人借款合同纠纷中，法院认为，建设银行已经履行了相应情形下的注意义务，不存在过失，是善意的，所以不承担侵权责任。

2. 司法界和学界对于审查义务和注意义务之争

司法实践中已有较多法院采取注意义务来认定网络服务商的间接侵权责任，但是对审查义务和注意义务通常不作区分，混淆适用，在判决中有时呈现出注意义务扩张的倾向，具体表现为法官在判断是否构成过失的特定情形和因素时，态度比较宽松甚至超前，可以运用自由裁量权认定特定情形下的被告承担"较高注意义务"；有时又采取"审查义务""审查注意义务"等用语，造成名义上的区分而实际上的杂糅的问题。

在新传在线（北京）公司诉上海全土豆网络科技有限公司（以下简称土豆网）一案中，对于视频分享网站土豆网所负的义务，一审法院认为其负有审查和删除义务，[1]二审法院则采用了注意义务的认定方式，认为信息存储空间提供者承担的注意义务应当与其具体服务可能带来的侵权风险相对应。[2] 在华盖公司诉雷霆万钧公司一案中，法院采用了审查义务的术语，认为图片分享网站一般不具有事先主动审查、

---

〔1〕 上海市第一中级人民法院民事判决书，（2007）沪一中民五（知）初字第129号。

〔2〕 上海市高级人民法院民事判决书，（2008）沪高民三（知）终字第62号。

监控侵权行为的义务。[1] 在三面向诉天极网络一案中,法院认为被告客观上没有尽到“更高的审查注意义务”而构成版权侵权。[2]

学界也一直在网络服务商的审查义务和注意义务的选择使用之间犹豫和徘徊。对于审查义务与注意义务之间的关系,主要有三种观点:注意义务与审查义务等同说,注意义务包含审查义务说,注意义务与审查义务并列说。

有学者认为注意义务和审查义务是等同关系,二者已经逐渐融合。持此观点的学者认为,注意义务是判断过失的核心,注意义务的存在与注意义务的违反是过失成立的两个要件。其中,注意义务的违反与注意能力密切相关,需要考量在相同情况下,作为勤勉负责的理性人是否能够发现、继而阻止损害发生;审查义务同样也需要判断网络服务商能否发现并制止侵权内容的传播。注意义务和审查义务的履行在法律要求和法律效果上并无区别,二者在过错责任的规则下走向了融合。[3]

也有不少学者认为,注意义务是广义上的概念,其中包含了审查义务,审查义务应当向注意义务回归。其一,我国版权注意义务的早期立法就已经将注意义务作为审查义务的上位概念,在网络侵权纠纷频发之前的传统民事领域中,审查义务本就是注意义务下设的一种类型,将审查义务纳入注意义务顺应了传统立法模式;其二,根据司法实践的发展趋势,在众多案件中,法院以网络服务商未实施事前合理预防措施而支持原告诉请,认为构成间接侵权,此外,相关司法解释和司法政策也鼓励网络服务商积极审查和监督用户上传的内容,审查行为越来越成为广义上注意义务中的考虑因素。因此,有法官指出,注意义务与审查义务难以完全对立,网络服务商承担合理注意义务就意味着对用户上

---

〔1〕 北京市高级人民法院民事判决书,(2012)高民终字第1144号。

〔2〕 重庆市第五中级人民法院民事判决书,(2011)渝五中法民终字第04666号。

〔3〕 谢雪凯:《审查义务:在线服务商主观过错之轴心——立法与判例的启示》,载《甘肃政法学院学报》2013年第3期。

传的内容进行一定的审查。

也有学者在包含关系的基础上，进一步认为审查义务是强化版的注意义务，[1]或称为较高层次的注意义务。[2] 他们认为审查义务的实质意义在于可以与侵权责任的构成要件存在关联。在行为、过错、损害事实和因果关系四要件之中，审查义务的不履行指向不作为，与过错要件相契合，成为判断网络服务商过错与否的客观表现，包含在注意义务的范围内。但审查义务与注意义务并非完全相等，审查义务的履行要求网络服务商必须以积极作为的方式审查用户上传内容的合法性，从而弥补注意义务既有体系的被动性。注意义务与审查义务不仅在法律逻辑上是可以推导的，而且法院亦承认网络服务商在特定情况下应承担“较高的注意义务”，这也反映了注意义务的内容并非一成不变，并非局限于理性人被动的审慎与注意，而是可以通过提高对注意义务的要求对网络服务商施加审查义务。

也有学者认为注意义务和审查义务是并列关系，不存在上下位逻辑关系，有必要进行严格界分。在美国早期侵权案件中，网络服务商需要承担审查义务，只要侵权内容在平台传播，网络服务商就应当承担侵权责任，此时侵权的构成不考虑主观过错，适用的是严格责任。《数字千禧年版权法》的出台免除了网络服务商的审查义务，将网络服务商需承担的严格责任变为过错责任。在这一过程中，审查义务与严格责任对应，注意义务则与过错责任对应，因此在知识产权审查义务诞生之初，审查义务与注意义务二者就是并列的。支持并列观点的学者还认为，注意义务并不是一个无所不包、可以肆意扩张的侵权法概念，它的功能是有特定范围的，即它服务于过失侵权中的过错认定。注意义务与审查义务是截然不同的两种义务类型，前者要求网络服务商基于提

〔1〕 吕炳斌：《网络版权避风港规则的发展趋向》，载《中国出版》2015 年第 23 期。
〔2〕 虞婷婷：《网络服务商过错判定理念的修正——以知识产权审查义务的确立为中心》，载《政治与法律》2019 年第 10 期。

供服务的性质与内容,以行业一般理性人的注意能力为依据,在知道和应当知道用户侵权行为时,通过断开链接等方式及时阻止侵权内容的传播;后者则要求网络服务商采取合理措施,查验用户上传内容的合法性。尽管注意义务可以以其灵活性弥补侵权责任法适用的僵化,在法无明文规定为侵权的情形下以一般性原则认定侵权,但这并不意味着注意义务可以全面适用于所有的民事侵权场景,更不意味着注意义务可以代替行为人的义务,凌驾于所有民事义务之上。

换言之,注意义务是在法律并未明确要求民事主体承担某种义务的情况下,认定过失的一般性判断工具。而在法律已经预先为民事主体设定了义务和责任的场合下,人们应当从事何种行为、不能从事何种行为已经有了法律的指引,这种情况下并不属于过失侵权责任的路径,也就没有运用注意义务的土壤。因此,当法律已经明文规定内容控制者应当积极检测侵权行为、预防侵权行为发生,并且这种政策倾向早已渗透到网络服务商的间接侵权责任认定之中时,一味强调网络服务商的注意义务将会混淆其与更重程度的义务,破坏立法的行为指导功能。〔1〕

根据这一分析思路,司法判决中频繁出现的"审查注意义务""更高的注意义务""预防侵权的注意义务"等,并非真正意义上的注意义务,将其命名为审查义务才是正确的。

(三)理性回归:审查义务与注意义务的区别和联系

实际上,审查义务与注意义务虽有一定联系,但存在本质上的不同。在民法语境下,注意义务是指义务主体谨慎、小心地作为或者不作为以谨防自己对他人造成损害的义务。〔2〕引入知识产权语境,网络服务商需承担的注意义务则是网络服务商谨慎、小心地作为或者不作为

〔1〕 姚志伟:《公法阴影下的避风港——以网络服务提供者的审查义务为中心》,载《环球法律评论》2018年第1期。

〔2〕 屈茂辉:《论民法上的注意义务》,载《北方法学》2007年第1期。

以谨防用户侵权给权利人造成损害的义务;而审查义务要求义务主体积极主动地采取相应措施,检查、监测、控制第三方从事的行为或发布的内容,在必要时采取合理措施制止第三人的违法行为。

网络服务商的注意义务与特定审查义务有密切关联:在一般情况下,网络服务商仅需对自己提供的服务下的信息内容保持注意,在特定情况成就时,需要主动采取措施监控该对象以避免侵权发生。我国《民法典》第1195条规定了网络服务商的注意义务,要求网络服务商在知道或应当知道用户利用其服务侵犯他人民事权益时,应当采取删除、断开链接等必要措施。这种注意义务的要求是比较低的,仅仅规定网络服务商在实际发现或者应当发现不法行为时被动地采取行动。而在特定情况下,网络服务商需要承担审查义务,该特定审查义务则要求其积极主动采取合理措施去审核网络用户上载的信息,检查网络用户的上传行为是否经过合法授权等,而不是被动地等待侵权发生后再采取措施。

综合上述分析和论证,网络服务商的注意义务和审查义务的区别主要体现在如下方面:

第一,二者属于不同的侵权规则工具,在认定侵权时对于过错认知因素的要求不同。注意义务是一种过错客观化的制度工具,旨在认定过失侵权责任,而过失不要求判断行为人对过错的认知因素属明知抑或应知。而审查义务旨在认定故意侵权,即在符合认知因素的主观要件下,有意违反或放任不作为而构成侵权。

第二,二者的功能不同。注意义务在一般情形下普遍存在,其功能是要求网络服务商尽到通常情况下的一般理性人的小心谨慎,在发现侵权行为后予以处理。审查义务是在特定情形下发挥功能的,即网络信息内容明显存在侵犯他人版权的可能性,这种情况下网络服务商被要求不能假装视而不见,而应当积极预防和阻止这种行为的发生。

第三,二者的程度与要求不同。注意义务要求网络服务商在一般情况下保持通常的谨慎,不要求其积极行动,可以以不作为形式存在;而审查义务要求网络服务商主动审查内容的合法与否、积极发现侵权行为,一般是一种积极的作为。注意义务对网络服务商的要求程度显然低于审查义务。

第四,二者的来源不同。注意义务的来源具有多元性和灵活性,既可以来自法律的明文规定,又可以来自先行行为、行业惯例、操作守则、风俗习惯等。而审查义务的程度较重,会给义务主体带来比较重的负担,它的确立和履行需要来自法律法规的明确安排和指引。

综上分析,在法律早已针对传统线下环境设立知识产权审查义务的背景下,网络服务商的知识产权审查义务也应当由法律作出明确规定。在满足特定条件下,网络服务商应当承担知识产权审查义务。而注意义务应当回归其认定过失侵权责任的工具的地位,在通常情况下网络服务商需要在注意义务的规制下保持一般理性人应具有的谨慎和小心。

二、审查义务与安全保障义务

源自德国侵权责任法的安全保障义务,从物理性空间扩张至虚拟网络空间,其要求网络服务商对其提供的虚拟场所内的用户活动承担危险防范义务。在此意义上,网络服务商的知识产权审查义务与安全保障义务存在某种相似性。尽管如此,知识产权审查义务与安全保障义务的区别也同样明显,不能草率地将二者混为一谈,或把网络服务商的知识产权审查义务划为安全保障义务的一种子义务。

(一)安全保障义务的溯源与引入

传统的侵权责任法以保障绝对权不受侵犯为基本目标,行为人不作为往往不导致侵权责任的承担。但伴随交往频繁化与风险多样化,作为义务的出现能够补足传统的单纯规制不作为的侵权责任法体系。

安全保障义务的雏形出现于 17 世纪的德国判例中,是自“安全交往义务”延伸出来的要求财产所有人保障其财产符合交往安全的义务。[1] 鉴于进行交易和群众性活动兼具必要性与风险性，有必要让一定的责任主体承担管理和保障的义务，采取必要措施以防止第三人遭受损害，安全保障义务应运而生。安全保障义务具有发生社会交往与给他人造成潜在损害这两大要素，[2] 旨在为公民人身安全和有形财产保驾护航，主要表现为义务人对于其具有管控力的公共场所或群众性活动等物理性空间之中发生的损害承担危险防范义务。就性质而言，安全保障义务存在公法与私法的多重价值，体现出国家义务向民事义务的转向，彰显了私法所承担的社会责任。[3]

根据行为人的主体差异，安全保障义务可以分为防止受害人受到义务人侵害的义务和防止受害人受到第三人侵害的义务。[4] 根据行为类型差异，安全保障义务可以分为作为的安全保障义务和不作为的安全保障义务，作为的安全保障义务以强制性规范约束义务人，要求义务人不得怠于履行特定义务致使受害人受到损害；不作为的安全保障义务则以禁止性规范约束义务人，要求义务人不得以积极行为导致受害人受到损害。[5]

安全保障义务早已融入我国民法体系之中，也使我国民法具有相当鲜明的欧陆法系色彩。在《民法典》颁布前，安全保障义务已经体现在私法规则中。原《侵权责任法》第 37 条是安全保障义务引入最直接的例子，规定了宾馆、商场、银行、车站、娱乐场所等公共场所的管理人、

---

〔1〕 张新宝:《侵权责任法》，中国人民大学出版社 2006 年版，第 177 页。

〔2〕 王思源:《论网络运营者的安全保障义务》，载《当代法学》2017 年第 1 期。

〔3〕 谢鸿飞:《违反安保义务侵权补充责任的理论冲突与立法选择》，载《法学》2019 年第 2 期。

〔4〕 王胜明主编:《中华人民共和国侵权责任法释义》（第 2 版），法律出版社 2013 年版，第 224 页。

〔5〕 谢鸿飞:《违反安保义务侵权补充责任的理论冲突与立法选择》，载《法学》2019 年第 2 期。

群众性活动组织者负有保障他人人身和财产安全的义务。原《合同法》第302条是安全保障义务间接引入的例子，规定承运人对运输中的旅客人身健康与安全负有保障义务，除故意或重大过失的情形外，承运人应当对运输中的旅客的伤亡承担责任。在《民法典》颁布后，安全保障义务得到了进一步的确认。《民法典》第1198条以明文规定直接赋予宾馆、商场、银行、机场、车站、体育场馆、娱乐场所等经营场所经营人、管理人、群众性活动组织者以安全保障义务，若上述义务主体未尽到安全保障义务，则须承担相应的侵权责任或补充责任。《民法典》第1254条亦直接赋予建筑物管理人以安全保障义务，若其未尽到安全保障义务，则须承担相应的侵权责任。除上述民事法律法规的直接规定外，安全保障义务也可能基于合同约定或基于维护公序良俗的需要而产生。在私法体系中，安全保障义务已经得以充分引入并适用。

近年来，伴随网络技术的飞速发展，网络空间的公共性愈发凸显，社会交往和群众性活动切实发生在网络空间中，随之而来的是网络空间中人身损害与财产损害的风险。网络空间同样具有安全保障义务所需要的两大要素——发生社会交往与给他人造成潜在损害，因此将安全保障义务从物理空间延伸适用到虚拟网络空间存在理论可能性。

实践中，德国的安全保障义务也逐步发生了扩张适用，其场所已经不限于传统物理性空间，而是延伸到虚拟的网络空间，如德国联邦法院以《德国民法典》为依据，将网络服务商的责任定位于"妨害人责任"，设立了"面向未来的审查义务"，这种推理的法理依据正是作为传统安全保障义务法理依据的"危险的开启与控制"。近年来，德国法院在判决中多次肯定安全保障义务存在于网络空间中。德国法院的立场正反映了安全保障义务被引入网络服务商的间接责任认定之中。[1]

---

〔1〕 刘文杰：《网络服务提供者的安全保障义务》，载《中外法学》2012年第2期。

由于安全保障义务在诞生之初就具有超越介质的基本属性，其原理是要求危险制造者、因危险得利者承担注意成本，而并未对适用空间设限。我国立法实践也在探索将安全保障义务的扩张适用于网络空间。《电子商务法》第38条规定，电子商务平台经营者应当对消费者的人身与财产安全承担安全保障义务，义务的落实主要体现在对平台内相关经营者的资格审查；《食品安全法》第62条规定，网络食品交易第三方平台提供者应当承担食品安全管理义务，审查平台内的食品经营者的相应资质；《网络安全法》第21条规定，网络运营者应当承担安全保障义务，保护网络安全，避免网络受干扰、侵入、攻击与破坏，该法第34条还要求关键信息基础设施的运营者承担安全保障义务。

总结而言，网络空间的安全保障义务虽然具有传统安全保障义务的基本特征，但呈现出一些新趋势。从义务主体来看，物理空间安全保障义务的义务主体具有一般性特征，经营场所的经营人、管理人、群众性活动组织者，以及所有参与社会交往并有损害他人利益危险的人都具有安全保障义务；但网络空间安全保障义务的义务主体有特殊性，仅为网络运营者。从保护范围来看，物理空间安全保障义务仍然聚焦于人身与财产权益，一般表现为物质形态；而网络空间安全保障义务更多聚焦于网络系统的安全稳定性、平台用户的民事权益，其中，民事权益则主要是人格利益、知识产权利益与网络财产利益，一般表现为非物质形态。

（二）安全保障义务与审查义务的关系

作为网络空间的引领者，网络服务商无疑对其提供的虚拟场所内的用户活动负有一定义务，知识产权审查义务与网络空间安全保障义务似乎存在一定的相似甚至重合。有观点将网络服务商的知识产权审查义务纳入安全保障义务的范畴，认为网络服务商的安全保障义务是一种聚合性义务，包含多项子义务，网络服务商不仅要承担在技术上保障平台的安全与稳定、对平台中的危险进行主动排查与处理等义务，还需要承担“扫描义务”。[1] 所谓扫描义务，即网络服务商需要在接到侵权通知后，主动审查并防止同样的侵权内容再次被上传到平台上，这显然就是前文所述的事后审查义务。有观点更是直接将安全保障义务与审查义务混为一谈，认为安全保障义务是一种事前保障义务，而“通知—移除”规则所确立的是一种“事后止损义务”，进而将网络服务商承担保障义务的时间节点设置在侵权行为后，这实际上免除了网络服务商的安全保障义务。[2] 但如前文所述，“通知—移除”规则的设置是为了免除网络服务商的一般审查义务。

那么，虚拟空间的安全保障义务与审查义务是否具有可以类推的法理基础，是值得深入分析的问题。

从法源来看，网络服务商的责任主要取材于《数字千禧年版权法》确立的避风港规则，强调中立性、被动性。伴随“通知—移除”规则的失灵与异化，以及计算机与互联网技术的高速发展，各国开始对确立已久的“通知—移除”规则进行审视和反思，网络服务商责任升级，聚焦于知识产权保护的审查义务由此诞生。而网络虚拟空间的安全保障义务则源自德国侵权责任法，最初是要求义务人对于其具有管控力的物理空间之中发生的损害承担危险防范义务，旨在保护公民的人身安全和有形财产，网络虚拟空间的安全保障义务是传统安全保障义务的新发展。简言之，网络虚拟空间安全保障义务与知识产权审查义务实则起源于截然不同的法系与立法语境。

安全保障义务和审查义务看似存在相似性，实则存在本质性的差异，这种差异主要表现为导致义务发生的特殊关系所涉的主体不同。[3] 安全保障义务和审查义务的法律关系中都存在义务人（间接行

---

〔1〕 程亮：《网络服务提供者的安全保障义务研究》，华东政法大学 2015 年硕士学位论文。

〔2〕 王思源：《论网络运营者的安全保障义务》，载《当代法学》2017 年第 1 期。

〔3〕 宋哲：《网络服务商注意义务研究》，北京大学出版社 2014 年版，第 55 页。

为人)、行为人(直接实施侵权行为的人,在间接侵权认定中属于第三人)和受害人,这两种义务的发生都是由于受害人受到行为人之损害,从而探讨义务人在上述情形之中应当对受害人负有怎样的义务,而其中义务人之所以应当对行为人损害行为负责,是基于特殊的法律关系。两种义务的区别在于,这种特殊法律关系发生在不同的主体之间:导致安全保障义务发生的法律关系存在于义务人和受害人之间,而导致审查义务发生的法律关系存在于义务人和行为人之间。具体而言,安全保障义务是指当义务人和受害人在特定社会活动中结合产生特殊关系时,义务人对受害人受到第三方行为人损害之行为负有的义务,如果义务人没有采取行动保护受害人免受第三人造成的人身或财产上的损害,则应当对这种损害承担不作为的民事侵权责任。而导致审查义务发生的特殊关系发生在由特定社会活动相联系的义务人和行为人之间,在这种情况下义务人有义务监控第三人的行为、防止第三人实施侵权行为使受害人受损,如果义务人没有采取有效措施阻止侵权行为,则义务人应当对受害人承担不作为的民事侵权责任。

不仅如此,网络服务商的侵权责任与基于安全保障义务的侵权责任分属两种侵权责任体系。在立法文本上,网络服务商的侵权责任集中规定于《民法典》第1194条至第1197条以及《信息网络传播权保护条例》,包含网络服务商的直接侵权与间接侵权责任;传统安全保障义务集中规定于《民法典》第1198条、第1254条,网络空间的安全保障义务散见于《电子商务法》《食品安全法》《网络安全法》《移动互联网应用程序信息服务管理规定》等法律法规,网络服务商的侵权责任与基于安全保障义务的侵权责任各自运行在不同的法律规则体系下。在保护对象上,网络服务商的责任与义务主要聚焦于知识产权与人格利益,而安全保障义务则聚焦于人身安全与财产利益,虽然安全保障义务的适用范围在不断拓展,但两种义务的保护对象仍各有侧重。在因第三人的行为造成他人损害时的责任形态上,网络服务商的间接侵权责任是连带责任，而在对外关系中，受害人可以要求网络服务商作为第一顺位侵权责任人承担全部侵权损害赔偿，仍然是一种个体责任；违反安全保障义务的义务人可能需要承担连带责任[1]，在部分情形下，义务人也可能承担补充责任。[2] 在对外关系中，受害人应当先要求直接侵权人承担全部侵权损害赔偿，再要求安全保障义务的义务人作为第二顺位侵权责任人承担相应的补充责任，也就意味着在直接侵权人承担全部责任之后，义务人无须承担侵权责任，该规定突破了个体责任的边界。

综上所述，安全保障义务和审查义务尽管具有一定的相似性，但其区别也同样明显。安全保障义务是传统民事侵权领域的重要制度工具，广泛适用于物理环境中的第三方侵权情形，并且其适用范围正在不断扩张。网络服务商的审查义务虽然也发生在第三方侵权情形之中，但通过前文的追本溯源可知，它并非安全保障义务在网络环境下的延伸，而是版权法为了适应互联网的发展所作出的调整和改进。从本质而言，导致这两种义务产生的特殊法律关系主体大相径庭，这是区别二者的核心因素。不仅如此，二者分属不同的侵权责任体系，在法律规则、保护对象与责任形态上均存在区别。可见，网络服务商的知识产权审查义务是否可以称为一种安全保障义务，亟须进一步的分析和磋商，不能肆意类比、妄下定论。

三、审查义务与过滤义务

欧盟《数字化单一市场版权指令》的出台改变了网络服务商一般主动不承担合理审查义务的政策导向，其中的重大变革之一就是要求网络服务商安装上载过滤器（upload filter）。在此重大变革背景下，我国同样无法回避网络服务商的知识产权审查义务。而我国学者在引入

---

〔1〕 参见《中华人民共和国电子商务法》第38条。
〔2〕 参见《中华人民共和国民法典》第1198条。

审查义务时,通过字面翻译确立了所谓"过滤义务"。本书认为,"过滤义务"是一个伪概念,有必要与审查义务进行厘清和整合。

(一)何谓"过滤"

"过滤"并不是一个法律概念,在《牛津法律大辞典》《布莱克法律大辞典》等权威法律辞典中均不曾提及,因此只能从一般语义和法律文本中探寻它的含义。"过",指的是某种处理方法;"滤",指的是使液体、气体经一定材质除去其中所含的泥沙、杂质、渣滓、毒素从而变得纯净。所以"过滤"的本意是指使流体通过滤纸等多孔材料的介质,将其中所含固体颗粒或成分分离出去。最初该术语是适用于物理和化学领域内的操作术语,是一种物质处理步骤。这一初始含义逐渐衍生出其他语境下的用法,指的是通过某种特殊装置或步骤,将不需要的内容分离出去,从而达到净化、优化的效果。

就法律领域而言,"过滤"一词在法律文本中仍然是以初始含义被使用,指向一种操作术语或处置方法。就"过滤"一词的衍生含义而言,只偶见于学理范畴,但即使该概念获得了学界的广泛适用,也终究没有得到官方文件的认可。"过滤"一词曾被应用于刑事诉讼法语境的"案件过滤机制"中,是指有权主体通过评估与审查,将受理的刑事案件进行筛选,剔除不应及不必追诉的案件。此处的"过滤"指向案件分流措施。[1] 亦有学者将公证比作经济运行的"过滤器",[2]将行政复议比作行政诉讼的"过滤器"。[3] 总结而言,上述采用的"过滤"一词,仅仅是运用它的象征含义指代某种审查行为,它只是学者在语言表达中采取的一种精练概括和修辞方式,并未上升为一种法律术语。

---

〔1〕 王禄生:《美国刑事诉讼案件过滤机制及其启示——以地方重罪案件为实证样本》,载《现代法学》2015 年第 4 期。

〔2〕 马平:《市场经济运行中的"过滤器"》,载《中国司法》2003 年第 12 期。

〔3〕 杨维立:《阳光复议提升行政复议公信力》,载中国法院网,https://www.chinacourt.org/article/detail/2019/11/id/4624459.shtml,2021 年 12 月 20 日最后访问。

在内容审查领域，“过滤”一词被采用的频率相对较高，这也是网络环境下“过滤义务”一词的由来。广告过滤、敏感词过滤、信息过滤、浏览器过滤等用法屡见不鲜，这也充分说明，“过滤”是一个技术概念，而不是法律概念。媒介技术的每一次进步，都见证了审查手段和过滤技术的更新。在印刷时代，编辑工作是纸质媒介的“过滤”装置，此时的过滤是由人力来完成的。广播电视媒体成就了电子时代，编导工作就是电子媒介的“过滤”装置，此时开始出现了人力和机器合作进行的审查方式，比如美国法律规定有线电视必须配套有反暴力芯片装置，以自动审查电视节目的内容合法性。〔1〕 21 世纪初，互联网技术经过数十年发展，已经营造出一个充斥着侵权内容的虚拟空间，为了加强网络空间的治理，网络过滤技术应运而生，即在互联网上设置网络过滤技术装置。

过滤技术诞生后，其用途呈现多元化特点。网络过滤技术曾用于过滤视频网站的贴片广告，〔2〕即对于采用“免费 + 广告”商业模式的视频网站经营者投放的广告，某些行为人设计了过滤装置以辅助网络用户屏蔽和拦截这些广告，〔3〕这显然与版权内容所指涉的“过滤”存在明显区别。此外，很多国家要求对互联网内容进行审查，主要实施方式为采取广泛的过滤手段来控制非法信息的传播，这里的“过滤”指的是通过技术手段进行自动化审核，以降低网络空间的侵权内容对社会安全和秩序的冲击。例如，法国政府要求雅虎对其提供的网络服务进行过滤，以防止法国人民通过其网站购买纳粹纪念品。从维护社会秩序和公共利益的角度而言，版权内容过滤有赖于此种意义上的“过滤”。

---

〔1〕 时飞：《网络过滤技术的正当性批判——对美国网络法学界一个理论论争的观察》，载《环球法律评论》2011 年第 1 期。

〔2〕 兰楠：《广告过滤行为的正当性评价》，载《华东政法大学学报》2019 年第 2 期。

〔3〕 石丹：《视频网站“广告过滤”问题研究》，载《清华知识产权评论》2017 年第 00 期。

综上而言,“过滤”一词在法律领域被用于刑事案件过滤、广告内容过滤、网络内容过滤等语境,它们均是学理对于某种手段或方法的形象化命名,尚未得到官方法律文本的承认。

（二）过滤义务与审查义务的关系

网络环境中的内容过滤,依赖于过滤装置的自动化运作。将其命名为“过滤”,仅是出于在技术层面描述这一表层行为的考虑。究其本质,过滤行为乃是服务于网络审查这一法律概念,过滤措施是一种网络审查措施。

换言之,内容审查和内容过滤具有目的和手段的关系,将二者视为同一概念加以混用并不科学。内容过滤是一种互联网审查措施,即对敏感信息进行过滤(选择性过滤)。这也充分说明了,过滤是一个技术概念,审查才是法律概念,过滤实际上是履行审查义务的方法和手段。而所谓过滤义务,乃是一个伪概念,实际上对应着法律意义上的有限审查义务。

过滤义务是一个学理概念,它实际上附属于有限审查义务之中。过滤义务和特殊审查义务在功能上有交叉的部分:特殊审查义务包含了一种对重复侵权者的制止措施,而过滤义务同样要求网络服务商删除或屏蔽该重复侵权内容,从而达到抑制重复侵权的效果。

第一,在义务的产生来源方面,过滤义务和审查义务都要求义务人对于其网络服务中传输的信息内容具有一定控制力。承担审查义务的前提是对相关信息具有“编辑控制权”,具有“管控力”。过滤义务要求运用技术手段自动化地过滤掉侵权内容,这同样需要网络服务商至少可以接触到其服务器上的信息内容。

第二,从范围和程度而言,审查义务包含了所谓过滤义务。审查义务是一种就其应当负责的内容而承担的主动性义务,义务程度较重,义务范围较广;而所谓的过滤义务,是一种实现有限审查的技术方法,承担过滤义务在一定程度上可以达到有限审查义务的效果,但在范围上无法涵盖有限审查义务的所有类型。随着科技的发展,很有可能诞生过滤技术以外的内容审查手段,而运用新技术进行内容审查依然可以认定为履行了审查义务。在实践中,网络平台对卖家身份等的审查义务,同样是过滤义务无法囊括的。

第三,在现有技术背景下,过滤技术是履行审查义务的核心手段,采取内容过滤技术即履行了审查义务。与其他领域的审查不同,网络服务商的有限审查义务主要是通过过滤技术实施的。有学者认为,"审查义务"要求网络服务商必须积极采取合理措施对网络用户上传的信息主动、逐个审视,查验上传者是否有合法、完整的授权文件。这种界定有矫枉过正之嫌,对网络服务商课以过重的责任,与国际通行审查方法不一致,也不契合我国行业发展的实际情况。在欧洲,尽管过滤技术并不总是有效,但一些法院明确认为过滤技术作为特别的审查措施是可行的。在我国,网络服务商也主要采用过滤技术进行过滤和筛选,除非法律有明确规定,在现阶段如果网络服务商采取了合理有效的过滤技术就可以认定其履行了审查义务。考虑到网络侵权的特点,有限审查主要是对权利管理电子信息进行审查,即就说明作品及其作者、表演及其表演者、录音录像制品及其制作者的信息,作品、表演、录音录像制品权利人的信息和使用条件的信息,以及表示上述信息的数字或者代码进行审查。

数字时代,网络服务商要屏蔽、移除版权侵权作品,实现有效的版权内容过滤离不开内容识别和信息认证技术。对于如何构建内容识别和信息认证系统,目前实践中主要存在两种做法:一是网络服务商与版权人合作的模式,由版权人向网络服务商提供作品信息,以便网络服务商建立正版数据库作为比对库,当用户在平台内上传内容时,系统将调取正版数据库中的作品,通过信息比对,过滤侵权内容;二是由网络服务商自行建立过滤系统,但此类系统中的数据信息局限于知名作品,也就是说,该种模式下,网络服务商主要针对重点知名作品进行全平台过滤。

综上所述,过滤义务是一个技术概念,同时也是一个伪法律概念,它所对应的法律概念是审查义务。过滤义务是履行审查义务的手段,实际上涵盖于有限审查义务之中。

第二章　网络服务商审查义务设立的正当性

当知识财富的保护从线下延伸到网络，如何回应这一现象不单纯是一个制度适用的法律问题，更是一个饱含理论深度的学理问题。思想家、法学家们纷纷对于第三次科技革命兴起后的网络治理和著作权保护生态发表了有益的思想表达，从私权和人权、法哲学、法经济学等众多角度为网络环境下相关著作权问题的解决提供了丰富的学理基础。本章旨在前文厘清的网络服务商审查义务这一命题下的基本概念和相关术语的基础上，进一步采撷相关法学和政策理论，以论证为网络服务商设立审查义务的正当性。

第一节　权利基础：客观价值秩序理论

自互联网产生以来，知识产权保护尤其是著作权保护一直是司法实践和理论研究关注的热点问题。其中，知识产权保护中网络服务商应该承担的法律责任也是法学界十分关注的重要问题。面对网络服务商是否应当承担主动保护知识产权义务这一命题时，学界众说纷纭。本节拟以知识产权的权利基础为立足点论述知识产权在宪法上的地位，并撷取和延伸德国宪法理论中的客观价值秩序理论，以论证网络服务商应当承担积极的知识产权保护义务。

一、知识产权的积极保护义务

(一)既是私权又是人权的知识产权作为基本权利的理论证成

国家保护基本权利是题中应有之义,但知识产权能否作为基本权利受到保护却受到质疑。尽管知识产权被认为是财产权的组成部分,但其并非传统意义上的财产权,而是起源于中世纪国王所颁发的"特许权",同时知识产权也无法像传统财产一样通过占有方式而产生权利公示的效果,因此有人认为知识产权特别是专利权,是国家授予的垄断性权利。此外,知识产权的取得方式以及时间性等权利限制,使人们对知识产权的权利属性愈发困惑,并认为其在一定程度上具有公法属性。

《与贸易有关的知识产权协定》在序言中旗帜鲜明地指出:知识产权是一种私权。以此强调了知识财富属私人所有的法律性质。考察近代知识产权发展史可以从中发现其从特权向私权演进的历程,[1]可以说,知识产权制度的确立,完成了非物质财产的权利形态从特许之权到法定之权的制度变革,变革的结果使得知识产权嬗变为一种新型的私人财产权。洛克从自然法理论出发,指出财产权同生命权和自由权一样,是人与生俱来的自然权利。因此,在基本权利体系中,生命权是基本前提,财产权是生存基础,人身自由则是逻辑起点;可以说没有维持生计的基本财产,生命不在,其他权利无从谈起。[2]

劳动财产理论同样是现代知识产权法的理论来源。人的智力劳动使知识及对知识的运用脱离了原初状态而能够被公众感知,而这种智慧成果往往比传统意义上的财产蕴含更高的价值,可以说社会的进步

---

〔1〕 杨小凯:《为什么工业革命在英国而不在西班牙发生》,转引自吴敬琏等编:《洪范评论》第2卷第2辑,中国政法大学出版社2005年版。

〔2〕 汪进元、高新平:《财产权的构成、限制及其合宪性》,载《上海财经大学学报》2011年第5期。

就依赖于知识的累积。因此,如果知识产权人获得权利的基础并非劳动,而是来自以“信息自由”“社会公共利益”“国家利益”“公平”等观念为基础和前提来确认、设计的知识产权制度,那么社会进步之动力就面临衰减,整个社会很可能再次陷入平均主义的深渊。因此,知识产权的私权属性普遍被社会接受,知识产权的价值也为公众所认同。

此外,本书支持知识产权属于一种人权的主张,并认可其蕴含着浓厚的宪法意义。无论是《世界人权宣言》还是其他主要国际人权公约都普遍承认知识产权及相关权利具有人权意义。[1] 具体可以从两个方面来理解,对于创造者而言,其对于自己创造的智力成果享有权利;对于社会公众而言,其拥有分享智力创造活动所带来利益的权利。两项权利交错交织、紧密相连,都是国际社会承认的基本人权。

一些国家通过宪法性文件规定公民的基本权利和自由的做法,体现了以实定法的形式反映自然权利内容的努力,这使知识产权制度本身具有了人权意义。[2] 1789 年法国《人权宣言》宣称:“自由交流思想和意见是最珍贵的人权之一,因此所有公民除在法律规定的情况下对滥用自由应负责外,都可以自由地发表言论、写作和出版。”发表、写作、出版无疑都属于著作权的范畴,很显然《人权宣言》已经将著作权提高到基本“人权”的崇高位置。美国宪法提出了“推广知识、公共领域保留、保护创造者权利”三项知识产权政策,并且在其宪法修正案也明确规定国家不得制定以任何形式限制、剥夺公民言论、出版的自由以及其他自由权利的法律。此外,国家还需制定法律对作者或者发明人的专有权利施以一定期限的保护。加拿大《权利法案》中有两条涉及基本人权的规定:一是每个人都拥有自由参加社会文化生活的权利,以享受艺术与分享科学进步的利益;二是每个作者都有权维护其科学、文学及艺

---

〔1〕[美]奥德丽·R. 查普曼:《将知识产权视为人权:与第 15 条第 1 款第 3 项有关的义务》,载《著作权公报》2001 年第 3 期。

〔2〕胡锦光、韩大元:《当代人权保障制度》,中国政法大学出版社 1993 年版,第 1-2 页。

术作品所产生的精神利益和物质利益。从人权的视域看，知识财产范畴中的公民基本权利主要有两大类：一是创造者对其知识产品所享有的专有权，即知识产权；二是社会公众对他人知识产品所享有的利用权，如美国宪法规定的“进入权”（社会一般成员在一定条件下有权使用作品），加拿大《权利法案》规定的“参入权”（分享社会精神财富）。

在20世纪以前，几乎所有有关人权的问题均通过一国的权利宣言或者宪法加以确定。而有关知识财产保护与知识利益分享的问题，往往依据国家政治、经济、文化等制度的具体情形，通过宪法性文件加以规定，是为国内人权。进入20世纪，《联合国宪章》的诞生以及先后制定的一系列国际性、地区性的人权宪章，使人权问题突破了国内法调整的范畴而走向国际化，成为国际法调整的对象之一。自此，知识产权的相关问题开始具有了国际人权意义。秉承联合国建立的人权原则和标准，1948年通过的《世界人权宣言》和1976年生效的《经济、社会和文化权利国际公约》参照《美洲人类权利和义务宣言》，提出了知识产权意义上的三项人权，即“参加社会文化生活的权利”“享受科学进步及其产生的利益的权利”“对自己的智力成果享有法律保护的权利”。知识产权被定位为一项普遍的人权。这说明，知识产权不再是中世纪国王的特许之权，而是文明社会每个人都普遍享有的权利。知识产权中所蕴含的“人人都是创造者”的平等精神是其人权属性的直接反映。知识产权法中的平等，是一种从事创造性活动的自由选择，是一种取得创造者权利的机会均等，为了实现上述目标，国家有责任构建良好的环境，向人们提供同等的机会，使人们的智力成果得到同等的保护。知识产权条款最终为国际人权公约所接受，主要原因在于其对于实现其他人权具有积极意义。换言之，对创造者权利的保护是“社会公众实现文化自由以及获得科学进步利益的基本前提”。[1]

---

〔1〕 吴汉东：《知识产权总论》（第三版），中国人民大学出版社2013年版，第16－19页。

欧洲人权法院近年来也承认,知识产权的确是一种财产形式,属于《欧洲人权公约》第1条基本权利的保护范围。[1] 在2007年的安海斯-布希公司诉葡萄牙案中,欧洲人权法院裁定,商标和商标申请都是受《欧洲人权公约》保护的财产形式。确切地说,欧洲人权法院认为商标权(以及其他形式的知识产权)属于"和平享有……财产"的保障范围。[2] 欧盟几个成员国法院此前也作出了类似裁决。[3]

在私权与人权相融合的语境中,知识产权一方面是具有价值的无形私人财产;作为某一领域内的系统信息,知识产权在商品经济条件下,可以具有商品的一般属性。另一方面,知识产权是一种可以作为文化权利的人权,知识产品是智力创造者从事精神生产的思想财富,是以一定形式固定下来的某种自然和社会科学的成果。综上,对知识产权进行私权定性分析和人权意义描述,可以为知识产权应当属于宪法上的基本权利的论证提供坚实的理论基础。

(二)国家和社会成员对于基本权利具有积极保护义务

德国基本权利理论确认基本权利是公民的一种主观权利,并且与其他主观权利具有相同的属性特征。但是除此以外,所有基本权利还都应当作为直接有效的法,从而对所有的国家权力产生约束。基于此,基本权利便具备了客观法的拘束效果和特征。德国学者由此作为论证起点,发展出基本权利作为客观价值决定的法律属性。[4] 换言之,宪法基本权利除作为"主观权利"具有对抗公权力的特性外,还作为"客

---

〔1〕 See Anheuser - Busch v. Portugal, Ap. No. 73049/01, 45 Eur. H. R. Rep. 36 [830] (Grand Chamber 2007).

〔2〕 Convention for the Protection of Human Rights and Fundamental Freedoms, Nov. 4, 1950, 213 U. N. T. S. 222 ("European Human Rights Convention"), at Art. 1.

〔3〕 Laurence Helfer, *The New Innovation Frontier? Intellectual Property and the European Court of Human Rights*, Harvard International Law Journal, p. 5 - 6(2008).

〔4〕 赵宏:《主观权利与客观价值——基本权利在德国法中的两种面向》,载《浙江社会科学》2011年第3期。

观法”反映社会成员共同认可的“客观价值秩序”，因此国家有义务为这一价值共识提供制度保护。[1] 如前文所述，知识产权是一项基本权利，可以置于基本权利双重属性理论的框架下进行探讨，本书旨在通过此理论为国家、权利人、网络服务商这一保护体系中的义务分配提供宪法上的充分论证。

众所周知，实现基本权利首先需要确保国家不予以干预，但想要真正使基本权利落到实处，还需要国家创造各种物质和制度条件，因此，强调基本权利双重属性的目的在于指明，随着社会国家、福利国家的发展，国家不仅要恪守避免侵犯公民基本权利的消极义务，且国家还要基于其客观属性而提供积极保障义务。其中，基于基本权利的客观法属性而发展起来的理论被称为“客观价值秩序理论”，该理论下的义务被称为国家保护义务。

基本权利双重属性虽然是一个宪法视域下的学说，其义务人指向国家和政府，但这种国家保护义务的范围和外延是不断发展和泛化的。尤其是基本权利的客观价值秩序的适用绝不仅仅针对于国家，也针对社会和公众，这又被称作基本权利的第三人效力，亦称扩散作用。[2] 它指的是私法主体间产生基本权利损害时，宪法中的基本权利条款适用于这种平等主体之间的法律关系，即宪法通过基本权利将适用于“个人—国家”的关系扩散到私法关系，从而使国家以中立身份来平衡“个人—个人—国家”三角关系中的权利主体间的利益。[3]

根据德国对基本权利第三人效力的通说，宪法基本权利条款作用于私法关系主要通过立法和司法两种途径加以实现。一方面，基本权利扩散到私法意味着立法机关应当制定以侵权责任法为代表的相应民

---

〔1〕 张翔：《基本权利的双重性质》，载《法学研究》2005 年第 3 期。

〔2〕 Stephen Gardbaum, *The "Horizontal Effect" of Constitutional Rights*, Michigan Law Review, p. 393(2003).

〔3〕 陈征：《基本权利的国家保护义务功能》，载《法学研究》2008 年第 1 期。

法规范来调整私法领域的权利纠纷;另一方面,法官在审理的民事案件中解释民事法律规范的同时,应当有意识地将基本权利的客观价值秩序渗透进私法之中,使宪法上的基本权利条款间接作用于私法关系。

进一步而言,以侵权法律关系为例,保护义务与私法的关系可以概括为:如若私法规则使被害人承担了过重的容忍义务,就可能被认定为违宪而无效,换言之,如果保护被害人的规则不尽完善甚至缺位,保护义务就会以立法义务的形态呈现出来。基于此,国家主动保护义务能够间接作用于私人法律关系。[1]

因此,当基本权利作为一种客观价值秩序而作用于国家时,国家即有义务将基本权利的精神贯彻于法律的每个环节,从而间接作用于每个私权主体。对于私主体而言,基本权利的双重属性同样合乎情理;于权利人而言,基本权利是一种主观上排除他人妨害、请求他人履行的权利,对于义务人而言就是一种客观实在的法律秩序——从消极方面而言,义务人对此不得干预和侵犯;从积极方面而言,义务人应当保障权利人实现自身权利。

二、审查义务在保护义务体系中的必要性

知识产权作为无形财产权之一,是一种新生的、处于动态发展中的权利形态。与有形财产权相比,其从诞生到现在历时不久、发展不尽完善。特别是在不断更新迭代的传播技术的冲击下,知识产权权利和义务体系亟须进一步完善和协调。在当今互联网时代,数字技术的发展使网络侵权的成本大幅度下降,基本权利被社会成员侵犯的威胁不断加重。知识产权义务体系倘若缺位,网络环境中的知识产权便成为一只“没有獠牙的老虎”,只能起到宣示效果。知识产权权利和义务的安

[1] [日]小山刚:《宪法在何种程度上约束私法——宪法的优位与私法的独特性》,牟宪魁、郭娜娜译,载《师大法学》2019年第1辑。

排如若不妥，将影响网络环境的治理效果，不利于知识产权强国建设的推进。下文将采用系统论中的法律自创生性理论，阐释审查义务在知识产权保护义务体系中的必要性。

（一）知识产权在系统论下的社会功能

前文所述的基本权利双重属性恰恰可以为构筑知识产权义务体系、有效和充分保护知识产权提供坚实理论基础。数十载前，宪法理论规定基本权利具有客观价值属性的义务对象在理论上仅为国家，但随着信息技术的飞速发展，网络侵权泛滥的现象乃是当初的制宪者不能预见的，仅仅通过约束国家行为实现基本权利的保障已经远远不足。在这种新的背景下，基本权利双重属性的适用对象发生扩张乃是题中应有之义：保护基本权利不仅是针对国家所言，还应当针对社会主体（如前文所述，社会主体是通过保护义务的间接作用而受到约束的），此时，原本适用于国家与个人的垂直关系的宪法框架在一定程度上应当延伸到私法框架中，修正和补足私法的瑕疵。

系统论认为，鉴于现代社会的复杂性，可以把社会理解为一个在功能方面分化的系统，并能够化约为政治、经济、法律等若干独立运行的子系统，如同生物个体一样，这些子系统具有“闭合性”，每一个子系统相应地具有一项功能，且子系统都具有完全的自主性，即没有任何其他子系统能够在功能上替代它。例如，经济系统仅通过判断“支付或不支付”来负责“社会短缺的减少”，但不考虑高房价引发的政治抗议，[1]法律系统以“权利”判断“合法或非法”，只有在法律系统的范围内，法律规范的变化才能被理解为法律的变化。[2]法律系统之外的一切皆属于“环境”，法律系统在环境中以纲要的形式接收“信息”，即以“如果……则”的形式将环境的信息转化为启动法律系统循环的条件

〔1〕陆宇峰：《“自创生”系统论法学：一种理解现代法律的新思路》，载《政法论坛》2014年第4期。

〔2〕［德］卢曼：《法律的自我复制及其限制》，韩旭译，载《北大法律评论》1999年第2期。

性命题,并通过改变纲要的条件部分来适应环境的变化,这也是法律系统的“自创生”方式。

经济、政治、科学等社会子系统同样是“自创生”的闭合性系统,其自我组织化必然会使得系统向外扩张。当今全球功能系统呈现加速发展的态势,就像经济系统在判断“支付与否”的自我再生产过程中必然最终引发产品生产过剩一样,各社会系统在扩张中都会给社会系统以或正常、或病态的压力。而法律系统通过宪法之基本权利与社会的其他子系统形成结构耦合关系,并在一定程度上与其他子系统互相影响,且对其他子系统的过度扩张进行约束。

网络环境下的知识产权侵权不应当再视为个体对个体的权利侵犯,其实质是互联网系统在追求传播效率的“自创生”中,对法律系统的侵入。在当前互联网环境中,追求更高的用户量、更强的用户黏度是每个互联网平台内生的需求,如同政治系统无法独自解决权力的滥用、经济系统无法独自解决生产过剩一样,在缺少其他系统的约束时,互联网系统也无法解决其肆意扩张带来的弊病。在这一过程中,互联网系统追求其视野范围内的短期利益而忽视知识产品长期滥用将会导致的社会创新意识枯竭的后果,此时基本权利就作为维系社会系统功能分化的边界而存在。

在卢曼看来,基本权利最重要的功能在于防止功能分化的社会出现“去界化”的风险,[1]即防止社会系统功能趋向单一化,导致出现更多的暴力与屈从。在互联网系统中,内容由互联网的沟通媒介决定“传播或不传播”,而知识产权则作为基本权利将互联网系统沟通媒介的一般化加以制度化,以维系互联网系统的分化。因此当互联网系统对知识产权产生侵害时,就需要法律系统通过修正其纲要,以重新对互联网系统与法律系统作出划分。

---

〔1〕 李忠夏:《基本权利的社会功能》,载《法学家》2014 年第 5 期。

如此一来,知识产权作为基本权利,不仅是一种主观权利,也是一种客观的法秩序,这种双重属性决定了国家和社会具有尊重知识产权的义务,换言之,国家和社会不仅在消极意义上不得干预、妨碍、侵犯知识产权,还应当将其作为一种客观法从而负担积极的保护义务——知识产权保护义务。在知识产权的基本权利双重属性视角下,国家和社会仅做到不侵犯知识产权并不足够,它们还有义务积极地保护知识产权,如果没有做到后者,仍然会因为违反法律规定而承担责任,在这种积极和消极并重的义务安排下才可以实现对知识产权的充分保护。

综上所言,积极保护基本权利的义务主体应当包括国家(立法机关、行政机关、司法机关)、社会公众(权利人、权利人以外的社会公众),前者是国家保护义务意义上的履行者,其法律性质是公法义务;后者是社会保护义务意义上的义务人,其法律性质是私法义务。整个基本权利保护框架是由上述主体合力共同构建的。[1]

(二)审查义务是新网络环境下保护知识产权的内在需求

20 世纪末 21 世纪初,美国曾在技术的发展过程中多次尝试分配互联网系统中网络服务商和权利人的知识产权保护义务。1998 年《数字千禧年版权法》确立的“通知—移除”规则原本是对 1993 年“国家信息基础设施”(National Information Infrastructure, NII)计划的修正,意图提供更为精巧的“双赢机制”来平衡权利人和网络服务商的利益。但是这一规则设计之初就已偏离平衡中立的初衷,而且当下互联网的传播速度也已经远远超过了当时的预期。权利人发现侵权行为的成本愈加高昂,在动态网络中对侵权链接进行“点对点”删除对于治理数字侵权无异于杯水车薪。

---

〔1〕 于波:《网络中介服务商知识产权法律义务研究》,华东政法大学 2013 年博士学位论文。

我国在引入"通知—移除"规则时,作了些许调整,与《数字千禧年版权法》下的"通知—移除"规则相较主要存在两大区别:一是美国权利人需要在向网络服务商发送的通知中声明其善意相信(have a good faith belief)用户未经版权所有者、其代理人或者法律授权以所投诉的方式使用材料。[1] 我国则要求权利人在通知书中提供"构成侵权的初步证明材料"。[2] 换言之,在美国,版权人只需证明其善意相信他人实施了侵权行为,而无须提供材料。二是在美国,当事人进行虚假陈述,谎称任何材料或行为侵权,或者任何材料或行为被错误删除或禁用的,须承担由此产生的各项损失。[3] 但是成立虚假陈述有一项主观要件——行为人是明知的,这与上述的"善意相信"相呼应。而我国《信息网络传播权保护条例》则规定,因权利人的通知导致网络服务商错误删除或者错误断开链接,给用户造成损失的,权利人应当承担赔偿责任。[4] 该条并没有要求权利人主观明知,因此根据知识产权领域的一般归责原则,权利人对此承担的是无过错责任。如此一来,权利人利用"通知—移除"规则进行维权更为困难,因为需要搜集详尽的信息,以此避免因错误打击而承担民事责任。

在《数字千禧年版权法》之后,美国国会成员也多次提议重新安排互联网系统中的知识产权保护责任,但由于对网络服务商的苛责,2011年《保护知识产权法》(议案)和《禁止网络盗版法》(议案)均以国内企业的联合抵制而收尾。[5] 美国的立法尝试表明,极端化的义务分配是

[1] 17 U. S. C. &512(c)(3)(2010).

[2] 《信息网络传播权保护条例》第 14 条。

[3] 17 U. S. C. &512(f)(2010).

[4] 《信息网络传播权保护条例》第 24 条。

[5] 根据《保护知识产权法》议案和《禁止网络盗版法》议案,涉嫌知识产权侵权的域名可能会被暂停服务,这在当时引起了互联网行业巨大反响,超过 11 万个网站为抗议而暂停服务,美国国会被迫搁置这两项议案。See Mike Belleville, *IP wars: SOPA, PIPA, and the fight over online piracy*, Temple International & Comparative Law Journal, p. 303(2012).

不可行的。虽然网络服务商决定信息传输与否的过程中带有逐利的价值取向,但其毕竟不是侵权行为的直接实施者,以停止服务、关闭域名等方式治理侵权无异于因噎废食。各国已然意识到了对网络服务商施加知识产权保护义务的必要性,只是缺少更为折中的方案。知识产权侵权治理和互联网发展并非相生相克的两个命题,在算法的支持下,两者亦存在相辅相成的可能。本文所主张的审查义务并非严格的全面审查,仅仅要求施予网络服务商以内容识别和自动过滤技术为核心的技术义务。正如在"快乐阳光公司与快手公司、华艺汇龙公司侵害作品信息网络传播权纠纷案"[1]中,法院认为平台在收到权利人通知后仅采取断开链接措施,未及时对视频内容及用户名称等关键词进行筛选审查或采取其他合理措施,以避免持续侵权,放任部分用户重复、持续传播侵权作品,应当承担侵权责任。由此可见,基于自动过滤技术的审查义务能够对基于"通知－必要措施"规则为网络服务商创设的"避风港"进一步升级、形成"动态免责机制"[2],故在审查义务履行方面,网络服务商的审查义务主要包括以内容识别和自动过滤技术为核心的技术义务。正如"通知—移除"规则为网络服务商创造的免责避风港,基于自动过滤技术的审查义务也可为网络服务商创造"动态避风港",[3]即在面对侵权诉讼时,网络服务商仅需证明其在涉嫌侵权之时已经使用了市场上现有的最佳过滤技术,就可以对现有技术无法滤出的侵权传播免责。

(三)网络服务商作为知识产权利害关系人应承担审查义务

就不同主体主动保护义务的性质而言,由于国家保护义务以公共

〔1〕湖南省长沙市中级人民法院民事判决书,(2021)湘01民终10636号。

〔2〕See Lital Helman & Gideon Parchomovsky, *The Best Available Technology Standard*, 111 Columbia Law Review, p.1194(2011).

〔3〕See Lital Helman & Gideon Parchomovsky, *The Best Available Technology Standard*, Columbia Law Review(2011).

权力为依托,旨在全面而强力地保护基本权利,因此国家保护义务通常以主动保护为主、辅以被动保护;而社会保护义务不同于此,社会保护义务的落实依托于私法义务,即发生在平等主体的法律关系中,其社会关系不存在一方对另一方的管理和掌控,故社会保护义务的履行主体难以做到全面而完善地核查基本权利是否被侵犯的情况,而仅有资格在利害关系和能力范围内实施相适应的主动保护。

这也就意味着,社会保护义务的履行主体并非所有的社会成员,而是与特定知识产权产生利害关系的特定人群,即知识产权利害关系人。实际上,凡是涉及权利和义务的场合,都不能脱离人与人之间的关系,权利和义务只有在人与人之间关系的语境下才具有存在的意义,即使是洛克所言的源于自然正当关系的自然权利之一——财产权亦如是,它本质上是权利人通过特定客体(有形或无形)而与他人产生的法律或道德上的社会关系。[1] 美国法学家霍菲尔德指出,财产权的权利与义务的相关联性可以表现为其要求权属性,它与特定客体和义务内容紧密相连,具有高度规范性,从而直接产生指向他人的义务要求,对权利主体具有直接而有力的保护效用。换言之,一个人的权利之所以存在是因为其指向了另一个人的义务,没有他人的这种义务,自身的权利就没有存在的土壤,而连接这种权利义务对应关系的纽带,正是权利和义务所共同指向的利益,这种利益在法律意义上表现为基于同一权利客体之上的法律关系。正如在全国首例生效的"算法推荐"案[2]中,涉案作品具有较高的知名度和影响力,且爱奇艺公司曾多次通知快手公司,要求其采取有效措施停止提供涉案侵权内容,并附有版权声明、侵权链接明细等材料。法院指出,快手公司作为短视频平台经营者负有更高的注意义务,理应对平台上的侵权现象进行主动治理,而非被动

〔1〕 余涌:《论财产权及其关联的道德义务》,载《中州学刊》2020 年第 8 期。
〔2〕 江苏省无锡市中级人民法院民事判决书,(2022)苏 02 民终 4040 号。

地等待权利人通知后再采取措施。此案所要求的“主动治理”即暗含事前特定审查义务。而在新浪诉华多[1]、百度网讯诉大麦[2]等案件中,法院均认为“平台在收到权利人发送的预警函后应当承担与其能力相符、适度预防侵权发生的义务”。“预防侵权发生的义务”本质上意指即事后审查义务。在腾讯诉抖音长短视频“天价侵权纠纷”中,法院更是明确指出,平台对侵权行为的管理控制不能仅限于对“通知－删除规则”规则的实践,还应采取更加积极的管理、过滤、审查等管控措施的合理注意义务。

具体到网络环境中的知识产权保护情境下,网络服务商正是知识产权利害关系人。经过本书第一章的基本理论铺垫,可知网络服务商是知识产权权利人和加害人以外的提供网络通信服务的商事主体,它的营利性质集中蕴含在为用户的信息提供传播的途径之中。尽管它在技术上通常处于一种中介的地位,但其中枢作用体现在电子商务的管理和运营模式里,它在“中立地”输送包含知识产权内容信息的同时,也利用知识产权的传播而达到自身营利目的。而这种营利的方式则体现在不同服务商的经营模式之中,因服务类型的差异而呈现多元化。比如,提供信息存储空间的网络服务商的营利来源中最主要的部分是商业广告,而影响广告收入的直接因素是内容的内在价值和广告的有效性,[3]它们集中表现为用户点击率和浏览量,即客户流量。通常情况下,最能带来“流量”的视频正是凝聚了高度创造性的作品,这些优秀作品可谓是视频网站营利模式的核心要素。在很多情况下,视频网站并不是视频的著作权人,这些作品也不是视频网站自行上传,而是由用户从自身服务器上载到视频网站提供的信息存储空间当中,但是视

[1] 北京知识产权法院民事判决书,(2019)京73民终3019号。

[2] 重庆市第一中级人民法院民事判决书,(2022)渝01民初3538号。

[3] 周迪等:《短视频行业的平台定位模型研究——以抖音、快手为例》,载《研究与发展管理》2019年第5期。

频网站却有可能从用户这一分享行为中获得巨大的利润,因此,这种利润维系起了视频网站和著作权人之间的利害关系,此时再一味宣称视频网站只是传输渠道而不对著作权人承担积极义务,就是一种“掩耳盗铃”的说辞。

进一步而言,在网络服务商知识产权义务体系中,网络用户是直接联系起网络服务商和知识产权人的枢纽,网络服务商因为第三人的行为而成为知识产权利害关系人。用户通过网络服务商的技术支持实现网络数据传输行为,这是上述利害关系的行为根基;网络服务商借由用户的行为而实现营利目标,这是上述利害关系的经济成因。至此,知识产权作为一种基本权利而具有的客观法秩序价值,能够对利害关系人——网络服务商发生超越消极意义上的直接约束,从而网络服务商成为知识产权义务人,因此理应在一定程度上积极地、主动地保护知识产权。

尽管要求网络服务商主动保护知识产权会对平台经济发展产生一定的消极影响,但是如前文所述,这种负担是超越工具理性而蕴含在基本价值目标之中的必然要求。此外,相较于知识产权人等其他负有保护义务的社会成员而言,网络服务商占据管理、运营和控制的优势地位,由它来承担这份负担合情合理、符合社会整体效益之需,且不会过分苛责。

现行知识产权保护义务仍然停留在消极保护的层面,主要体现为“通知—移除”规则,但它并不能很好地适应网络环境的变迁,尚不能满足网络服务商所应当承担的积极义务的程度,在此背景下,只有设立积极程度更深的知识产权义务种类,才能构筑起与技术发展相适应的知识产权义务框架。

知识产权审查义务正是一种超越“通知—移除”规则的所在,能够担负起补充和丰富网络服务商知识产权义务体系的要求。审查义务是落实知识产权积极保护义务的重要手段之一,在当前网络环境中能够极大地弥补消极被动的"通知—移除"规则所引发的负面效应，推动整个网络环境的知识产权保护力度向着更高层次发展。

第二节　理论依据："网络守门人"责任理论

近年来，在世界范围内的互联网商业模式升级的趋势下，针对网络服务商的指责声也不断涌现。为了实现网络环境中内容产业更加均衡地进行价值分配，旧有的经济合理性驱使的治理模式开始松动，知识产权的人格、公平和文化理论开始崛起。而网络"守门人"责任理论作为网络服务商对第三方行为承担义务和责任的理论根基，可以对知识产权私法审查义务提供一定的理论支撑。

一、网络环境使知识产权法政策发生变迁

近两年来的版权政策发生了巨大的变迁，在众多立法者以福利理论（功利理论）为指导的背景下，越来越多的人开始反对这种利益至上的论调，着重强调公平和人格理论，从而催生了具有调和色彩的文化理论。欧盟立法者在公平和人格理论的指引下，施行了边缘化使用者的权利、强调知识产权人与网络服务商的价值差距、扩大专有权、创设新型权利等一系列立法举措。欧盟立法会议员没有将改革的重点放在通过修改法律，督促用户以合法的方式利用信息技术获取信息内容，而是试图调整旧规则，创设出一套法律法规，激励"网络守门人"主动采取事前预防措施以屏蔽、过滤和阻止非法用户生成内容上传。[1] 因为这些中介机构的商业模式和技术能力使其具有识别侵权者、阻止非法内

---

〔1〕 Matthew Sag, *Internet Safe Harbors and the Transformation of Copyright Law*, Social ence Electronic Publishing, p. 539(2017).

容传播的天然优势。从某种程度上说,在当下这样一个用户生成内容(User Generated Content,UGC)和电子商务蓬勃发展的时代,强化网络服务商“守门人”角色是重构网络环境中多方主体权利与义务的重要举措,它预示了知识产权法中冉冉兴起的道德路径正在使绝对化的功利主义作出让步。

不合时宜的法律和政策源于对信息和文化生态系统发生的本质变化视而不见,尤其是对网络信息和文化生态系统的忽视。[1] 数字环境中的知识产品以一种自由的方式在网上传播,用户和创造者之间的界限变得越来越模糊,这是一个全民创作的时代,人人都是创作者。图像、照片和视频的创作不再是专业人士的专利,以信息网络技术为手段、以商品交换为中心的商务活动不再是“天方夜谭”,而是今天大多数人的日常活动。人们现在已经习惯于通过多媒体社交网络服务、在线文件库和各种视频共享平台来传播他们的文化体验,在互联网媒介上从事各种商业营利行为,远程创造性合作的可能性越来越被放大。这个过程围绕着在线社区展开,是内容创造和商业活动呈现数字化、网络化和信息化所带来的一场重大革命。以席卷人们日常生活的数字创意为例,它是参与式文化通过社区互动和促进身份和多样性传播的结果。因此,新的政策中必须得考虑到如何促进基于社区的数字创意发展,包括视频、混剪、同人小说、软件开发、机器电影、建模和游戏等,这些措施应使新的政策和立法成为一个跳板,增加创作者获得报酬的机会,并使其更容易进入市场或其他价值生产平台。

这些网络环境中的变化可能意味着需要重新调整理论框架,以支持知识产权政策和法律改革。以著作权法为代表的知识产权法历史,出现了四种知识产权理论:公平理论、人格理论、福利理论,以及最近出

---

〔1〕 Giancarlo Frosio, *Reforming Intermediary Liability in the Platform Economy: A European Digital Single Market Strategy*, Northwestern University Law Review, p. 45 (2017).

现的文化理论。公平理论与人格理论历来是欧洲著作权法的理论支柱,都是强调个人专有权的自然权利理论。公平理论是建立在洛克自然法物权理论基础之上的。根据洛克的观点,每个人对他或她在共同拥有的土地上通过劳作获得的劳动成果享有自然权利。后来,布莱克斯通也将同样的原则应用于知识分子的劳动。而人格理论是大陆法系的传统理论基础,植根于德国的理想主义。以其评价知识产权制度,可以表现为知识产品是其创造者个性的展现或延伸,他们享有对其无拘无束的自然权利。

相反,福利理论和文化理论是集体主义的和前瞻性的。福利理论以边沁和米尔斯的功利主义和法的经济分析为基础,关注社会福利的最大化。它预示着权利和义务应该被精心设计,以提供最大化的社会福利。它也被称为"激励理论"——法律应该创建一个激励系统,将诱导创造者创造。在这方面,它动态地看待创造力,不仅奖励今天的富有创造力的劳动或个人权利,而且为明天的创造性生态系统奠定基础。文化理论也着眼于整个社会的福祉,但更侧重于促进一种公平公正和富有活力的文化。它并不局限于以消费者需求为衡量标准的总体消费者福利,而是以广泛的人类繁荣为条件。正如费舍尔所说,他支持的路径类似于功利主义的目的取向,但不同的是,他愿意部署一个比功利主义者所设想的社会福利更丰富的理想社会。[1]

关于互联网内容监管的政策导向,一方面,突出了公平理论、人格理论与福利理论、文化理论之间日益紧张的关系;另一方面,后者在知识产权话语体系中越来越举足轻重。正如吉安卡洛·弗罗斯西奥(Giancarlo Frosio)教授所说,福利理论和文化理论方法最适合数字环境,因为它们强调集体主义。数字网络技术有一种内在属性,即可以通

---

〔1〕 Fisher William, *Theories of Intellectual Property*, *in Stephen Munzer*, *ed*, *New Essays in the Legal and Political Theory of Property*, Cambridge University Press, 2001, p. 168 – 199.

过互相联系的参与者,将个人的创造力威力成倍增加并汇聚到更大的协作项目中,将人类置于去中心化的舞台。[1]

尽管如是,强调福利最大化的理论日渐暴露出它的本质隐患。福利主义使投资者过于轻易地攫取了大多数资源和收益,这份收益中蕴含了大量泡沫,使其他参与网络环境的主体丧失了本该收取的利益,这在很大程度上使功利主义的目标显得苍白而虚伪。因此,文化理论以更多元的价值目标逐渐取得人们的认同,它通过将目标定位于一个更令人满意的社会,使公民在信息和文化生态系统中享有更广泛的利益,使他们能够被倾听、更容易获得信息,从而更好地支持知识产权法的目标。坦率地说,知识产权法改革应该扭转失衡状态,使之偏向当前知识产权矛盾中的准入因素,着眼于补偿创作者而不是投资者。这种调整还应考虑到知识产权政策的文化理论方法,寻求超越传统福利理论和功利主义理论下的市场方法的更强的分配正义。

二、网络服务商与网络“守门人”

网络服务商的间接侵权责任的理论根基建立在道德主义或者实用主义的不同理论之上。从道德角度来看,帮助、促进侵权被普遍地认定为不道德;而实用主义路径则和福利理论联系在一起,更广泛地说,与一般法律中的功利主义相关。直到最近,福利理论在间接侵权制度中仍然具有主导地位,而道德主义的呼声也不断扩张。在它们的共同作用下,立法者在进行成本效益分析后,认为对于符合经济合理性的情形应设定赔偿责任,而对于某些符合道德主义标准的情形也需要明确赔偿责任。而莱纳州克拉克曼(Reiner H. Kraakman)教授提出的“守门人”责任理论四要素可以对上述理论根基的争鸣作出有效的回应。

---

〔1〕 Giancarlo Frosio, *Rediscovering cumulative creativity from the oral – formulaic tradition to digital remix can I get a witness?*, John Marshall Review of Intellectual Property Law, p. 386(2015).

（一）以“守门人”责任理论规制网络服务商

“守门人”理论发端于传播学，最先出现在库尔特·勒温（K. Lewin）的《群体生活的渠道》（1947 年）中，作者在书中指出信息总是沿着包含有“门区”的某些渠道流动，作出行为决策或根据公正无私的规定，或根据“守门人”的个人意见。随着长期的理论演进，传播学中的“守门人”主要是指在大众传媒中可以决定传播什么性质的信息、传播多少以及怎么传播的人或者机构；它不是一个独立的传播个体，而是身处于一定的组织中，并基于组织的价值观与立场，开展一种有组织的活动而非依照个人的价值判断。[1] “守门人”是一种普遍存在的角色，在任何一个传播过程中都存在守门人现象，这一理论不仅仅适用于新闻传播过程，还适用于其他任何信息的传播过程，应用于一切决定内容或商品能否被允许进入渠道或者在渠道内流动的主体，也就由此对其他学科产生了深远的影响。

根据权利义务相一致的基本法则，享有控制和主导权利的主体必然面临着相应的义务和责任，因此，“守门人”理论从传播学延伸到法学，成为一项责任理论。这一理论在 30 年前由哈佛大学的克拉克曼教授在一篇相关的文章中率先提出，这奠定了所谓“守门人”责任理论（gatekeeper liability），该理论对塑造早期网络服务商的政策具有强大影响力。

“守门人”责任理论指的是第三方中介主体按照法律规定担任管控不合法活动的“守门人”，[2] 它最初适用的场景是行政法上的第三方义务（the third party liability）。现代社会治理的一大特征在于，私人主体全面渗透进法律的执行，行政法上的第三方义务正是一个典型的表现。高秦伟学者如是谈行政法上的第三方义务：“政府指定的私人主

[1] 邵培仁：《传播学》（第三版），高等教育出版社 2015 年版，第 57 页。

[2] Reinier H. Kraakman, *Gatekeepers: The Anatomy of Third Party Enforcement Strategy*, Journal of Law Economics and Organization (1986).

体既不是所监督行为的主要实施者,也不是违法行为的受益者,但其承担着必须将私人信息提供给行政机关或者由其本身采取阻止性措施防止有害行为发生(如拒绝提供服务或者货物、拒绝录用或者直接解雇)的义务。"[1]

"守门人"责任理论指出,在行政机关的规制行为存在困难或规制能力无法产生良好效果的领域,由政府所任命的私人主体协助其发现和治理违法活动,也就是由私人主体参与执行任务、代替政府实施一定的义务,而承担该主体义务的角色就是"守门人"。在市场经济十分繁荣的当下,层出不穷的不法现象表明,仅仅凭借行政机关一己之力难以产生足够的威慑力,服务或产品的提供商才是最接近不法行为的中介,所以将管控目标指向给直接违法行为提供支持的他们不失为一种良好的替代手段。[2] 例如,金融机构是监控洗钱行为的"守门人",在美国,所有公民在商业活动中只要发生了1万美元以上的交易,就有义务向政府进行报告,违者将遭到罚款、吊销证照甚至面临牢狱之灾;而我国的金融机构也被法律明文规定应当对大宗可疑交易把关,如《反洗钱法》第32条即规定金融机构具有识别客户身份的义务;在证券交易活动中,会计师和律师就是监控是否存有欺诈行为的"守门人";在劳动关系中,雇用流动人员的单位负责人就是是否发生非法雇佣情形的"守门人",如《东莞市流动人员管理规定》明确规定单位或者雇主如果无法提供流动人员的身份证明、不履行上报流动人员违法线索义务的,就可能面临行政处罚。这些义务的共有特性在于:第一,私主体被法律要求配合政府治理违法行为;第二,如果未能按规完成治理工作,私主体可能面临民事、行政甚至刑事责任;第三,政府对于该私主体履行义务几乎不承担任何成本或补偿。

---

〔1〕 高秦伟:《论行政法上的第三方义务》,载《华东政法大学学报》2014年第1期。
〔2〕 Reinier H. Kraakman, *Corporate Liability Strategies and the Costs of Legal Controls*, Yale Law Journal(1984).

当然,并非所有居于中介地位的私人主体都应当承担“守门人”的职责。克拉克曼教授指出,给某个私人主体施加“守门人”责任的合理性应当基于以下四个要素:第一,行政机关的直接规制无法有效控制不法行为;第二,私人主体没有相当的驱动力去主动实施该义务;第三,私人主体具有一定实力有效管控该不法行为;第四,私人主体管控不法行为的成本是合理的。[1]

根据克拉克曼教授提出的守门人四要素,可以得知影响当前网络服务商责任制度的关键因素是实力和成本。在以“通知—移除”规则为主体的现行网络版权框架下,各国法律均未要求网络服务商对全网内容进行审查,这是由于对海量内容进行全面审查的成本过高,且目前技术无法将全面审查成本控制在合理范畴内。尽管如此,技术不是一成不变的,而网络服务商是否应当承担间接侵权责任仍是一个颇具争议的问题,电子商务纠纷和版权案件正在不断引起学界和公众对于网络提供商是否是“守门人”的辩论。通常来说,在衡量相关体系的共同作用力之后,如果让居于中介地位的主体承担间接侵权责任是治理不法行为的最佳措施,那么这种守门人责任就是可取的。[2] 进一步的问题在于怎样划定守门人责任的程度和范畴,这就应当衡量守门人把关的成本、知识产权人维权成本、社会因知识产权侵权行为所支付的成本等。

(二)要求网络服务商进行技术性审查符合“网络守门人”角色理念

互联网产业借由“通知—移除”规则这一抗辩事由,在“避风港”里安然无恙地酝酿和发展了数十年,创造出可观的利润,发展出越来越先进的信息技术,对自身服务和传输内容具有更强的控制力。与此同时,

---

〔1〕 Reinier H. Kraakman, *Corporate Liability Strategies and the Costs of Legal Controls*, Yale Law Journal(1984).

〔2〕 万柯:《网络等领域垄断看门人的替代责任》,载《环球法律评论》2011 年第 1 期。

野蛮生长的互联网企业也有一种很强烈的趋势，去运用资本和技术的力量对政治、经济、文化、社会等众多领域横加干涉。

1. 网络服务商保护知识产权的义务具有公私双重性质

如前所述，"守门人"责任理论又称"第三方责任""第三方义务"，它是一个典型的行政法上的学理概念，在将其适用于论证网络服务商具有私法审查义务之前，有必要阐明该公法理论能否用于支撑知识产权义务。

知识产权虽然是一种私权，但我国对于知识产权治理一直采用"双轨制"的治理体系，亦即在知识产权民事责任之外，还设置了知识产权行政保护。而知识产权的私法属性和专业程度决定了行政机关执法的难度，因此对于网络环境中的知识产权保护，会以知识产权行政管理机关作出行政命令或者发布规范性文件的方式呈现，在这些行政命令与规范文件中，网络服务商的主动审查义务在笔者看来，具有一定程度的行政意义。这种保护方式已经发展成为我国知识产权行政保护的主要手段之一。从这种意义上说，网络服务商对于知识产权侵权行为的治理，不仅是一种私法义务，也具有公法义务的色彩。因此，网络服务商的主动审查义务是一种兼具私法属性和公法属性的综合性义务。

监控和打击网络环境中存在的知识产权侵权行为，原本是我国行政机关的职责所在。比如，知识产权行政管理机关的职责之中，就明确包含查处盗版、冒牌等知识产权领域的非法行为、监管和维护网络知识产权秩序等义务。举例而言，国家版权局曾屡次以行政命令的方式，要求视听影音、存储网盘等网络服务商自行纠查，主动打击和管理自营平台上的知识产权侵权现象，这是行政机关让网络服务商这一私主体代替它履行义务的表现，换言之，也就意味着行政机关赋予了网络服务商一种准行政权力，[1]这使得知识产权保护义务兼具公法和私法双重

---

〔1〕 薛虹：《论电子商务第三方交易平台——权力、责任和问责三重奏》，载《上海师范大学学报（哲学社会科学版）》2014年第5期。

属性。

本书认为网络服务商的主动审查义务除可能导致民事责任外,还有可能令网络服务商受到行政处罚。第一,这种义务在实践中往往来自行政命令或规范性文件,比如,国家版权局在2015年发布《关于规范网盘服务版权秩序的通知》,要求"网盘服务商应当采取有效措施,制止用户违法上传、存储并分享"特定作品。第二,如果网络服务商未能履行审查义务,可能面临着行政机关的惩处,比如,《网络安全法》第68条规定,如果网络运营者不能履行对其用户发布的信息的管理义务,有关主管部门可以处以警告、罚款、关闭网站甚至吊销许可证等处罚。而当年的《关于规范网盘服务版权秩序的通知》下发后,曾引发网盘行业的大规模关停,[1]这是因为大部分网盘服务商无法履行行政监管的要求,只能通过主动关停服务来避免行政处罚。

网络服务商的民事责任是行政保护介入的基础,根据举重以明轻的基本原则,支撑知识产权公法审查义务正当性的理论当然可以推知私法审查义务的必要。网络服务商对知识产权保护的行政义务充分表明,行政权可以主动介入民事权利纠纷,在一定范围内为民事权利提供救济,[2]行政机关的行政权和网络服务商的准行政权的介入对于查处侵权行为具有高效快捷的优点,在达到管理社会秩序目标的同时,其可以为权利人通过民事诉讼手段获得损害赔偿提供便利条件。因此设置这种严苛程度较高的义务的前提是私人的权利义务发生冲突。"守门人"责任理论可以在很大程度上支持为网络服务商设立较为严苛的行政责任,而行政责任必然以民事责任的存在为必要,因此该理论完全可以支撑网络服务商在私法层面扮演"守门人"的正当性和必要性论证。

---

[1] 《各大网盘陆续关停,暂停个人存储服务》,载 https://www.douban.com/group/topic/86252471/? start=0 豆瓣网,2021年4月1日最后访问。

[2] 曹博:《知识产权行政保护的制度逻辑与改革路径》,载《知识产权》2016年第5期。

2. 网络服务商适用知识产权“守门人”义务

福利理论视角下的“守门人”责任是理论提出时的时代背景和技术状况的理论产物，将其应用到当今时代背景下的网络服务商民事责任制度中时，以成本为主的考量便成了重心，从而奠定了不主动审查的避风港规则。然而，随着信息技术的不断更迭，互联网巨头的泡沫、技术手段的变迁使得福利理论受到一定质疑，互联网企业的自愿措施被认可为遏制网上非法活动的特权工具，这使网络服务商倾向于根据模糊的、私人执行的标准服务于政府目的。在这个层面上，道德路径的呼声开始崛起，中介义务话语体系正向中介责任话语体系转变，这也催生了重新审视“守门人”理论下设情形的必要。网络环境的变化导致直接针对个人违法行为的网络执法难度增加，学者提出两种替代解决方式：一是争取中介机构协助监管个体，即传统网络服务商作为“守门人”；二是通过技术发展实现对个人网络活动的直接识别和监管，即用技术来“守门”。[1]

随着信息技术的发展，网络服务商作为枢纽的功能效应不断凸显，“守门人”责任理论由此延伸到互联网领域。而网络服务商作为提供网络服务和传递信息的中介，对于其服务所传输的信息和数据具有事实上的管理控制能力，把握着各个关键环节上的“门区”，扮演着互联网治理中的“守门人”角色，因此，可以通过对其施加一定的内容审查义务来高效控制网络上的侵权行为。

网络法专家莱斯格教授指出，代码是网络环境中的法律，如果能够书写、控制、掌管网络空间的代码，就能够掌控整个网络空间；如果无法掌管网络空间的代码，就无法在真正意义上掌控网络空间。[2] 互联网

---

〔1〕 Jonathan Zittrain, *A History of Online Gatekeeping*, Harvard Journal of Law and Technology, p. 255 - 256(2006).

〔2〕 [美]劳伦斯·莱斯格：《代码 2.0：网络空间中的法律》(修订版)，李旭、沈伟伟译，清华大学出版社 2018 年版。

建立在 TCP/IP 协议之上,信息流动正是通过电子数据在这些地址之间来回游转而实现的,网络本身只是一个重复着单调运输工作的机器,它只负责运送数据,而数据的翻译、解码等解释工作是由终端计算机的服务器完成。而平台正是这些服务器的掌管者,它在事实上具有扮演"守门人"的能力。

如前文所述,关于间接侵权责任的道德路径显然正在重新兴起。在网络服务商的作用是不可估量的前提下,基于其影响信息环境以及用户在其中的交互作用,法律理论对网络服务商的论述正越来越多地从赋予义务转向增强的"责任"。从中介义务向平台责任的转变无论是在理论还是实践层面都有所体现,比如中介机构的企业社会责任及其在落实和促进人权方面的作用。正如马丁·胡索维克(Martin Husovec)所言,欧盟法律越来越迫使互联网中介机构为权利持有人负责,即使它们并不应当对用户的行为承担实质性的侵权责任时也要对其负责。[1]

欧盟委员会通过了一项战略,将政策途径从中介义务转变为中介责任,特别强调网络服务商应当自愿采取措施,遏制非法的在线行为和言论。作为这一新政策号召的直接结果,欧盟委员会最近与包括脸书、推特、优兔和微软在内的所有主要网络服务商达成了一项"行为准则,其中包括一系列承诺,以打击欧洲网络上不法言论的传播"。[2] 显然,欧盟委员会调整了对网络服务商的战略,使其走向全球化,持续的行动使法律的执行借助算法工具走向私法化。

种种政策的呼声表明,"守门人"要素或已发生了不可逆转的变化。重新审视"守门人责任"理论,需要尤其关注网络服务商责任体系

[1] Jonathan Zittrain, *A History of Online Gatekeeping*, Harvard Journal of Law and Technology(2006).

[2] 参见《欧盟加强打击网络谣言力度》,载 http://www.cac.gov.cn/2020-02/03/c_1582289675181818.htm,国家互联网信息办公室网站,2021 年 4 月 5 日最后访问。

中的关键因素——成本问题。当前早已实现的技术性审查已经在很大程度上解决了创设避风港规则时期的成本问题，对于互联网海量信息进行全面的人工审查意味着巨大而不现实的成本，而以自动化的过滤技术对特定情形下的信息进行审查，就可以达到课以“守门人”责任理论要求的可承受的成本范围。

一方面，大型网络服务商对于技术性审查已经研发多年，发展出较为成熟的过滤、筛查技术，域内外大型网络服务商对于技术性审查都具有相当成熟的经验：在国外，脸书和推特等社交媒体应用开发了自用的系统来过滤暴力血腥、恐怖主义等不法内容；在国内，网络社交服务提供者、搜索引擎服务提供者均采取技术性手段对用户信息进行审核。大型网络服务商们以行业自律的面貌进行的审查行为表明，技术性审查的成本一定是他们可以承受的，并且势必是符合经济理性的举措。

另一方面，对于无法承受自主研发过滤系统巨额成本的小型网络服务商而言，施加特定审查义务同样是可以实现的，因为技术具有典型的可迁移性。诚然，大型网络服务商在开发自动化审查机制时势必要付出高昂的成本，比如，优兔为了开发 Content ID 曾投资 6000 万美元。虽然小型网络服务商没有这种财力物力去自主研发，但是技术是可以转让和共享的，一旦大型网络服务商推动了技术发展，就能使这种技术以比较低廉的成本向全社会迁移，从而使特殊审查的成本不再高昂。我国目前已经出现了这种现象，比如阿里巴巴公司和网易公司将自主研发的过滤系统投入市场进行销售，其他中小型网络服务商可以在过滤系统的市场充分竞争后，以较为合理的价格获取这种审查技术。正如法院在腾讯与微播视界等诉前行为保全裁定书[1]中指出，“必要措施的界定，则与技术发展密切相关。……但当该技术本身已成为可能

---

〔1〕 重庆市第一中级人民法院民事裁定书，(2021)渝01行保1号。

且成本可承受时,则平台在删除已有侵权视频外承担过滤、拦截义务则是理所当然”。

概言之,从宏观的互联网系统治理体系出发,网络服务商作为掌握信息流通的重要参与者应当承担起积极的知识产权保护义务,唯有赋予其审查义务才能平衡“通知—移除”规则导致的极端化义务分配。另外,由于网络治理中行政执法的诸多阻碍,本该属于政府的审查义务部分转移至对传输内容具有管控能力的网络服务商,内部和外部的双重需求使网络服务商承担审查义务具有了相当的必要性。

第三节 法经济学视角:审查义务与负外部性

上文提到,网络服务商根据“守门人”责任理论而承担主动审查义务,其核心因素在于审查技术的成本问题。在主动审查义务的正当性论证上,“守门人”责任理论只能支撑起网络服务商在功能上“应当为之”,而进一步的“责任主体化”问题还需要规范意义上的理论支撑。本节将从法经济学视角出发,以“效率”作为核心衡量标准,以“成本收益原则”作为基本工具,对网络服务商应当承担的经济负外部性作出规范意义上的补充论证。

法经济学从成本和效益的角度出发,衡量某种权利义务安排能否实现资源的最优配置结果。对网络服务商的知识产权审查义务进行法经济学分析,可以在效率层面有力地论证审查义务的必要性和正当性。本节将通过两个方面依次阐释审查义务的经济合理性:其一,设立审查义务具有成本优势;其二,市场自动调节手段无法使权利义务达到良好配置而带来最优结果,此时应当设立法定义务。

一、审查义务是具有经济效率的权利义务配置

(一)审查义务的边际成本分析

美国大法官、著名学者波斯纳有一句名言:“追求公平正义的过程中,不能将代价置若罔闻。”[1] 边际考虑(marginal thinking)是法律经济学衡量某一具体制度对权利义务所作的安排是否经济高效的重要工具。所谓“边际”,是指一个微小的增量带来的变化,即数学中微分的概念。[2] 在变革网络知识产权治理体系中,要求网络服务商承担适当的审查义务是否符合经济理性和利益平衡的基本要求,答案就蕴含在知识产权人与网络服务商预防与制止侵权的边际收益(marginal revenue)与边际成本(marginal cost)的较量之中。

1. 权利人维护知识产权的成本

在确定创作者应否受到保护、如何被保护时,有必要考量著作权制度的终极目标。尽管学界对此存在广泛和多元的观点、学说,但对此较为公认的说法是:著作权法的宗旨是通过保护创作者的私权而激励其创作更多更好的作品,进而为公共利益的增进和人类文明的繁荣创造条件。[3] 可见,保护私权是一种实现终极目标的手段,而非终极目标本身。

本质上而言,知识产品凝结着无数先人的智慧结晶,从经济学角度看,知识产品表现为知识信息,它是一种公共形态的无形物品,某个人持有、使用这种物品时并不影响他人使用。但是,在漫长的知识产权制

---

〔1〕 威廉·M. 兰德斯、理查德·A. 波斯纳:《知识产权法的经济结构》,金海军译,北京大学出版社 2016 年版,第 16 页。

〔2〕 汤自军:《法经济学基础理论研究》,西南交通大学出版社 2017 年版,第 26 页。

〔3〕 作者介绍了四种观点:自然权利说、精神纽带说、公众消费说、文化繁荣说。作者认为第四种观点最佳。Fisher William, *Theories of Intellectual Property*, *in Stephen Munzer*, *ed*, *New Essays in the Legal and Political Theory of Property*, Cambridge University Press, 2001, p. 168 – 199.

度演变史中，政府决定采用赋予一定期限的私人垄断权的方式，这在一定程度上削减知识产品的公共性，但能激发作者的创作积极性，减少公共资源公地悲剧导致的负外部性。

然而，尽管法律赋予权利人垄断权能，但知识产权的内在属性决定了它无法做到事实层面上的“排他”，权利人法律意义上的占有很难排除他人对该信息的获取和使用。特别是信息网络技术的飞速发展催生了陌生人社会，进一步催化了知识产权非物质性所带来的问题，知识信息被转化为数据在通讯设备之间的高速传播，网络用户可以通过电脑端、手机端等任何终端设备轻而易举地获取信息，而著作权人的作品也包含在这些飞速传播和扩散的信息中，被无限重复地免费利用。此时，互联网环境中的知识产品在很大意义上成为“免费的午餐”，知识产权自身的稀缺性已消减殆尽，凭此获得经济利益的功能也同样受到冲击。在这一背景下，知识产权人必须付出更多的成本和精力以维持知识产权的私人占有性，着力保护其稀缺性不被减损，如此才可能维持和享有前互联网时代下知识产权制度的效用。概言之，在互联网技术尚未诞生的传统著作权时代，使用和传播作品的途径以复制为主，辅以表演、播放等再现手段，侵权效率相对较低，知识产权人不必花费过多的精力和更高的代价维护权利，然而互联网技术打破了传统环境下的制度运行生态，一旦网络的聚合性和便利性发展到一定高度，侵权的效率和范围就随之扩大，权利人就势必会在经济理性的驱使下产生强烈的维护权利的愿望，从而不得不在创作成本以外投入巨大的维权成本。

社会为实现知识产权所投入的成本主要有三个方面：其一，智力创造成本，即权利人为了生产知识产品所付出的时间、精力、心血和经济成本。其二，通过许可、转让等手段使权利变现的成本，即权利受让主体愿意为获取知识产品而付出的经济成本，一般而言，知识产权的独创性、新颖程度、审美价值与转让成本呈正相关的关系，在文学、科学、艺术领域具有越高的智力价值，越具有不可替代性，则转让价值越高昂。

其三,维权成本,即当知识产品受到不法侵害而损及稀缺性时,权利人为了维持这种稀缺性所付出的代价,以及社会整体为了维持知识产权制度下的经济和文化秩序构建所产生的制度成本。信息技术的发展极大地降低了用户参与网络传播的门槛,使每一个人都能在其自由选定的地点和时间传输和获取数据;客体的无形性、传播渠道的多元性以及信息传播的即时性,使通过网络非法传播知识产品如同囊中取物一般容易。对此,权利人不得不实施更加严格的防范措施,在维护权利上投入大量人力、物力、精力以保持其私人权益的稀缺。然而网络环境中的侵权现象已经呈现不断泛化和难以控制的倾向,早已超越人工控制侵权的能力范畴,权利人凭借一己之力来维护自身权益实为难事;而从社会层面来看,公共权力也需要设置相应的制度来为知识产权人创造良好的维权环境,相应的行业自治及行政、司法手段都服务于维护知识产权人的利益,从而激励文化事业的繁荣。“通知—移除”规则作为一套事后救济措施,其作用仅限于遏制损害的进一步扩大,权利人若想就已造成的损害获得经济赔偿,仍然需要通过司法途径实现,其后果就是引发了诸多诉讼,从而造成司法资源的消耗。在知识产权侵权泛化的网络环境下,权利人作为“通知—移除”机制的触发者,同时负担着识别侵权与制止侵权的成本,其因维权所消耗的边际成本远超边际收益。从“理性”的角度,策略性地进行个别打击成为他们的普遍选择,但这既不利于提高全社会的知识产权保护意识,也无法真正保护权利人的利益。

2. 网络服务商发现侵权的成本

以内容识别技术为底层原理的自动化审查系统是网络服务商进行事前审查的重要技术工具。从初步开发到投入运营,网络服务商提供信息技术服务的成本可以分为两个方面,即初始投入的建设成本和后续运营的维续成本。前者通常包括硬件层面的营业处所、专用线路、专业设备的建设、购置、安装,以及软件层面的系统设计与测试、人员配置等;后者一般是指在前者被投入建成之后,为了确保网络服务正常运转而投入的人员工资、材料费用等运行成本,以及向管理部门缴纳的管理费用,出于纠正、适应、完善等目的服务维护开销等。[1] 显而易见,在网络服务商完成初始开发工作、投入运营以后,投入成本基本保持在可预期的范围内,不会随着数据和信息的传输量扩大而出现过大的波动。

对于网络服务商提供服务实现营利的情况而言,他们作为经济理性人同样要考虑如何投入和维护自己的稀缺性供给,而网络服务商的产品正是其提供的网络服务。在实现更大化营利的目标面前,关键的考量在于:如何在将成本投入既有的服务基础上,实现更优化的服务。此时,每一单位信息审查所带来的相应成本的变动就是边际成本。根据上文对网络服务商成本构成的分析可知,网络服务商一旦投入运营,在运营过程中成本的变化通常非常微小,即边际成本几乎为零。正常情况下的用户量增加而导致的信息传输量增多不会对边际成本造成较大影响,除非出现用户量激增而超越网络服务商承载量的情况,此时它不得不将成本投入硬件设备的升级优化之中以扩展系统的运载能力,但这种情况是鲜少发生的,一般只出现在网络群体性事件引发的网络瘫痪之时。因此,可以说网络服务商正常运营过程中的边际成本几乎为零,而它实现利益最大化的途径恰恰是维持这种边际成本的状态,尽量减少必要开支以外的成本。

而这种经济理性人的诉求,就使网络服务商在面对网络知识产权侵权现象时倾向于采取消极态度,因为网络知识产权侵权并不会直接影响到网络服务商的营利目标,它们仅需要在接到权利人通知后采取必要措施即可,一般无须承担间接侵权的侵权损害赔偿责任。当然,在特定情况下,法院也会判处网络服务商承担间接侵权责任而使其付出巨大的赔偿款项,但这种情况往往被网络服务商视为偶发的“灰犀牛”

[1] 郑淑蓉:《商务网站的成本与效益分析》,载《经济问题》2009 年第 4 期。

事件，毕竟这种赔偿代价的总和并不会超过建立和维护侵权防治系统的成本。可见，网络服务商愿意主动采取行动的成本仅包括自身的服务成本，而网络用户在其平台中的行为所引起的知识产权纠纷及维权成本并不在其考量之中。

然而，被动等待侵权通知的网络服务商免去的主动承担知识产权维权的成本，其实质是把发现侵权的责任转嫁给能力较弱的权利人。网络服务商出于自身经济理性的考量作出的选择是仅仅管好自己的服务系统，但出于网络环境的泛化和侵权手段的普遍，权利人和社会其他公众不得不为此承担更多的负担：权利人必须独自承担检测、管理、检查互联网海量信息中是否存在自身知识产品的义务，而受制于维权时间和精力成本，必然会影响到新知识产品的生产，从而减损社会公众获取文化资源的整体福利。

在“通知—移除”规则确立的技术背景下，网络服务商受制于当时的不甚发达的过滤技术，对于海量信息进行知识产权事前审查的成本过高，如果强行要求网络服务商对所有信息进行事前监管将严重影响信息传输的效率，并且这种审查成本一定会转移给网络用户。然而在这一制度所依托的技术背景发生质变时，知识产权法应当重新考量这种权利义务配置的方式。近年来，越来越多的网络服务商在研发和使用过滤技术和正版数据库，审查手段的进步使发现侵权的成本不断降低，在这一背景下，要求低成本、低代价的一方承担发现侵权的责任是符合法经济学原理的。

对于存储大量包含知识产权信息的网络服务商而言，网络用户利用其服务传播侵权内容的可能性非常大，因此造成的损失也很大。在此背景下，知识产权侵权使知识产权人付出的代价将远远大于网络服务商承担审查义务的成本。正如美国大法官汉德所提出的“汉德原则”所昭示的：当 $B < PL$ 时，行为人应承担侵权责任；$B > PL$ 时，行为人不承担责任。其中 B 为预防事故的成本，P 为事故发生的概率，L 为事故所造成的损失，亦即当预防事故的成本小于预期事故成本时，行为人应当承担侵权责任。[1] 将上述原则运用到网络服务商与知识产权的具体分析中来，可以得知：当审查手段发展到以更低成本为对价即可保障运行且侵权数额达到一定规模之时，要求网络服务商担负起审查义务是符合经济效益的。第一，审查技术的发展已经相当成熟，网络服务商有实力对知识产权进行一定的检测和管理；第二，当审查技术被初始研发出来并投入使用之后，它也将被纳入服务成本的一部分，后续对于每一单位信息增量的审查并不会增加审查技术的边际成本；第三，审查技术的应用有助于优化平台服务环境，从而增加用户黏性，为平台吸引更多的数据与流量，因履行审查义务而获得的边际收益是可观的；第四，网络服务商承担的审查义务并不是全面的、普遍的、强制性的，并不会给网络服务商带来过于沉重的负担。综上所述，网络服务商通过过滤等方式进行事前内容审查，能够极大抵消网络知识产权侵权带来的负外部效应，降低知识产权纠纷所需产生的巨大社会成本。

（二）审查义务的社会福利视角

福利经济学以社会福利最大化为宗旨，主张社会福利的大小取决于所有国民福利的总和，即所有人的福利之和最大化时，社会整体福利才能达到峰值，它的哲学基础源于边沁的功利主义。无独有偶，知识产权的基本理论中最为普遍接受的一种学说正是功利主义，在其指导下，立法者一直在着力通过保护独占权能来激励文学艺术作品的创作，同时要兼顾和平衡广泛大众获得、使用这些作品的权利。这充分说明，在很大程度上，社会福利视角下的经济目标和知识产权法的目标具有异曲同工之妙：当消费者和生产者的收入之和最大化时，社会整体福利才能最大化；知识产权人与社会公众的收益之和最大化时，才能增益社会整体的文化福祉。

---

〔1〕 熊秉元：《正义的成本：当法律遇上经济学》，东方出版社 2014 年版，第 193 页。

鉴于福利经济学与知识产权法之终极目标的同一性,且知识产权的客体在商品经济下同样具有流通、交易的属性,两者均可以纳入市场行为范畴进行探讨。在手段和目的均呈现一致性时,运用福利经济学来分析何种知识产权配置能够最大化社会福利不存在障碍。“帕累托最优”是福利经济学的重要分析工具,是资源分配的一种理想状态。根据该理论,市场的供需平衡能够让买家和卖家的收益之和达到最大值。[1] 因此,何种权利义务配置能够使市场的供需达到均衡状态,需要借助需求曲线进行分析。

供需曲线分为需求曲线和供给曲线,需求曲线是一种呈现商品价格与需求量之间动态变化的图例,供给曲线是表示商品价格与供给量之间动态变化的图例,对于消费者来说,需求量与商品价格呈负相关;对于生产者来说,供给量与商品价格呈正相关。具体到网络平台经济的知识产权交易之中,买家和卖家分别为网络消费者和知识产权人。假设初始状态为市场中不存在知识产权侵权现象,此时的供需均衡对应着某个价格和需求量(供给量)。而当市场上开始出现盗版、假货等侵权现象时,情况发生了改变:对于消费者而言,原本受到知识产权法有效保护的知识产品生产环境被破坏,知识产品的生产热情受到减损,因此供给量将减少,表现在图表中即供给曲线向左平移,在消费者对于文化产品的需求量不变的情况下,供给量的减少将引发商品价格的升高;对于知识产权人而言,知识产权侵权行为会对其生产造成极大威胁,为此他们不得不花费庞大的支出来打击侵权、维护稀缺性,该行为对应的机会成本是生产新的知识产品带来收益的丧失,而这一部分支出将被纳入生产成本,使单位知识产品的成本上浮,而这将直接体现在销售价格之中。此时,供给曲线的平移将导致均衡点向左变化,相比初

---

[1] [美]N. 格里高利·曼昆:《经济学原理:微观经济学分册》,梁小民、梁砾等译,北京大学出版社 2009 年版,第 143 页。

始均衡而言,价格更高且需求量减少,这就意味着知识产权人的生产成本提高,而市场中的知识产品数量变少,社会整体的文化产品规模下降,并且消费者在文化产品上需要支付更高价款。因此,无论是生产者还是消费者,收益都受到了损失,社会整体福利显然背离了最大化目标。

综上所述,当网络环境中充斥着大量知识产权侵权行为而缺乏有效治理时,知识产品的生产者和消费者利益双双受到减损,进而导致社会整体福利下降。为了规制这种现象,从经济学角度应当寻求一种降低社会成本的方式,此时,作为知识产品生产者和消费者以外的第三方——网络服务商的地位便显得尤为突出。网络服务商作为信息传播的"守门人",在控制数据传输方面具有权利人无可比拟的优越性,当其承担起一定的知识产权主动保护义务时,将对势单力薄的权利人产生巨大的帮助。充分发挥网络服务商在经济与技术方面的优势,能够抵消知识产权人很大一部分的维权成本。如此一来,知识产品的稀缺性不会因为侵权行为的冲击而遭到破坏,人们将有更大的动力和更多的精力投入新的智力创造活动中,从而保障了文化产品和新技术的持续产出,社会整体对于知识产品的多元需求得以维持。同时,稳定的市场供给量使得知识产品的销售价格始终围绕着价值上下波动,而不会出现价格脱离价值本身而畸高的情况。在网络服务商参与治理后,知识产权人和消费者的权益都将得到保障,值得注意的是,作为社会一分子的网络服务商自身所付出的成本同样属于社会整体福利的一部分,但如前文成本收益分析所言,网络服务商一旦将过滤和审查技术投入使用后,边际成本将无限趋近于零,从定性角度上说,显然会低于知识产权人自行打击侵权产生的成本、知识产品数量下降而价格上涨产生的成本、司法行政管理成本等诸多方面的成本总和。

二、负外部性:市场自动调节无法实现最优效果

根据前文对审查技术之成本的详细论述,不可否认网络服务商在

平台中安装过滤审查装置进行审查和管理的成本相对更低,设立网络服务商知识产权审查义务是符合经济理性的做法,能够实现社会福利的总体最大化,但单凭这一点仍不足以强制网络服务商承担审查义务。根据科斯第一定理,在交易成本为零或很小的情况下,可交易权利的初始配置不会影响资源配置帕累托最优状态的达成或者社会福利最大化目标的实现。把这一理论运用到知识产权审查义务中,可推出:当安装和运营过滤审查装置的成本基本为零,或可从后期获利中平衡这一支出,只要网络服务商能够通过这一审查技术有效打击著作权侵权活动,那么无论一开始是要求网络服务商还是要求权利人承担审查义务,双方最终都会通过合作或谈判达成最佳的方案,由能够最大发挥审查系统价值的一方承担义务。正如经济学家薛兆丰所言,一项有价值的资源,不管从一开始它的产权归谁,最后这项资源都会流动到最善于利用它、能最大化利用其价值的人手里去。因此,需要进一步论证的问题在于,网络服务商与知识产权人是否已经无法通过市场的自动调节达到资源最优化配置的状态。

设想这样的情况:某网络服务商每年因为发生在其平台上的知识产权侵权纠纷要支付的赔偿金额为 10 万元,而研发和使用一款过滤器的成本为每年 5 万元。假设交易成本为零,在第一种情况下,法律对于网络服务商的权利义务配置采取放任态度,即不要求网络服务商承担任何义务,那么网络服务商在不承担 10 万元赔偿风险之时一定会放任侵权行为的发生,在这种情况下,知识产权人势必会为维护自身权益向平台支付 5 万元以安装过滤器。此时,知识产权人以 5 万元的成本解决了 10 万元的侵权赔偿问题。在第二种情况下,法律对网络服务商采取强制性态度,严格要求他承担间接侵权责任,当网络服务商因间接侵权而面临着赔偿 10 万元的代价时,他一定会直接花费更小的 5 万元成本开发过滤系统来防止侵权。这种情况下,网络服务商依然用 5 万元成本解决了 10 万元的侵权问题。可以见得,在科斯所称的交易成本为零的前提下,不管法律将权利和义务分配到谁身上,该主体都会基于经济理性采取较小成本的审查手段。

然而,没有交易费用的市场宛如没有摩擦力的真空,仅仅是一种理想状态。在审查义务的语境下,按照科斯第一定理,无论如何分配不同主体的权利和义务,最终都会由网络服务商采取过滤技术等事前审查手段。但是仅仅就一个行为足以有效率地打击侵权这一事实,并不能保证分配链中的个人和组织会采取相应的行动,[1]不主动审查知识产权侵权仍然是行业惯例,因为打击侵权而发生的种种交易的代价和成本过高,网络服务商和权利人均缺乏推进这项方案的内在动力,"有限理性"理论和外部性效应都可以对此作出解释。

所谓"有限理性",是指在信息普遍不对称的经济活动中,人们往往基于自身风险偏好(通常是厌恶风险)在决策过程中寻求"满意"的选择而非"最优"的选择。"有限理性"理论由美国经济学家赫伯特·西蒙于20世纪40年代提出,它是对传统"理性人"假设的修正。"理性人"假设是西方传统经济学中最基本的前提假设,它认为每一个经济行为都是基于理性的思考,力图以最小的成本换取利益最大化的过程。其中包含的重要假定前提是行为人对于法律制度、国家政策、市场信息以及自身偏好与目的等有着全面而充分的认识。换言之,他掌握了进行决策所需要的全部信息和知识,并在此基础上通过理性思考作出最优决策。西蒙认为这是一种极其理想的状态,现实生活纷繁复杂,信息不对称现象广泛存在,囿于知识结构、文化传统、情感信仰等因素的限制,人们不可能达到完全理性的状态,而是通常处于完全理性与非理性之间的有限理性的状态。同时,他否定有限理性的经济人具有绝对理性的决策和分析能力,他们会受到多重因素的影响,并最终偏向依

[1] Matthew Sag, *Internet Safe Harbors and the Transformation of Copyright Law*, Social ence Electronic Publishing, p. 539(2017).

赖直觉而非理性分析问题。[1] 对于网络服务商而言，寻求自身利益最大化是其从事一切经济活动的出发点与落脚点。自媒体时代，用户生成内容已经成为平台攫取流量、囤积利益的重要抓手。例如，哔哩哔哩作为国内短视频行业的头部网站，专业用户创作视频（PUGV）成为其实现用户数量增长、服务影响力外扩的重要引擎，2021 年三季度专业用户创作视频在平台总播放量中的占比达到93%。[2] 然而，用户生成内容的原创性难以确认。由于网络服务商无法获得所有在先作品的完整信息，也不具有判定知识产权侵权的专业素养，为避免内容过滤带来的直接流量损失，基于有限理性，其通常不会主动严格审查平台上的信息内容。除非权利人向其发出侵权通知或者侵权内容如同“红旗”一般“招展”时，为避免承担高额的侵权赔偿责任，网络服务商才会采取相应措施移除、屏蔽涉嫌侵权的内容，以换取“避风港”的保护。换言之，基于有限的能力和有限的理性，网络服务商满足于现有的“免于承担侵权责任”的备择方案，仅仅履行简单的程序性义务，从而无法从源头上遏制侵权内容的传播。

从外部效应角度看，在上述假想例当中，尽管开发审查技术的成本小于放任侵权行为发生的赔偿成本，但是事实是，为避免承担高昂的交易成本，每一位知识产权人都期待其他权利人采取主动审查措施而坐享由此产生的正外部性，因此最佳配置结果并没有发生。假设网络服务商提供的平台上出现的侵权行为只涉及一位知识产权人，那么当该权利人发现审查技术比受到侵权损害的代价更低，即使网络服务商不主动审查，这位权利人也会向其主动提出自行承担审查技术的成本，然而，当知识产权人的数量不限于单个主体时，情况就变得复杂起来，他们将面临“公共物品问题”。假设侵权行为波及 100 位知识产权人，那

---

〔1〕 刘赫男：《私益救助型众筹法律问题研究》，吉林大学 2020 年博士学位论文。

〔2〕 *Bilibili Inc. Announces Third Quarter* 2021 *Financial Results*, http://news.10jqka.com.cn/field/sn/20211117/33176791.shtml, last visited on December 1, 2021.

么就存在100种独立的经济考量,如果其中99个人愿意出资承担审查技术的费用,剩下1个人无须出资便可以享受事前审查带来的好处,在这种情况下,每个权利人在考虑是否投资审查技术时都会产生一定犹疑,生怕出资后自己成为被“搭便车”的“冤大头”。正如著名经济学家弗里德曼所言,每个经济理性人只有在确认自己的参与能起到决定性作用之时,他才会选择付出成本。[1] 然而,当网络知识产权侵权行为涉及数不胜数的权利人时,所有人都会担心自己的投资被别人“搭便车”,这种确定的决定性局面更加不可能发生。

科斯第二定理指出,由于交易费用的存在,不同的权利配置界定将会带来不同的资源配置结果,同时也会对社会整体福利产生影响。[2] 尤其是在交易成本高昂的情况下,制度和法律对于权利义务的安排会极大地影响经济效率的实现。因此,当存在高昂的审查技术成本,市场自动调节手段无法使权利义务达到良好配置,不可能实现资源的有效分配时,应当由法律规划出特定的产权制度进行治理。科斯第三定理指出,如果某一产权制度的建立势在必行,而针对该制度的不同设计和实施方式存在不同成本时,则这种成本也应当纳入政府决策的考量范围之中。[3] 结合前述分析,当巨大的交易成本“横亘”在网络服务商与权利人之间,市场调节机制已无法实现最优资源配置时,将事前审查的法定义务划归于网络服务商既可以避免“搭便车”现象,又具有成本优势,是有效的制度安排。为了达成网络知识产权领域的最佳资源配置的目标,法律应当综合考量网络服务商的技术水平、知识产权侵权行为的规模和范围、知识产权人维权的情况等因素,对于特定的网络服务商

---

〔1〕[美]大卫·D. 弗里德曼:《经济学语境下的法律规则》,杨欣欣译,法律出版社2004年版,第41页。

〔2〕[美]大卫·D. 弗里德曼:《经济学语境下的法律规则》,杨欣欣译,法律出版社2004年版,第77页。

〔3〕黄少安:《产权经济学导论》,经济科学出版社2004年版,第285页。

施加相应的义务和责任,以弥补知识产权人、消费者构成的整体社会福利的减损。

第四节　制度优势:弥补通知—移除规则的功能不足

多年以来,知识产权法在权利和自由之间谨慎地保持平衡。知识产权法承认需要通过给予创造者对使用的重大控制权来激励他们的工作,但这种控制远非绝对的。知识产权法还认识到,需要为公众保留一些自由,使其能够利用现有知识产品并以之为基础继续创作出新的智力成果。〔1〕但是,在网络世界中,传统的知识产权政策杠杆所达到的平衡越来越具有不堪重负的风险。在很大程度上,作为著作权法总体现代化一部分的《数字千禧年版权法》中规定的"通知—移除"制度,促进了社交网络和其他"Web 2.0"业务的增长,〔2〕但与此同时,有大量学者认为,"通知—移除"规则给网络服务商带来了过度的保护,应当予以废除。〔3〕在实践中也早已出现避风港阴影下达成的私人利益导向的"DMCA plus"协议。在我们试图重建"避风港"、设立新的义务体系之前,首先需要更透彻地了解它。

---

〔1〕 See Sony Corp. of Am. v. Universal City Studios, Inc. ,464 U. S. 417,429 (1984) 。著作权一方面是作者和发明者控制和利用其作品和发现的利益,另一方面表现在思想、信息和商业自由流动方面的竞争利益,两者之间很难取得平衡。

〔2〕 Edward Lee, *Decoding the DMCA Safe Harbors*, Columbia Journal of Law & the Arts, p. 1(2009).

〔3〕 Lital Helman, Gideon Parchomovsky, *The Best Available Technology Standard*, Social Science Electronic Publishing, 2011.

一、利益妥协下的"通知—移除"规则

《数字千禧年版权法》的目的是将著作权引入数字时代,但起草该法案的时候,数字化的全面影响和互联网的全球互联性的趋势还不能完全预料到。在1998年,只有41%的美国家庭连接到互联网,并且即使安装了当时最新的56k调制解调器,下载一个小时的视频节目也需要超过24小时。

《数字千禧年版权法》诞生前,涉及网络活动的众多主体可谓处于"人人自危"的境地。

一方面,传统的商业著作权生产者,比如电影制片厂、唱片公司、歌曲作者、出版社和软件公司,对因为数字网络技术会极大地便利数字复制行为可能带来的大量侵权而感到惴惴不安。互联网技术使版权作品的传播发生在一瞬间,在没有加强法律保护的情况下,权利人势必不愿意将自己的作品以数字形式或者在线方式提供。

另一方面,著作权间接侵权责任在理论上极为混乱、在应用上十分武断,就连仅仅为用户提供接入服务的网络服务商都在担心,它们将对其用户的侵权行为承担责任——实际上它们对这种行为没有控制权,而法院的侵权与否的结论并不具有可预测性。例如,20世纪90年代,诸如花花公子诉RNE公司及其总裁拉斯·哈登堡案等判例表明,网络服务提供商将对其用户发布的非法材料承担直接责任。[1] 然而,其他判例,如宗教技术中心诉网讯在线通讯服务公司案和科星集团公司诉鲁普网公司案给出了掷地有声的相反结论。因此在20世纪90年代中期,网络服务商和其他在线服务的提供者认为,如果没有对侵犯著作权的有限责任立法的合理保证,他们不愿意"在扩大因特网的速度和容

---

〔1〕 See Eric Goldman, *How the DMCA's Online Copyright Safe Harbor Failed*, Ntut Journal of Intellectual Property Law & Management, p. 195(2014).

量方面进行必要的投资”。

在此背景下,美国政府于 1993 年正式宣布实施“国家信息基础设施”(NII)计划,并设立“知识产权工作组”以阐明和实施政府对国家信息基础设施(互联网)的愿景、制定互联网环境下知识产权政策。1995 年知识产权工作组发布了《美国知识产权白皮书》,从法律、技术及教育等方面深度剖析了数字时代给传统知识产权保护制度带来的冲击与挑战,并提出改革现行法律制度以适应技术创新、产业发展现实需求的具体措施与建议。

关于网络服务商责任承担的问题,《美国知识产权白皮书》认为,保护作者权利的最佳方式是让网络服务商对其用户的侵权活动负责——即使网络服务商本身没有侵权故意。因此,《美国知识产权白皮书》规定,网络服务商基于其履行中介服务所必需的自动、暂时性复制与传输,属于版权法上的复制,其应对此负严格责任。与此同时,《美国知识产权白皮书》指出,这种直接责任应被视为做生意的成本,因为网络服务商通过向用户提供向其系统上传作品和从其系统下载作品的服务来吸引用户并以此盈利,并且网络服务商更有能力通过技术保护措施、保险、著作权许可等方法避免著作权侵权或降低侵权危害,[1]过早免除或减少服务提供商的责任会阻碍降低侵权风险的市场工具的发展。[2] 这一做法实际上要求网络服务商对平台上信息的合法性承担全面的审查义务,必然会加重互联网企业的运营成本和负担。因此,《美国知识产权白皮书》遭到包括电子前沿基金会等互联网领域的企业与公益组织的抵制。《美国知识产权白皮书》发布后,有人表示

---

〔1〕 See Joseph Levi, *Will Online Service Provider Liability Unravel the Web?*, 477 PLI/Pat 547(1996).

〔2〕 See *Intellectual Property and the National Information Infrastructure: the Report of the Working Group on Intellectual Property Rights - Executive Summary*, http://www1.biologie.uni-hamburg.de/b-online/e00/executive.htm, last visited on April 7, 2021.

该内容可能限制教育工作者、企业、图书馆和消费者利用数字网络的活动,并阻碍互联网发展。在国内受阻后,时任美国专利商标局局长的布鲁斯·A. 雷曼(Bruce A. Lehman)转而同世界知识产权组织合作,希望通过国际条约推动国内立法。1996 年年底,《WIPO 版权条约》与《WIPO 表演和录音制品条约》在瑞士日内瓦表决通过,旨在解决数字环境下的著作权保护问题。

1996 年,美国国内法在数字版权保护与网络服务商责任承担方面也作出了重大调整。时任美国总统的克林顿签署了被称为"美国新旧通信世界的分水岭"的《电信法》(Telecommunications Act),该法旨在取消阻碍电信服务行业竞争的管理法规壁垒,促进开发和推广新技术的应用,包括电信服务、广播服务、电缆服务等七个章节。为更好地解决网络淫秽与暴力问题,《电信法》第五章单独设置了《通信规范法案》,该法与后来的《数字千禧年版权法》共同构成了美国网络服务商责任的基础法律。

《通信规范法案》规定了淫秽、性骚扰及非法利用电信设施暴力和司法审查等三节内容,其中最为重要的是第一节。第一节前半部分规定通过网络向未成年人提供或者传播淫秽、性骚扰等信息内容的法律责任,后半部分即著名的美国互联网"230 条款"。第 230 条分为五款,(a)款指出交互式计算机服务的快速发展为民众获取信息网络资源提供了巨大的便利,拓宽了民众参与政治生活、文化创作、智力活动的渠道。[1] 与此同时,网络服务商控制信息传播的能力也取得了很大的提升。(b)款规定美国的互联网基本政策是鼓励技术开发,促进交互式计算机服务及相关媒介的发展,保持自由市场的活力与竞争,同时还要消除开发和利用屏蔽、过滤技术的障碍,并且通过法律(特别是刑事法

---

〔1〕《平台责任改革:美国〈通信规范法〉第 230 条修改事件观察》,载 https://www.secrss.com/articles/26591,2022 年 1 月 9 日最后访问。

律)的实施与执行,阻止和惩罚利用网络传播淫秽信息的行为,以保护儿童免受非法信息侵害。(c)款是关于保护善意(good samaritans)屏蔽和过滤非法内容行为的规定,“交互式计算机服务的提供者或使用者不得被视为其他内容提供者所提供信息的出版者或发布者,无须为第三人提供的内容承担侵权责任”,该项被称为“造就现代互联网的重要法律基础”。[1] 同时,网络服务商不因其出于善意而针对用户或者网络服务商自身认为涉嫌淫秽、暴力内容的信息采取任何措施而承担任何民事责任,无论上述内容是否受到宪法保护,也不为其对该内容上传者所采取的限制访问的技术措施而承担责任。(d)款与(e)款则主要介绍了本条对于其他法律将产生的影响以及某些术语的理解。

由于肯定并鼓励网络服务商对非法内容主动采取屏蔽、过滤措施,《通信规范法案》同样遭到了言论自由倡导者的强烈抵制。1997 年 6 月在雷诺诉美国公民自由联盟案(Reno v. American Civil Liberties Union)中,美国最高法院作出终审裁定,认定《通信规范法案》违反了《美国宪法第一修正案》赋予公民的言论自由权而将其废止。但由于第 230 条为网络服务商提供了比第一修正案更多的实质性和程序性利益而得到保留,这为避风港规则的创立奠定了重要基础。

最终,经过大量的游说、谈判、论战和讨价还价,《美国知识产权白皮书》演变成了今天的《数字千禧年版权法》。在履行国际条约义务与国内《通信规范法案》的双重推动下,克林顿总统于 1998 年正式签署《数字千禧年版权法》,其最终文本反映了相互竞争的利益集团之间的妥协:国会希望保护著作权所有者免受大规模数字盗版的影响,但同时它又寻求保障通过互联网快速访问电影、音乐、软件和文学作品的公众利益。具体而言,在网络服务商的责任承担问题上,《数字千禧年版权

---

[1] See Eric Goldman, *Why Section 230 is Better than the First Amendment*, Notre Dame Law Review, p. 33(2019).

法》并没有遵循《美国知识产权白皮书》的建议,而是试图设计一个更为精巧的"双赢机制"以平衡著作权人与网络服务商的利益。《数字千禧年版权法》第 512 条规定了"通知—移除"规则,如果著作权人在网站上发现有侵权作品,即可向网站发出通知,要求其删除相关内容,只要网络服务商事先不知道也没有意识到著作权侵权行为且履行了删除义务,就无须承担著作权侵权责任。因此第 512 条也被称为网络服务商的"避风港"。美国国会认为,在日常运作中,网络服务商从事于各种使其暴露于潜在著作权侵权责任的行为中,在没有弄清楚他们的责任时,服务商可能会犹豫是否在扩大互联网的速度及容量上进行必要的投资。通过限制网络提供商的责任,将能够确保互联网效率的持续提升,以及互联网中服务种类与质量的持续扩大。此后世界各国纷纷确立了"通知—移除"规则以规制互联网著作权侵权。

一些国家和地区也在使其法律体系跟上数字化的速度,比如巴西。巴西的《互联网权利法案》(Internet Bill of Rights)为互联网接入提供商和其他互联网服务提供商引入了民事责任豁免制度。就托管服务提供商而言,第 19 条规定如下,"为了确保言论自由并规避监管制度,一个互联网应用提供商只有在由于第三方所生产内容造成他人损害,受到法院特别命令,且拒不执行时……才承担民事责任。以使得侵权内容不可用"。但是,这种广泛的民事而非刑事责任豁免不适用于版权侵权。[1] 例如,我国香港特区政府提出了一项版权法案,为互联网服务提供商建立一个法定的侵犯版权避风港制度,适用前提是互联网服务提供商满足某些法定条件,包括一旦收到通知即采取合理的步骤以限制或阻止侵犯版权的行为。

综上所述,20 世纪 90 年代中期,经过最初的短暂犹豫和协商研讨

---

〔1〕 See Marco Civil da Federal Law no. 12.965, April 23, 2014, Art. 18, https://cyberlaw.stanford.edu/page/wilmap-brazil, last visited on April 8, 2021.

之后,立法者们决定,无论是访问服务提供商还是托管服务提供商,对于用户通过其服务实施的不法活动,必须享有免责权。避风港规则最先由美国引入。1996 年,美国通信规范法案免除了中间商的言论责任。[1] 1998 年,《数字千禧年版权法》在更严格的要求下针对版权侵权引入了特定的避风港规则。此后不久,欧盟出台的《电子商务指令》要求成员国有义务制定类似的法律安排,以保护各种在线中介机构免于承担责任。[2] 之后,澳大利亚、加拿大、俄罗斯等国家也纷纷效仿。[3] 在大多数案件中,避风港规则仅仅为提供通道、缓存和托管服务的网络服务商提供豁免,同时排除网络服务商监测其传输或储存的信息、积极寻找表明非法活动的事实或情况的一般义务。

二、"通知—移除"规则的失灵

(一)网络"打地鼠"现象层出不穷

自《数字千禧年版权法》颁布实施以来,网络市场环境和信息技术手段都发生了显著的变化。最初,引入中介责任豁免是为了促进新兴互联网产业的发展。时至今日,为保护网络服务商而设立的避风港规

[1] See David S. Ardia, *Free Speech Savior or Shield for Scoundrels: An Empirical Study of Intermediary Immunity under Section* 230 *of the Communications Decency Act*, Loyola of Los Angeles Law Review(2010).

[2] See *Directive* 2000/31/*EC of the European Parliament and of the Council of June* 8, 2000 *on certain legal aspects of information society services, in particular electronic commerce, in the Internal Market*, 2000 O. J. (L 178) 1 – 16, available at http://cyberlaw. stanford. edu/page/wilmap – european – union, last visited on April 18, 2021.

[3] See Copyright Legislation Amendment Act, 2004 (Cth), No. 154, Sch. 1 (Australia), https://cyberlaw. stanford. edu/page/wilmap – australia; Copyright Modernization Act, SC 2012, c20, § 31. 1 (Canada), http://cyberlaw. stanford. edu/page/wilmap – canada; Federal Law No. 149 – FZ, on Information, Information Technologies and Protection of Information, July 27, 2006 (Russia) and Federal Law No. 187 – FZ of July 2, 2013 amending Russian Civil Code, § 1253. 1, http://cyberlaw. stanford. edu/page/wilmap – russia. , last visited on April 18, 2021.

则是否仍然发挥着推动产业发展与文化创新的作用?法律应否对其作出适当限制抑或是扩大其辐射范围?贸易保护主义者对这些普遍关切的问题的态度决定了当前有关网络服务商义务难题的解决方式。很显然,避风港规则在实现知识产权与网络服务商利益平衡中仍然发挥着重要作用。但与此同时,加重网络服务商对于非法传播内容等知识产权侵权行为的间接侵权责任也变得越来越必要。[1]

在 1998 年的技术背景下,“通知—移除”规则或许能够良好运作,侵权作品通常位于静态的网页之中,很容易被删除,且不经常被替换。但互联网信息几乎每年翻倍的增长速度还是远超所有人的预期,互联网侵权的严重性同样远超预期。20 世纪末参与《数字千禧年版权法》决策的国会并不能预见到互联网生态的未来走向。当时国会的脑海中仅能将互联网的文化功能想象成一种“天堂点唱机”(Celestial Jukebox),能够实现将传统的线下作品在网络上播放的功能,这些内容由传统制作商制作,可以点播,也可以订阅。[2] 国会无论如何也无法预见用户生成内容(UGC)、脸书、推特、虚拟网络系统(Vines)、色拉布(Snapchat)视频等诸多新型网络服务,更加无法预知互联网企业的规模是如何通过提供服务实现指数式扩张的。

特别是 Web 2.0 和 UCG 社区的出现,使互联网呈现出开放、共享、去中心化的态势,允许用户通过 p2p 网络的分散式服务器上传、复制、共享内容。1999 年 6 月,奈普斯特公司即推出 p2p 文件共享网络,用户可以访问彼此的存储空间,分享它们的音乐文件。很快奈普斯特公司的注册用户就超过了 8000 万人,[3] 在一些大学中,有高达 61% 的

---

〔1〕 Giancarlo F Frosio, *Internet Intermediary Liability: WILMap, Theory and Trends*, Indian Journal of Law and Technology(2017).

〔2〕 Bonneville Int'l Corp. v. Peters, 153 F. Sup. 2d 763, 767 (E. D. Pa. 2001), affid, 347 F. 3d 485 (3d Cir. 2003).

〔3〕 Napster, https://en.wikipedia.org/wiki/Napster., last visited on April 23, 2021.

外部网络流量由奈普斯特的音乐文件传输消耗，有的大学甚至因为网络过载而不得不关闭对奈普斯特的网络访问通道。尽管奈普斯特在2001年7月就因著作权侵权而被判决停止服务，但p2p共享模式引发的网络盗版却加速膨胀。一份网络盗版状况调查报告的数据显示，2010年至2012年间，北美、欧洲和亚太地区的带宽侵权使用率增加了159.3%，占互联网总带宽的24%。在2013年1月，全球有4.32亿互联网用户明确地寻求侵权内容。截至2019年，仅谷歌就收到了约41亿个网址的"删除通知"。[1]

尽管大部分网络服务商都在收到"删除通知"后迅速地删除了侵权链接或侵权作品，但更多的人会继续上传相同的侵权作品。"打地鼠"一词常常被用来形容这一情况，即当一个侵权作品被"打"下时，另一个便很快替代了它的位置。[2] 与侵权作品出现的速度相比，移除的速度相形见绌，因为要求网络服务商履行移除义务的前提是权利人发送了有效的通知。一个有效的通知要求权利人精准定位侵权作品的位置，并为网络服务商提供足够的信息，以证明其应当采取措施阻止或者移除特定内容。权利人必须持续不断地穿梭于各大搜索引擎、社交媒体和内容分享网站，以确定侵权的具体情况。即便如此，权利人能够准确定位并成功发送通知的数量仍然是有限的。此时，"通知—移除"规则就只能作为网络服务商的"避风港"而存在，无法有效地阻止互联网中非法知识产品的传播。

随着网络服务类型、网络社群的泛化和普遍，网络传播的渠道早已不再单一，而是呈现出传播组织离散性、传播对象非均衡性和转换性等

---

〔1〕《谷歌透明度报告》，载 https://transparencyreport.google.com/copyright/overview?hl=en.，2021年4月23日最后访问。

〔2〕*Hearing on Section* 512 *of Title* 17, *Before the H. Comm. on the Judiciary, Subcomm. on Courts*, Intellectual Property and the Internet 31 (2014).

特征。[1] 权利人在“通知—移除”规则之下，若要维护自身知识产权、防止非法知识产品的传播和扩散，就必须在互联网的数据海洋中锁定侵权知识产品的位置或 IP 地址，然而知识产权侵权的数量极大、范围极广、屡禁不止，可能存在于不同网络服务商提供的平台之上。知识产权人需要针对侵权知识产品主动向网络服务商逐一发送精确到位置的通知，这是一件极其耗时耗力的工作，并且“通知—移除”的速度始终跟不上侵权的扩散速度，知识产权人的维权效果难以如人所愿。

相较而言，对于网络服务商却是另一派景象。在“通知—移除”规则下，美国发生的众多判例的累积效应是，即使面对普遍存在的侵权行为，网络服务商也不需要采取任何积极的措施来发现或阻止侵权行为，除非它们获得了关于具体和可识别侵权行为的认知。这种规则催生了网络服务商的不作为态度，以视频分享网站优兔为例，即使著作权人福克斯阻止网络用户擅自向优兔平台上传辛普森一家人的剧集是不证自明的事实，优兔作为存储空间服务者并不需要对任何用户的帖子主动采取行动，直到它接收到来自福克斯指向该特定侵权帖子的删除通知或以其他方式认识到该帖子是未经许可发布的。因此，网络服务商一旦知道某些侵权行为，就一定会采取行动以避免承担间接侵权责任，但与此同时，它们有着更为强烈的动机来避免这种主观上的“知道”。

虽然《数字千禧年版权法》将“采用并合理实施禁止重复侵权者访问的政策”作为网络服务商驶入“避风港”的前提条件，但是事实上《数字千禧年版权法》并没有定义何谓“重复侵权者”，法院在诸多案件审理过程中也未能抽象出“重复侵权者”的概念或者认定标准。版权相关的重要论著《尼默谈版权》的作者尼默（Nimmer）教授提出，除经过法院审判被认定为版权侵权或者网络服务提供商明知侵权两种情形

---

〔1〕 眭海霞、孙清：《大数据时代下的网络文化传播分析》，载《成都理工大学学报（社会科学版）》2017 年第 1 期。

外,不能依据重复侵权政策认定为“侵权者”。此外,他还认为,即使某一特定用户是多份移除通知警告的对象,也不能就此认为其是侵权者,因为错误通知甚至虚假通知的现象普遍存在。[1] 换言之,遭受重复指控不足以证明该用户为重复侵权者。重复侵权者认定标准的模糊性导致《数字千禧年版权法》唯一可能督促网络服务商主动保护知识产权的条文被实际架空,网络服务商完全没有积极作为的制度激励。这就在网络知识产权法与传统媒体环境的功能平衡之间形成了鲜明的分歧,《数字千禧年版权法》精心搭建的“利益平衡”已经失效。

(二)网络服务商和权利人之间的“价值鸿沟”

欧盟在着手进行平台经济中的网络服务商中介责任改革时,将这种利益失衡状态形象地描述为网络服务商与权利人之间的“价值鸿沟”(value gap),它是欧盟委员会要求网络服务商使用过滤技术的经济基础。[2] 在针对用户生成内容的平台(UGC 平台)承担严格责任的失败尝试之后,[3] 音乐产业人士决定以“价值鸿沟”作为主张依据,向立法者申诉并要求进行立法改革。简单地说,他们希望重新调整避风港规则的适用范围,将 UGC 平台排除在其保护之外。经过多方利益博弈与妥协,《数字化单一市场版权指令》最终出台,旨在“澄清”网络服务商在传播受版权保护的作品中的作用与责任,弥合传统音乐流媒体服务平台、版权人与 UGC 平台这类新兴网络服务商之间的“价值鸿沟”。

《数字化单一市场版权指令》第 17 条的政策依据缘起于 2015 年前

---

〔1〕 Michael P Murtagh, *The FCC, the DMCA, and Why Takedown Notices are Not Enough*, Hastings Law Journal, p. 259(2009).

〔2〕 谭洋:《在线内容分享服务提供商的一般过滤义务——基于〈欧盟数字化单一市场版权指令〉》,载《知识产权》2019 年第 6 期。

〔3〕 See Rechtsprechung der Oberlandesgericht in Miinchen, Higher Regional Court, 29 U 2798/15 Jan. 28, 2016 (Ger.)(针对德国的表演者权利组织 GEMA 裁定,未经版权所有者的许可,YouTube 不应因提供受版权保护的内容而承担赔偿责任).

后开始的音乐产业游说活动。“价值差距”是音乐行业贸易团体提出的一个口号，目的是向政策制定者传达这样一个观点：版权“避风港”不是整个互联网的合理政策选择，而是一个法律漏洞，它允许优兔这类平台不公平地利用音乐行业的宝贵知识产权。[1] 据国际唱片业协会（International Federation of the Phonographic Industry，IFPI）和其他行业团体称，优兔等内容共享服务平台与声田（Spotify）等专业音乐流媒体服务平台就使用受版权保护的音乐作品所支付的费用之间造成了价值差距。他们认为，版权法对优兔和声田的区别对待，扭曲了数字音乐市场，完全压制了专业音乐流媒体服务平台的版税。

互联网给音乐行业带来的震荡事实上映射着整个文化产业。网络去中心化的文化生态催生了自媒体时代的到来，有能力出品文化作品的主体早已不限于唱片、影视公司等实力雄厚的传统文化机构，每一个网络用户都可以是创作者和传播者，然而这些网络活动所涉及的知识产品可能并未获得作者授权。“通知—移除”规则这一“避风港”却事实上成为网络服务商攫取利益的“登云梯”。反观权利人，虽然立法赋予权利人强有力的排他权，但在“通知—移除”规则之下，权利人很难充分行使自己的权利，一次次的通知删除实质上并不能根除源源不断的盗版。在拖拽式营销的商业模式之下，作为作品生产者的权利人，不仅失去了原有的中心地位，而且相较作为作品传播中介者的网络服务商，反而处于更低的地位。这就在网络服务商和权利人之间形成“价值鸿沟”，最终演变成为两方之间的冲突。

“价值鸿沟”是由针对版权保护作品的网络使用所产生的利润通过价值链上的产业经营者（industry actor）进行的不公正分配导致的，权利所有人最有可能对此进行抱怨：网络服务商责任豁免制度、缺乏审

---

〔1〕 Annemarie Bridy, *The Price of Closing the "Value Gap": How the Music Industry Hacked EU Copyright Reform*, Vanderbilt Journal of Entertainment & Technology Law, p. 326 (2020).

查和监管义务以及“通知—移除”规则的存在，他们无法在用户创造的内容和广告赞助的平台［如优兔、每日影像（Dailymotion）和维密欧（Vimeo）］上对所保护的内容进行交易，实现货币化和营利。如果用户不签订许可协议，UGC 平台会发出将侵权内容移除的通知。相应地，其他根据订阅数获得赞助的平台（如声田和网飞）只向愿意支付更少许可费用的用户出售内容，其目的在于同 UGC 平台保持竞争。最近，美国也发表了相同的言论。在给美国前总统唐纳德·特朗普（Donald Trump）的公开信中，音乐行业要求对“通知—移除”规则进行改革，其指出，高新互联网公司因免费音乐和“价值攫取”（value grab）而繁荣。

面对猖獗的网络盗版行为，著作权人也进行了新的维权尝试。他们设计了一种自动识别系统，系统在互联网中寻找特定的关键词或者其他有著作权内容的标记。一旦系统定位到了已被它识别为受著作权保护的内容，即发出通知提醒著作权人，由著作权人决定如何反应。著作权人也许会进一步核查该内容是否侵权，也许会直接向网络服务提供者发出删除侵权内容的请求。“自动移除”与“打地鼠”现象似乎形成了一个畸化的循环，反映着著作权人与侵权者的激烈斗争，但网络服务商作为商业模式运营者与利益获得者却能够置身事外。

事实上，由著作权人主导建立的“自动移除”系统注定是低效的。首先，著作权人的技术水平通常低于网络服务商，并且著作权人在获取侵权信息的便利度与数据丰富度上低于网络服务商；其次，从总体效率上看，由著作权人建立一个统一的识别系统比多个权利人各自自行建立识别系统更为高效。更重要的是，中小型或个体著作权人没有能力构建“自动移除”系统，而谷歌建立的可信著作权计划（TCRP）使作为会员的著作权巨头能够批量地提交更多的“删除通知”，并享有更高的优先度。这可能导致互联网著作权成为著作权巨头与大型集体管理组织的专属权利。

（三）"权利流氓"利用规则漏洞大举入侵

在美国版权局发布的一项关于第 512 条的研究中，互联网公司提供的信息显示，"有实质性缺陷的删除请求十分普遍"。[1] 互联网档案馆（The Internet Archive）[2] 表示其经常收到来自第三方（权利人委托的公司）的侵权处理通知，这些通知基于宽松的关键词匹配标准而错误地将处于公共领域的作品作为指控的对象。例如，互联网档案馆曾收到过一份关于沙龙烟（Old Salem）香烟广告的删除通知，通知中指出该广告以单词"Salem"为基础，而"Salem"恰好也是一部电视剧的名称。为文派（WordPress. com）、WooCommerce、Jetpack 等博客网站提供技术支持的网络开发公司 Automattic 也指出，统计数据显示，超过 25% 的通知不符合《数字千禧年版权法》第 512 条（c）款（3）项的要求。出现这种现象并不是因为法律要求的通知内容或形式过于烦琐，而是因为在许多情况下，权利人根本就没有证据表明存在正在发生的侵权行为。然而，即使许多形式上符合法律要求的通知也是具有欺诈性的、滥用性的或者是毫无根据的。[3]

美国大学协会（The Association of American Universities，AAU）与美国公立及赠地大学协会（the Association of Public and Land－grant Universities，APLU）告诉美国版权局，越来越多的协会成员反映，版权人及受其委托执行权利的机构没有认真对待他们的责任，没有做到公平地、有效地利用《数字千禧年版权法》的"通知—移除"程序。这些大学指出，他们"经常收到大量要求移除内容的通知，而这些内容都可以构成合理使用"。最令人不安的是，侵权通知的数量在一段时间内突

---

〔1〕 Matthew Sag, *Internet Safe Harbors and the Transformation of Copyright Law*, Social Science Electronic Publishing, 2017, p. 525.

〔2〕 也叫"网站时光倒流机器"，成立于 1996 年，负责定期收录并永久保存全球网站上可以抓取的信息。

〔3〕 Matthew Sag, *Internet Safe Harbors and the Transformation of Copyright Law*, Social Science Electronic Publishing, 2017, p. 525.

然激增,且波及面非常广,这使人有理由怀疑版权人正有组织、有计划地针对教育机构发起进攻,通过集中的大规模通知,使学校应接不暇、无力反击。学校方面强调权利人及其代理人正在滥用"通知—移除"规则,恶意针对大学。

与此同时,在电子商务领域,"通知—移除"机制的机械性和"反通知—恢复"程序的缺位,使之成为"知产蟑螂"进行不正当竞争的工具。某些以权利人自居的"知产蟑螂",专门选取"双十一"、圣诞节、春节等电商平台节点大促期间针对平台内的商家发起批量投诉,促使平台下架那些"可疑侵权"的商品,从而借机牟利。大规模的恶意通知严重扰乱了竞争商家的正常经营和平台的交易秩序。据统计,每年淘宝面临的恶意投诉多达上百万起,所谓的"权利人"往往选择促销前夕进行恶意投诉,商家即使明知是敲诈,为了避免商品链接遭到屏蔽处理以致造成更大损失,不得不妥协而向"知产蟑螂"支付金钱;[1]中国裁判文书网也公开了大量因向淘宝平台滥发通知、迫使商家支付金钱的敲诈勒索案件,如在皇江华、崔俊俊敲诈勒索案中,被告人敲诈勒索全国各地多名被害人财物共计232601元,[2]再如在吴波、周仕宝敲诈勒索案中,被告人敲诈勒索数十名被害人财物共计人民币629388元。[3]

无独有偶,在2018年的"6·18"和"双十一"电商大促期间,有数据显示,京东平台投诉量增长幅度达到30%到40%,远超正常月份的平均数量,而在促销周期过后,投诉数量则呈现出明显下降的趋势。[4]诚然,如2020年浙江省高级人民法院联合课题组发布的《关于电商领域知识产权法律责任的调研报告》所述,进入法院的纠纷只是恶意通

---

〔1〕 参见《"知识产权流氓"入侵平台,淘宝每年面临上百万起"恶意投诉"》,载http://www.100ec.cn/detail--6348202.html,2021年5月25日最后访问。

〔2〕 参见河南省柘城县人民法院刑事判决书,(2020)豫1424刑初111号。

〔3〕 参见浙江省杭州市中级人民法院刑事裁定书,(2019)浙01刑终630号。

〔4〕 杜颖、刘斯宇:《电商平台恶意投诉的构成分析与规制创新》,载《中国应用法学》2020年第6期。

知的冰山一角，更多的情况因商家妥协而掩藏在“海面”之下，“恶意投诉现象如不加以规制，只会愈演愈烈”。[1] 利用既有规则漏洞，“权利流氓”大举入侵平台，滥发通知获取不法利益已经成为灰色“产业链”，不仅直接损害商家的经营利益与商品声誉，间接打击商家入驻平台的信心，而且威胁平台的良性运转。

综上所述，诞生于20世纪的“通知—移除”规则给网络服务商创设了一座巨大的责任避风港，网络服务商既是消极不作为的“既得利益者”，又是角色越权的“裁判者”。愈演愈烈的侵权和无休无止的通知已经形成畸化循环，反映着知识产权人与侵权人的激烈斗争，但网络服务商作为商业运营者与流量利益获得者多年以来却始终置身事外，而一直将自己描绘成单纯的媒介，掩盖、规避和否认自己在内容审核中的积极作用。[2] 网络服务商的“不作为”一定程度上导致了侵权行为的“乱作为”，例如，在网络服务商简单移除知识产权侵权内容后，前一波的扩散早已使侵权源头和内容辐射出去，不从源头对内容进行一定程度的审查而仅进行“通知—移除”，只会引来更多同类侵权内容的蔓延。除此以外，掌握移除权力的网络服务商俨然已成为侵权与否的“裁判者”，[3] 被动接收并判断双方通知与反通知意见的过程同样是利益寻租的过程，缺乏可靠外部主体和内部程序的约束，最终处理结果受非法律因素干扰的概率较大。“通知—移除”规则已然导致网络内容产业参与者的利益分配不均的问题，利益的天平明显向网络服务商一

[1] 浙江省高级人民法院联合课题组：《关于电商领域知识产权法律责任的调研报告》，载 https://www.chinacourt.org/article/detail/2020/03/id/4871104.shtml 中国法院网，2021年10月20日最后访问。

[2] Tarleton Gillespie, *Platforms Are Not Intermediaries*, Georgetown Law Technology Review, p. 199(2018).

[3] 浙江省高级人民法院联合课题组：《关于电商领域知识产权法律责任的调研报告》，载 https://www.chinacourt.org/article/detail/2020/03/id/4871104.shtml 中国法院网，2021年10月20日最后访问。

端倾斜,作为内容生产者的知识产权人的利益未能受到足够的重视与保护。规则设计的极端失衡、规则涉及主体的“各怀鬼胎”、规则运行的失灵异化共同决定了欧美传统的“通知—移除”规则作为一种事后保护模式在应对复杂多变的网络知识产权“权利攻防”生态中已经捉襟见肘。与此同时,内容识别与过滤技术的发展与成熟直接否定了网络服务商长久用以逃避审查义务的托词。现实的窘境与技术的变革使设置知识产权审查义务的呼声逐渐高涨。

第三章 网络服务商审查义务设立的可行性

对于知识产权的保护，国家、网络服务商、权利人、用户之间存在一种义务分担关系，而本章将从技术可行性、经济可行性、制度可行性三个方面对设立网络服务商审查义务进行可行性分析。就技术可行性而言，在大数据时代，网络平台具有强大的自我监管动力和能力，本章将细探网络服务商当前能够采取何种技术手段对网络侵权信息进行有针对性的干预，从技术角度论证由其承担事前审查义务在适用层面的可行性。就经济可行性而言，网络服务商是追求利润最大化的商主体而非民事主体，按照权利义务相一致原则，本章将在前文成本分析的基础上，对于网络服务商承担一定的审查义务是否符合商业模式的需求进行进一步探讨。在制度可行性层面，反对设立网络服务商审查义务的呼声一直以网络中立（net neutrality）和技术中立（technology neutrality）的互联网法治基本理念作为理论基础。而本章将梳理这两种一直以来面临巨大曲解的理论以达到祛魅的效果，从而论证中立理论并不阻碍网络服务商的主动审查义务的履行，扫清制度层面的障碍。

第一节　技术发展:服务商具有审查的技术实力

前文提到,技术层面的发展是加强网络服务商责任的重要因素,具体而言,对于知识产权内容进行技术性审查的必备前提是机器对内容的识别和过滤技术达到相当高的水准。在智能时代,算法成为网络服务商手中的重要工具,借助算法,网络服务商得以掌控网络空间的规则制定与日常运转。算法推送技术在各平台中被广泛运用,以降低"信息熵"、[1]增强用户黏性;算法过滤技术则因权利人的外在压力与网络服务商的内在动力,逐渐发展成熟,成为具有实践可操作性的审查技术。但是审查技术本身的发展并不直接导致审查义务的设立,网络服务商信息管理能力的提高也不必然导致注意义务的加重,本节阐明技术性审查在技术层面的发展现状,是旨在论证设立网络服务商审查义务在实践上的可操作性,从而进一步支持设立审查义务具有可行性的结论。

一、算法推送技术的发展与运用

在网络空间内,数据规模呈现爆炸式激增的态势,面对庞大的数据量所导致的信息过载,网络服务商纷纷以算法推送技术实现降低"信息熵"的效果,通过对数据的筛选与推送,确保网络用户能够顺利得到相关信息,从而达到保持用户黏性、实现平台规模发展的效果。算法推送技术的新旧演变以及网络服务商的普遍实践都表明,网络服务商已

---

〔1〕 "信息熵"是信息论之父 C. E. Shannon 提出的重要理论,在传播语境下,用以表示信息的不确定性,信息的不确定性越高,信息熵就越大,反之,信息的不确定性越低,信息熵就越小。

然拥有强大的内容识别与分析能力。

(一)算法推送技术的传统模式与新发展

算法推送是平台依据特定算法模式,对用户既有行为与历史选择进行搜集、分析与处理,绘制用户的数据"画像",在此基础上向该用户发送吻合画像的个性化内容的推荐过程。算法推送的直接表现是平台对用户的个性化推送,其本质是一种信息流刷新与推荐。在推送过程中,网络服务商得以实现平台与用户之间的良性互动。而无论是何种算法推送系统,确定用户偏好、推送特定内容,都由预先嵌入的计算机程序自动确定,都依赖于推荐算法这一基本内核。

推荐算法的传统模式主要有三种:内容导向式推荐(content - based recommendation)、协同过滤式推荐(collaborative filtering recommendation)和混合式推荐(hybrid recommendation)。[1]

内容导向式推荐的基本假设是,过去喜欢具有某些属性内容的人,在未来也会喜欢类似内容。因此,内容导向式推荐预先通过评分、喜恶、顶踩等显式评价,点击、浏览、搜索等隐式评价,获取目标用户对已经发生交互的内容的反馈,从反馈中总结目标用户的个性偏好特征,从而为目标用户构建配置文件。内容推送的过程其实是将平台中的内容进行特征刻画,构建待预测内容的配置文件,计算目标用户配置文件与待预测内容配置文件的相似度,按照相似度排序,为目标用户推送匹配度更高的内容。内容导向式推荐依赖的是用户的历史行为,无须与其他用户进行横向分析。内容导向式推荐基于用户偏好特征和内容特征而设置,对于新内容来说,并不需要以用户海量的反馈数据作为推荐基础,只需对新内容进行特征刻画就能构建配置文件,从而为高匹配度用户进行推荐,避免新内容的冷启动问题。但对于新用户来说,由于缺少

---

〔1〕 黄立威、江碧涛、吕守业等:《基于深度学习的推荐系统研究综述》,载《计算机学报》2018年第7期。

内容反馈,该模式无法构建用户偏好特征,无法推荐适宜匹配度的内容,新用户的冷启动问题无法回避。除此之外,内容导向式推荐无法处理电影、音乐等非结构化的复杂内容,还面临着推荐结果缺乏多样性的问题,用户难以接触新类型的推荐内容。

协同过滤式推荐的基本假设是,过去有类似偏好的人在未来也会有类似的偏好,因此,协同过滤式推荐在诞生之初,就意指“人们之间进行合作,通过记录自己对所读文件的反应来帮助对方筛选”。在算法演变的过程中,协同过滤式推荐一直基于其他用户的个性偏好以及历史记录进行推荐,旨在筛选与目标用户个性偏好相类似的其他用户,将类似用户反馈感兴趣的同质内容也推荐给目标用户。协同过滤式推荐的优点是,不仅能够处理电影、音乐等非结构化的复杂内容,推荐结果的丰富性程度也更高,可以有效挖掘目标用户的新兴趣。但问题在于,当新用户以及新项目出现时,协同过滤式推荐就面临着冷启动问题,即因缺乏历史数据而无法进行分析匹配与同质推荐。不仅如此,在系统运行过程中,“灰羊”(gray sheep)效应也难以避免——部分目标用户的偏好散乱且不明确,不属于任何类型的用户群体,此时协同过滤式推荐就会运转失灵。

将内容导向式推荐与协同过滤式推荐组合,就产生了混合式推荐,此种推荐算法被认为可以解决前述两种算法的局限性,实现更有效的内容推荐。当然,推荐算法的传统模式除内容导向式推荐与协同过滤式推荐之外,还有其他算法模式,如标签导向式推荐、知识导向式推荐等,因此,从广义上说,混合式推荐并非局限于内容导向式推荐与协同过滤式推荐的组合,而是指两种或两种以上推荐算法组合而成的推荐算法,以弥补单种推荐算法存在的缺陷。就组合方式上来说,前融合算法、中融合算法与后融合算法是较为典型的三种组合方式。前融合算法是指将两种或两种以上推荐算法统一融合到新算法模型中,根据统一算法模型输出的结果进行内容推送;中融合算法是指以某种推荐算法为基础搭建算法框架，将另一种推荐算法融入框架中；后融合算法是指两种或两种以上的推荐算法分别产生各自的推荐结果，将上述推荐结果通过可信度选择组合、线性组合或以投票机制进行选择等方式进行分析处理，最终决定向用户推送的内容。

虽然推荐算法的传统模式随技术的发展在不断完善，混合式推荐算法也努力弥补单一推荐算法的内在缺陷，但由于网络空间内信息数量和复杂度的爆炸式激增，传统模式下的推荐算法仍需面对挑战与困境。伴随深度学习（deep learning）在识别领域的迅猛发展，算法推送技术产生了新的发展。

深度学习隶属机器学习众多领域之一，通过深度学习模型的层级架构，技术使用者可以从浅层模型的特征中获得更为抽象的深层模型特征。[1] 深度学习算法推送的技术逻辑包含输入层、模型层与输出层三层结构，其将目标用户对已经发生交互的内容的显式评价与隐式评价、用户的数据“画像”、内容数据和辅助数据作为输入层的数据，以深度神经网络（DNN）、循环神经网络（RNN）、自编码网络（AE）等技术作为模型层，以深度学习获取的目标用户隐表示与内容隐表示作为输出层，从而生成内容推荐列表。[2] 深度学习算法推送不同于传统算法推送技术，并不是对用户与内容的浅层特征进行比对，而是通过对海量数据的自动学习，获取其深层的本质特征，并结合传统算法推送技术，对目标用户进行内容推送。[3] 深度学习算法推送的卓越优势在于，可以提取用户和内容的潜在特征，从而实时、准确反映用户当前偏好与品味转变，提高内容推送质量，同时能够显著避免传统推荐算法的缺陷。

---

〔1〕 Batmaz, Z., Yurekli, A., Bilge, A. et al., *A review on deep learning for recommender systems: challenges and remedies*, Artificial Intelligence Review, p. 7－8 (2019).

〔2〕 黄立威、江碧涛、吕守业等：《基于深度学习的推荐系统研究综述》，载《计算机学报》2018 年第 7 期。

〔3〕 李林容：《网络智能推荐算法的“伪中立性”解析》，载《现代传播》2018 年第 8 期。

(二)网络服务商对算法推送技术的广泛运用

对于网络用户来说,如果说搜索引擎的出现实现了用户主动地获取有针对性的内容,那么算法推送则使用户能够被动地对内容进行有针对性的获取,即使用户自己难以描述自己的需求,平台也可以基于某种算法,对用户“不可言传”的需求予以回应。对于网络服务商而言,面对庞大的数据量所导致的信息过载,如何高效实现内容的自动化分发则更为重要,关乎平台的存亡与发展。

1998 年,亚马逊率先使用了基于项目的协同过滤式推荐算法(item - based collaborative filtering),与传统基于用户的协同过滤式推荐算法不同,该算法的在线计算与用户数量、产品目录中的项目数量无关,通过筛选目标用户曾经喜欢的项目,将类似项目也向目标用户推送,从而为每个用户提供个性化的在线商店。[1] 进入亚马逊网站的每个用户都会看到不同的物品,仿佛进入了一家私人订制商店。由于亚马逊使用的推荐算法具有简单性和可扩展性的特征,经常能够为用户提供有用的建议并且能根据用户的新信息更新推荐,该算法后来被优兔和网飞(Netflix)等平台采用。2010 年,优兔使用此算法进行视频推荐;网飞的首席产品官尼尔·亨特也表示,用户在网飞上观看的电影中,有 80% 以上是推荐而来的,他认为网飞每年因推荐而产生的经济价值超过 10 亿美元。[2] 亚马逊使用的推荐算法的影响力不断扩展,最终成就其“推荐系统之王”的地位。

由 DVD 租赁业务起步并逐渐发展为线上视频播放平台的网飞已然认识到个性化算法推送对于平台发展的重要作用。2006 年,网飞宣布成立一个名为“The Netflix Prize”的奖项,旨在发起一项关于电影评

---

[1] G. Linden, B. Smith and J. York, *Amazon. com recommendations: item - to - item collaborative filtering*, IEEE Internet Computing, 2003.

[2] B. Smith and G. Linden, *Two Decades of Recommender Systems at Amazon. com*, IEEE Internet Computing, 2017.

级预测的机器学习和数据挖掘竞赛，该奖项用以奖励将既有的Cinemac系统准确性提高10%的参赛者，金额为100万美元。彼时，这则消息像病毒一样迅速席卷了计算机科学界、科技博客、研究社区，甚至主流媒体，该奖项“让计算数字的疯子们垂涎欲滴”，[1]也将算法推送技术从学术研究领域真正带入商业运营核心。一年后，网飞推出了即时流媒体服务，其后，网飞从单个网站拓展到数百种电子设备中，到2012年，网飞已经在47个国家拥有超过2300万用户，用户每天将200万部电影和电视节目添加到列表中，并产生400万的收视率，而其中75%都来自某种算法推送。

网飞的工程师泽维尔·阿马特雷夫(Xavier Amatrain)和贾斯汀·巴西利科(Justin Basilico)在博客中介绍了网飞的推荐系统，当用户打开主页时，个性化推荐就开始了。首先是内容导向式推荐，在平台主页进行推送的电影或节目基于用户明确的口味偏好和评级、观看历史记录、品位偏好调查结果；其次是协同过滤式推荐，相似性是网飞推荐服务中个性化的重要来源，用户之间的相似性、电影之间的相似性，甚至包括元数据与收视数据等多个维度的相似性都被作为特征，作为内容推送的参照；网飞还采用了基于类别(genre)的推荐，从大众较为熟悉的高级类别，如“喜剧”和“戏剧”，到高度定制的细化类别，如“20世纪80年代的富有想象力的时间旅行电影”，以类型的选择、该类型中的标题子集以及这些标题的排名构建推荐层级。[2] 网飞的推荐系统采用多种算法，兼顾内容推荐的多样性和新鲜度，从而实现用户行为和更新内容的快速响应，追求推荐的最佳效果。

---

[1] *The Netflix Prize: How a $1 Million Contest Changed Binge - Watching Forever*, https://www.thrillist.com/entertainment/nation/the-netflix-prize, last visited on January 5, 2022.

[2] *Netflix Recommendations: Beyond the 5 stars* (Part 1), https://blog.csdn.net/weixin_30835923/article/details/95707039, last visited on January 5, 2022.

优兔作为全球领先的视频创作与分享平台，每日上传内容达百万级，优兔推荐系统需要帮助超过 10 亿用户从不断增长的视频资料库中发现个性化内容。其推荐系统历经数次变革与完善，从沿袭亚马逊基于项目的协同过滤式推荐算法，调整为深度学习算法推送的典型代表。优兔推荐系统是现存规模最大、最复杂的工业推荐系统之一，该系统由候选集生成网络和排序网络构成。候选集生成网络采用协同过滤式推荐算法，将用户之间的相似性用粗略的特征来表示，如视频观看的 ID、搜索查询标记和人口统计数据等，从视频资料库中检索出一小部分(数百个)与目标用户高度相关的视频，作为候选集；排序网络基于描述视频和用户的丰富特征集，根据期望的目标函数为每个视频分配分数，根据得分排名，将候选集中得分最高的少数视频推送给用户。[1]

自算法推送技术投入应用已逾二十载，不仅国外互联网平台将算法推送的思路与技术投入平台建设与网络运营，对于中国国内蓬勃发展的网络服务产业来说，算法推送技术也已经广泛渗透到电子商务、新闻媒体、网络视频等各个互联网领域，几乎成为平台"标配"。

电子商务平台通过算法推送技术，依据平台用户的兴趣偏好，有针对性地推送部分商品与店铺，以优化使用体验、促进货品销售。以淘宝网为例，首页、商品详情页、购物车、收藏页等均存在商品推荐，依据推荐发生的不同场景对应不同推荐算法。总的来说，淘宝网的算法推送系统由三层架构组成：第一层是预处理层，推荐系统首先根据用户对已经发生交互的内容的显式评价与隐式评价，总结用户的个性偏好特征，结合其他相关信息，构建用户模型、优质商品及适用性别等基础信息库，并通过内容导向式推荐、协同过滤式推荐等推荐算法，对基础信息库进行处理，生成核心数据库；第二层是实时响应层，当用户浏览网页

〔1〕 Paul Covington, *Jay Adams*, *Emre Sargin*, *Deep Neural Networks for YouTube Recommendations*, Publication History, 2016.

时,淘宝网结合场景规则、场景信息、环境特征等信息,对核心数据库进行排列、选择与过滤,实时为用户提供个性化推荐;第三层是反馈评估层,伴随推荐系统的运行,淘宝网也在收集用户的行为信息,获取点击量和展示量的比例、付款与未付款的比例、点击量和转化量的比例等数据作为推荐系统的评价指标,以不断完善推荐系统。[1] 目前,淘宝网的算法推送系统实现了较高的准确性与时效性。

新闻媒体平台已成为众多网民获取信息资讯的重要渠道,目前,大部分新闻媒体平台已经内置了算法推送系统。新闻媒体的特点在于,用户并不会特别偏好单一领域,即使对陌生领域的信息也可能存在阅读倾向,因此对于新闻媒体的算法推送系统而言,时效性比兴趣偏好更为重要。新闻推送的基本步骤为:首先,通过内容分析对信息资源库中的内容进行特征提取,生成关键词标签;其次,收集用户基本信息和行为信息,对用户不同行为附加不同的权重,构建用户兴趣偏好标签,并构建相似偏好用户集;最后,在对用户和内容聚类的基础上,根据特征匹配度,生成对目标用户的内容推荐列表并按排序情况进行推荐。[2] 今日头条曾于 2018 年公开其算法原理,其本质在于实现用户特征、环境特征、内容特征三者的匹配,用户标签与内容分析是今日头条算法推送系统的基石。今日头条使用多种算法组合的模型架构,通过相关性特征的提取提高获取内容与用户的匹配度,通过点击相似性、主题相似性、分类相似性等协同特征拓展推荐范围,通过主题热度、关键词热度、分类热度等热度特征应对冷启动问题,通过时间、地点、网络、天气等环境特征构建补充的匹配特征。[3] 通过多种算法组合,实现海量信息的

---

[1] 洪亮、任秋圜、梁树贤:《国内电子商务网站推荐系统信息服务质量比较研究——以淘宝、京东、亚马逊为例》,载《图书情报工作》2016 年第 23 期。

[2] 杨莉明:《个性化推荐在移动新闻资讯传播中的应用、影响与反思》,载《新闻与传播评论》2020 年第 2 期。

[3] 《今日头条算法原理(全)》,载 https://mp.weixin.qq.com/s/DC_hJUbTnLhuCwYVOgVlVw,2022 年 1 月 5 日最后访问。

智能化处理与分发。

乘文娱产业发展东风,网络视频平台加速其在网络中的渗透步伐。据中国互联网络信息中心统计,截至 2021 年 6 月,我国网络视频用户规模占整体网民规模的 93.4%,其中,仅短视频用户就占据整体网民规模的 87.7%。[1] 短视频作为智能媒体时代的新兴事物,离不开智能算法的技术支撑。以短视频的头部平台抖音为例,抖音目前主要运用基于用户信息的协同过滤式推荐、社交图谱导向式推荐和头部流量池叠加推荐三种推荐算法。[2] 对于平台新用户,主要采用基于用户信息的协同过滤式推荐算法,抖音会根据新用户填写的个人信息对用户进行初步分类,将此分类人群偏好的内容向新用户推荐,并展示头部流量池的内容,从而促进新人留存率的提高。对于老用户,则组合采用社交图谱导向式推荐和头部流量池叠加推荐算法,前者根据既有的好友关系、与好友的互动强弱、与陌生用户的互动情况等社交关系进行内容推荐,后者则将内容转发、点赞等互动作为综合权重的评估指标,将符合一定指标要求的内容纳入头部流量池进行推荐。通过监测用户对社交图谱导向式推荐和头部流量池叠加推荐内容的反馈情况,调整两种算法的推荐比重,不断完善算法推送系统,增进用户的使用频率,提高用户的平台黏性。

综上所述,人工智能时代,算法本身已然成为具有资源配置能力的重要力量。网络服务平台之间的竞争,除"内容为王"的基本定律之外,优化用户的使用体验、增强内容的获取效率、"千人千面"的个性定制已然成为平台发力的重要方向,因此,算法推荐技术的运用、算法推荐系统的完善已成为网络服务商的必然选择。算法推送的技术目标是

---

〔1〕 中国互联网络信息中心:《第 48 次中国互联网络发展状况统计报告》,载 http://www.cnnic.cn/hlwfzyj/hlwxzbg/hlwtjbg/202109/P020210915523670981527.pdf,2021 年 11 月 30 日最后访问。

〔2〕 丁合蓉:《抖音短视频智能算法机制及问题研究》,载《新媒体研究》2021 年第 10 期。

实现对内容的机器筛选,在这一点上,算法推送技术与下文将展开讨论的过滤审查技术本质相同,都是一种信息识别与过滤。推荐算法对平台中海量资源库进行特征提取、相似性分析以及内容匹配的过程所体现的机器对内容的识别和过滤能力的掌控,已然为网络服务商知识产权内容技术性审查提供了必要准备。

二、过滤审查技术的发展与成熟

实现自动化过滤审查的核心技术在于对侵权内容进行识别。根据识别对象的差异,目前的过滤方法主要可以划分为基于互联网内容分级平台(Platform for Internet Content Selection)的过滤、基于统一资源定位符(Uniform Resource Location)的过滤、针对不良关键词的过滤、基于智能内容分析的过滤。[1] 就具体技术手段而言,现有内容识别和信息认证技术主要包括如下几种:元数据搜索识别(Metadata Search)、哈希身份认证(Hash - based Identification)、数字水印(Digital Watermarking)技术和数字指纹(Digital Fingerprinting)技术。与此同时,人工智能技术的迅速发展也预示了技术性审查的发展趋势具有无限可能。

(一)元数据搜索识别

元数据搜索是一种发展时间相对较长的内容识别技术。元数据是一种针对数据进行描述、组织、分析的重要工具,又称"中介数据""数据的数据",它的存在是为了描述数据的各种性质,从而实现标明存储位置、记录历史数据、实现资源搜索、储存信息文件等主要功能。[2] 近期的理论研究将元数据视为一种资产,因为它是一种来源于人工或机器操控而产生的能够包含语境中的知识内容的数据,能够实现发现、追

---

〔1〕 孙艳、周学广:《内容过滤技术研究进展》,载《信息安全与通信保密》2011 年第 9 期。

〔2〕 邱春艳:《国内外科学数据相关实践中的元数据研究进展》,载《情报资料工作》2021 年第 5 期。

踪、分析、管理等一系列功能,它作为一种对传统数据规律与性质的揭示,对于数据科学的发展可谓至关重要。[1]

在表现形式上,元数据是一种电子式的目录,可以呈现数据集合的标题、关系、位置、快照等,同时表明哪些数据何时被何人访问装载、何时何地被稽核等重要信息。因此,互联网上的每一个文件根据人们对它的内容获取的需要,都对应着多种多样的元数据,包括但不限于文件的标题、容量、物理位置、编码率、质量度量等等,尽管不同元数据描述的维度非常广泛,但它们的收集和编辑方式基本都是采用容易被检索和抓取的方式,这也为搜索定位相关内容提供了充分的技术可行性,也就顺势产生了一种早期的信息识别技术——“元数据搜索”。

使用元数据搜索对侵权内容进行搜索与定位是一种非常便于常人理解的手段,因为每一个包含侵权内容的文件都由很多属性构成,每种属性几乎都对应着很多便于定位检索的元数据,只需要通过简单的访问程序就可以基于知识产品的标题名称、作者信息、关键字词、容量时长等信息,锁定相关侵权文件的物理位置,是一种效率极高的识别工具。

但是元数据搜索的形式审查特性决定了它的缺点也同样明显。元数据搜索只针对数据的各项形式属性,比如将某个文件的标题、质量等各项指标视为数据进行整合,而不对文件本身的内容进行任何分析和识别,然而这些形式指标是非常容易进行修改的,可以通过改变名称、压缩文件、剪辑时长、代替关键词等方式进行规避。因此,在利用元数据搜索方式审查一个可能包含侵权内容的视频时,只能识别到视频的标题、时长而不能识别到视频的实际内容。尽管这种形式审查能够实现极高的过滤速度,但也十分容易滋生漏检、误检。[2] 漏检往往是由

〔1〕 Greenberg, and Jane, *Metadata Capital: Raising Awareness, Exploring a New Concept*, Bulletin of the Association for Information Science and Technology, 2014.

〔2〕 崔国斌:《论网络服务商版权内容过滤义务》,载《中国法学》2017 年第 2 期。

于人为的有意规避，比如只要修改相关侵权文件的标题、运用其他词语符号代替关键词、压缩文件时长或者将文件切割成若干小单元以低于标准时长，就可以规避元数据搜索。误检则是在正常词语相连而偶尔命中关键词的情况下，非侵权内容可能无辜受损，被当作侵权内容一同过滤出去。

（二）哈希身份认证

哈希是 Hash 的音译，一般翻译为散列、杂凑，它是一种把任意长度的输入值转换为固定长度的函数。而将哈希函数的原理运用到信息识别中，就诞生了哈希身份认证方法，它通过对每一个数据单元建立微小的“指纹”而实现内容识别功能。

具体而言，哈希函数可以将初始文件中的数据纷纷打散再杂凑起来，形成一个新的由随机符号组成的字符串，此处被哈希函数处理的结果称为哈希值，可以用来识别初始文件中的数据内容。目前通行的哈希算法可以使初始文件转化为一个固定长度的字符串，并且通常可以确保每个初始数据经过运算得出不同的哈希值，防止发生“哈希碰撞”。[1] 初始文件经过哈希运算后，相当于转换为一个固定的信息摘要，而每个文件都可以拥有自己独一无二的哈希值，无论经过多长时间，哈希值始终如一，不能被篡改，即使文件的各项指标发生变化，都可以被检测出来，因此，哈希身份认证就像人类的指纹一样代表着初始输入内容，正如人类无论后天如何更改姓名都不会影响指纹的独特性一样，哈希值的优越性在于稳定地认证和识别初始文件。

具体到识别知识产权侵权内容的应用之中，可以将知识产品作为哈希运算的初始输入文件，经过特定哈希函数的算法将该知识产品转换成固定字符串，即哈希值，而网络服务商可以将该知识产品的哈希值

---

〔1〕 哈希碰撞即 hash collision，是指在输入的数据并不一样的情况下，能够输出同样的哈希值，从而丧失结果的唯一性的情形。

与平台内的各种数据文件相对照，匹配后与该知识产品哈希值产生重合（哈希碰撞）的就是侵权内容。

哈希身份认证的优势主要体现在两个方面：一方面，在很大程度上解决了元数据搜索的弊端，即避免了因仅能定位到名称、标题、时长等形式信息而导致的大量规避、漏检和误检；另一方面，哈希值只是一串字符、一个信息索引，它所占的存储量远远低于初始文件，一个占据数兆内存的音视频文件的哈希值往往只有不到原视频文件百分之一的大小，因此解析它的哈希值是非常具有效率的做法，节省内存和运行时间也就是节约了过滤成本。

同样地，哈希身份认证的劣势也很明显。虽然哈希值是无比稳定的存在，不会随着文件名称、标题等指标的篡改而改变，但不可否认，以哈希值为基础的版权内容过滤技术并非绝对精确，如果侵权内容的上传人在原文件的内容或形式上进行一定的变化，数据的哈希值也会随之改变，对比哈希值的过滤方式的准确性也会因此受到影响。[1] 比如，视频文件存在 MP4、RMVB、MKV、AVI 等多种格式，将同一个视频文件做简单的格式转换就会得到不同的哈希值；又如，对一个视频内容进行一定的删减或拼接也会导致输出完全不同的哈希值。因此，哈希身份认证只能锁定内容和格式都没有被篡改的初始数据，但只要初始文件被转码、编码、剪辑、增加或减少内容就会被彻底改头换面，无法被识别出来。

（三）数字水印技术

数字水印技术也是当前实现内容识别与版权保护的重要技术手段。数字水印技术是指将承载版权相关信息的“水印”嵌入数字作品文件中，“水印”通常包含作品的作者信息、公司标志、版权的特殊符

---

〔1〕 崔立红：《区块链视角下互联网平台的版权内容过滤义务》，载《山东社会科学》2022年第6期。

号、作品序列号等特殊信息。[1] 数字水印可以用以识别作品来源、作者身份、作品版本,虽然技术本身无法遏止侵权行为,但可以用来判定在平台中传播的内容是不是知识产权保护的对象,除此之外,数字水印技术与其他版权保护技术结合,还能实现侵权追踪的效果。

数字水印技术被广泛应用于数字版权管理,以美国的密苏里历史博物馆(The Missouri History Museum)为例,博物馆中珍藏着大量古老的圣路易斯市历史影像资源,出于扩大知名度和增加商业营利的目的,该博物馆将上述影像资源置于官方网站中供网络用户获取,与此同时,为了有效保护其网络环境中的版权,它采用了 License stream 和迪爵玛斯(Digimarc)公司合作研发的版权管理系统,而迪爵玛斯公司为此提供了作品身份信息嵌入及追踪识别技术,通过将知识产品权利人、素材使用情况、获得授权用户信息等数据提取为唯一的代码,以数字水印的形式植入需要保护的影像资料中。此后,在该影像资料流入互联网环境之时,迪爵玛斯公司就可以跟踪它的传播路径和获取情况,一旦发现未经授权使用的情形就可以迅速采取要求支付版权费用或停止侵权的措施。[2]

数字水印主要有透明性、鲁棒性、容量三种评价指标。透明性是数字水印的基本要求,嵌入的水印不仅不能影响原始数据的信息,成功的水印嵌入还应当是不可见的。水印的透明性一方面表现在不会被攻击者发现文件中是否存在数字水印,防止攻击者对水印进行消除和破坏;另一方面则表现在,即使攻击者对多个承载相同的数字水印的文件进行分析,也无法根据文件的相似性获取水印信息。鲁棒性是评价数字水印的另一个重要要求,具体指嵌入文件的数字水印不能因文件的数据修改而被轻易破坏,保证在文件经信号处理、外界攻击的情况下水印

---

〔1〕 吴海涛、詹永照:《数字水印技术综述》,载《软件导刊》2015 年第 8 期。

〔2〕 刘芳、谢靖:《博物馆影像数字资源版权保护技术探讨》,载《情报探索》2019 年第 4 期。

有一定的抵抗力。容量则是起着平衡作用的评价指标,指被嵌入文件中有效数字水印的规模。通常而言,数字水印的容量越大,透明性就越难以保障。因此,数字水印技术所能实现的安全性与稳定性,实则与水印的透明性、鲁棒性、容量三者的平衡息息相关,隐藏大量数字水印又具有强大鲁棒性的理想状态难以实现。虽然数字水印具有较强的安全性,但仍面临被攻击的危险,授权使用的用户利用水印伪造复制件、通过混淆攻击制造赝品文件、破坏数字水印与原文件的同步性等攻击手段层出不穷,即使成熟的数字水印技术能够抵御部分攻击手段,也往往较难抵御组合的攻击手段。

总体而言,数字水印技术提取过滤对象中的权属信息,并以隐秘的方式嵌入初始文件副本之中,当识别出未经授权的副本中具有同等身份信息时就可以锁定侵权内容。由于知识产品的权属信息具有相当的稳定性,数字水印技术被广泛地用于文字、图像、音频、视频等各种类型的知识产品识别与认证之中。

(四)数字指纹技术

在对数字指纹技术进行具体阐释之前,需要特别指出,“数字指纹技术”本身具有二义性,为防止造成误解,在此进行说明。“数字指纹”本身虽然确定地指向唯一标识的含义,但导向两种截然不同的功能——数字跟踪与特征识别。数字跟踪功能的数字指纹技术与上文讨论的数字水印技术密切相关,也属于版权保护技术的一种,区别在于,此种功能下的“数字指纹技术”是指将用户身份信息嵌入版权文件的复制件中,版权人可以通过复制件中的身份信息获取侵权者信息,确定非法复制件的来源,实现侵权追踪效果,但由于该技术与数字水印技术极为相似且联系紧密,故在此不再赘述。本部分聚焦于数字指纹技术的第二种功能,即具有特征识别功能的数字指纹技术,下文所讨论的数字指纹技术均属此类。

数字指纹技术相较于上述过滤技术而言,则更具有高效性和可适用性。与元数据搜索和哈希身份认证关注文件的代码所不同的是,数字指纹技术并不关心这些容易变化的代码本身,而是以文件本身的身份特征来识别文件,是一种内部特征匹配方法。数字指纹技术是指在算法中记录受保护的内容特征,将上述特征作为作品独一无二的"指纹",以指纹作为比对依据,判断平台中传播的文件是否侵权,从而采取相应措施。特征提取则需要利用指纹软件对音频、视频等文件进行采样,挑选出该文件中独一无二的微小样本,这些样本可能包括在某电影第60分钟时构成角色手套的红色像素,或者某歌曲第30秒时歌手的确切音调等内容,通过对多个特征样本进行采样与组合,最终就能形成有关该作品的准确表述。

举例而言,通常音乐数字文件的特征在于曲调、节奏、音色、旋律、和声、力度、速度等,可以在音乐二维图谱上形成音轨图像。对此,就可以实现音乐识别和认证功能。比如,目前技术较为成熟的音频软件音乐雷达(Shazam)识别音乐特征是通过音乐的频率随时间变化的整个过程,即时频(time - frequency)来完成的,即对某一音乐的时频进行全面分析和记录,得到一张可视化的图表,这一特征则可以成为该音乐的"指纹",最终这枚"指纹"将通过数字水印技术嵌入音乐作品。[1] 再如大型数字指纹识别公司 Audible Magic,为包括 NBC 环球、索尼音乐、20 世纪福克斯在内的大型内容提供商提供服务,Audible Magic 公司宣称,在任何条件下,其 CopySense 技术可以在内容播放5秒内识别视频片段的来源,在播放10秒内识别音频文件的来源。该公司还声称,CopySense 技术不仅可以识别一部电影的拷贝文件,甚至可以识别

---

〔1〕 *The Data Over Sound Blog*, *audio fingerprinting - what is it and why is it useful*, https://blog. chirp. io/audio - fingerprinting - what - is - il - and - why - is - il - useful/, last visited on January 8, 2022.

一个用手持摄像机从电影院屏幕上录下来的媒体文件。[1] 同样,在北京冬季奥运会举办期间,快手、抖音等短视频平台纷纷建立了北京冬季奥运会版权信息库,并通过数字指纹识别等技术审查用户上传的北京冬季奥运会赛事相关短视频。[2]

数字指纹技术的先进性在于,不管初始文件发生怎样改头换面的变化,即使是对其进行增补、删减、转码、编译、修改格式,只要该数字特征不发生变化,都不可能影响到对初始作品的识别和锁定。因此,数字指纹技术以其特性能够适用于传统文字作品以外的多媒体作品的识别,是目前较为先进和应用最为广泛的过滤手段之一。

三、网络服务商对于过滤技术具有可操作性

元数据搜索识别、哈希身份认证、数字水印技术与数字指纹技术等内容识别与自动过滤技术并非理论中的抽象方案,而是已经被广泛应用于网络服务平台。基于统一资源定位符的过滤、针对关键词的过滤和针对智能内容的过滤等手段使网络服务商具有较高的文本审查技术,完全有能力高效遏制网络文字作品侵权现象。而哈希身份认证与数字指纹技术等技术,则使网络服务商多媒体的内容审查精度与速度不断发展。在实践中,过滤审查技术也已然成为网络服务商主动或被动的选择。

(一)文本审查技术已经相当成熟

尽管公众对于自动化过滤内容的技术不甚了解,但它在实践层面的操作已经相当普遍和成熟,大量提供信息存储空间的网络服务商和电子商务平台都在研发和使用该技术。以机器代替人工进行技术性审

[1] *How Digital Fingerprint Works*, https://computer. howstuffworks. com/digital - fingerprinting. htm, last visited on January 8, 2022.

[2] 雷紫雯、刘战伟:《从"技术盗猎"到"技术织网":奥运赛事版权保护的实践进路》,载《中国出版》2022 年第 9 期。

查的典型过程是这样的:第一,网络服务商预先针对知识产权权利人所要求或提供的知识产品构建一个正版内容数据库,库中的知识产品主要用于后续识别侵权内容;第二,过滤机制运转的过程就是将这个正版数据库中的内容用以匹配互联网平台内的侵权内容,系统将依据不同的内容识别和认证技术自动化地审查平台内的各种文件(包括平台自身上传和平台内用户上传),并得出是否相似、匹配的结论,从而筛查出疑似侵权的内容;第三,内容识别技术一旦在扫描、匹配中发现和锁定非法来源的知识产品,则会自动地采取禁止上载、终止传播、通知侵权、移除信息等一系列具体措施。

根据这一过程,上文介绍的四种主要的内容识别技术是过滤机制运转的核心,过滤机制能够在多大程度上发挥作用、达到怎样的版权保护和利益平衡效果,都有赖于人们对于内容识别技术的可操作性。将上述四种内容识别技术运用到过滤机制的实际操作中来,就产生了基于统一资源定位符(URL)的过滤、针对关键词的过滤和针对智能内容的过滤等手段。[1]

当前,在上述各种内容识别技术的发展和成熟的背景下,针对文字作品的文本审查效果已经达到非常完善的水准,在文本匹配过程中的漏检、误检等偏差在很大程度上已经克服。中国信息通信研究院于2019年发布的《网络版权侵权案件调研报告》显示,从侵权作品类型的分布来看,文字作品侵权案件数量占侵权案件总数的33%,比2018年增长了38%,占比提升4个百分点,而其中有78%的案件涉及网络文学作品。[2] 虽然最终成案的诉争作品类型分布与实际侵权作品类型有所不同,但是这个数据足以表明互联网中的文字侵权仍然是一个重要的侵权路径。而综合采用多种过滤技术能够在很大程度上实现低成

〔1〕 崔国斌:《论网络服务商版权内容过滤义务》,载《中国法学》2017年第2期。
〔2〕 中国信息通信研究院:《2019年中国网络版权保护年度报告》,载 http://www.caict.ac.cn/kxyj/qwfb/ztbg/202009/t20200916_346873.htm,2021年4月9日最后访问。

本、自动化地治理文字作品的侵权问题，并且达到良好的审查效果。

其一，可以利用统一资源定位符对网页黑白名单进行审查，在实践中发展出针对微信公众平台上文章的白名单授权模式。网络服务商将平台上的材料和文件的统一资源定位符集合成数据库，通过元数据搜索功能自动对涉嫌侵权的材料和文件进行扫描并为人们提供侵权内容的定位指引。如果发现侵权内容的统一资源定位符，系统可以自动采取移除等有效技术措施；如果发现疑似侵权的信息，系统则会自动发出侵权警告，提示并指向可能发生侵权的链接。在实践中，这种对于网页内容的自动化审查往往需要和人工审查相结合，且适用客体相对单一，对音频、影视等多媒体作品难以适用，[1]灵活度相对较低，但是可以实现以较低的成本审查微信公众号文章白名单授权情况的功能，对于网络文本的保护具有一定的实用性。

其二，关键词识别过滤也是一种简单而高效的做法。关键词识别与普通网络用户使用搜索引擎的原理别无二致，都是将目标信息流与预先建立的知识产权人关键词数据库进行比对，检索是否出现敏感内容的匹配，是最简单的元数据搜索技术的直接应用。基于关键词的识别过滤最大的优势在于对网络文本的检索效率极高，但缺点也同样明显，即只能机械识别输入的关键词的特定字符串，仅适用于文字作品的过滤，而且会带来难以避免的误检和漏检。在韩寒与百度文库侵犯著作权纠纷中，[2]法院认为被告百度公司提出的反盗版系统并非完全有效，它仅采取了以作者名和标题为关键词的文本过滤审查措施，这些关键词不能完全而有效地定位到涉案作品的全部非法复制件，也会产生误检合法复制件的可能性。

其三，在前两者的基础上，最新发展的以数字指纹技术为代表的智

---

[1] 王松、韩永国、吴亚东等：《基于图像主色彩的视频关键帧提取方法》，载《计算机应用》2013 年第 9 期。

[2] 参见北京市海淀区人民法院民事判决书，(2012)海民初字第 5558 号。

能内容的分析和识别手段,对于审查文字作品实现了更高精确性和有效性。上一代文本审查技术只能处理文本文档格式的文字作品,而根据前文介绍,数字指纹技术是通过图像处理、符号分析等手段将客体特征予以模块化提取,从而达到智能内容识别和匹配的效果,并不会受制于待审查客体的格式、形态等因素。因此,对于文字作品而言,即使将文本文档转为 PDF(Portable Document Format)格式[1]甚至图片格式进行传播,现有文本审查技术都足以对文字进行识别和分析,具体操作如下:通过符号识别将图片中的文字转变为 ASCII 码格式,继而对该文本内容进行进一步扫描、分析、对比和匹配。目前,市面上有很多光学字符识别(Optical Character Recognition,OCR)软件[2]都能够对载有文字作品的图像进行准确而高效的识别。

将文本检测系统应用于论文检测,是公众最为熟知的用途之一。比如我国的本硕博士论文检测系统、职称文章检测系统,通过文本处理、特征提取等步骤,对文本内容进行全面分析,比如剥离分词、语气词、连接词等无实质含义的词语,收录同义替换的各种用法,保留语句实质性内容等,从而降低过滤"噪声",然后将提取出来的文本内容输入过滤技术的算法,在正版内容数据库中进行对比和匹配。以中国知网学术不端检测系统为例,该系统的比对数据库包含 13 种首要文献资源库,涵盖逾亿篇中文论文,另有多个英文数据库,共计千万篇域外论文,数十分钟即可完成万字审查并生成检测报告,在技术上,文本对比早已不限于识别简单的文字复制,只要用户上传的文字内容中包含受版权保护的实质性内容,都可以被识别出来。这充分说明,文本审查技术已经发展到非常高超的水准,质为网络文本提供信息存储空间的网

[1] PDF 文件格式可以将文字、字型、格式、颜色及独立于设备和分辨率的图形图像等封装在一个文件中。

[2] OCR 是指一种检查图像中打印的字符并通过检测暗、亮的模式确定其形状,然后用字符识别方法将形状翻译成计算机文字的过程。

络服务商完全有能力高效遏制网络文字作品侵权现象。

(二)图片、音频、视频等多媒体内容审查技术在不断发展

音乐影视等内容的审查原理和文本审查并无二样,但在技术上比文本审查要更加复杂,需要借助更加高超的图像处理、符号分析等技术,对其最为可行的内容审查技术需要基于智能内容的深度分析。前文提到的哈希身份认证主要用于图片的审查和过滤,而数字指纹技术已经大范围应用于图像、音频、视频的识别之中,与此同时,人工智能对于符号的机器深度学习技术也在不断发展和完善。

使用哈希身份认证过滤图片的过程是:将每张需要保护的图片作为哈希算法的输入值,经过特定规律的哈希算法后将转化为一个稳定的字符串,即前文提到的哈希值,然后可以将这个哈希值作为后续比对的基准,后续图片哈希值与初始哈希值越近似,说明后者与初始图片越相像。

而视频是由一帧帧图片连续播放所形成的,因此视频过滤的技术也建立在图片识别的基础之上。对于一个视频文件而言,首先应使用某种算法将视频连续画面中的关键画面(key frame)进行提取,[1]然后对该关键画面进行智能内容的特征化分析,并将分析结果作为指纹留存,以此用于后续匹配和识别。[2]

将视频关键帧作为智能识别的对象的技术已经被各大过滤技术公司广泛采用,比如美国公司 Audible Magic 致力于知识产权内容过滤技术的研发,持有 30 多个内容认证和识别专利,它宣称能够高效处理包

---

〔1〕 关键帧是指视频中含有关键内容的离散帧序列。在一个场景和内容相对固定的视频中,视频提取技术一般将镜头的首帧、中间帧和末帧作为镜头的关键帧;在一个相对复杂的视频中,视频提取技术需要对每一帧的图像视觉变化进行感知和识别,并将视觉明显变化的当前帧认定为关键帧。参见霍许:《信息存储服务提供者的有限审查义务研究》,华南理工大学 2019 年硕士学位论文。

〔2〕 陈志国、姚瑞虹、张奇:《不良视频特征提取与重复检测技术探讨》,载《广播与电视技术》2014 年第 4 期。

括视频在内的多媒体作品的识别，捕捉精度可以低至 25 毫秒，这意味着可以对视频进行一帧一帧的精确识别，即使短小如 5 秒的视频片段都可以被捕捉，且过滤准确性不低于 99%。

在保持高度精确性的同时，过滤速度同样表现惊艳。曾经，大量学者在论证"通知—移除"规则下的网络服务商被动出击的合理性时，都以技术上的限制为现实依据。十年前，有学者指出，土豆网上承载着几千万个视频文件，并且每天保持着大约 3 万个的增量，如果采用当年的过滤审查技术，将这些视频文件进行全面扫描，需要几千台服务器同时运转几年才可能完成。[1] 而短短十年间，内容识别技术水准产生了大幅飞跃，已有很多过滤系统能够实现这一看似不可能完成的功能。我国的版权过滤公司冠勇科技宣称自己的搜索过滤技术，在识别和匹配视频文件时，可以达到 200—300 倍实时的效率，这意味着在不到一分钟的时间内可以对长达几小时的视频进行识别。而冠勇科技使用其配备的 30 台服务器每天可以链接到 300T 的视频文件，对 60T 的视频文件的智能内容进行提取，这种识别效率已经比十年前的土豆网时代产生了飞跃式提升。[2]

当然，以内容识别技术为底层原理的过滤机制是否如商业过滤机构所言一般具有精确性和高效性，还有待进一步的试用和检测，但是毋庸置疑的是，内容识别技术的发展与成熟为网络服务商的责任变革带来了前所未有的挑战。从技术角度而言，网络服务商已经具备以相对较低的成本主动处理侵权行为的实力，以过滤成本过高而不能苛求网络服务商承担主动审查义务的担忧是站不住脚的。

（三）网络服务商的内容过滤实践

尽管各国法律并未要求互联网平台主动采取措施防止用户的知识

---

〔1〕 吕斌、陈思：《"避风港"或能终结视频业混战》，载《法人》2010 年第 5 期。

〔2〕 《冠勇科技助力国内某知名视频网站影视版权监控》，载 http://www.firstbrave.com/dctail.aspx? id = 270，2021 年 4 月 9 日最后访问。

产权侵权行为，但权利人强烈要求网络服务商承担过滤的道德义务，且网络服务商也已然认识到过滤系统有助于维护平台内部版权纠纷的控制权、避免诉讼的不确定性与高昂成本。基于上述原因，一些平台已经开始采用版权自动过滤系统来应对不断增加的删除通知，同时也出现了专门为网络服务商提供自动过滤服务的专业平台，专门为版权人或互联网平台提供内容检索及过滤服务。在应用过滤系统成为必然的趋势下，大多数平台敏锐地意识到，它们自己主动采取任何过滤系统可能比国会或版权局施加的适合所有人的方法对平台更为有利，引发的问题更少。

目前，部分国外互联网平台已经主动建立并成熟运用内容过滤系统，包括 Scribid，4shared，Dropbox，优兔，脸书，SoundCloud，Twitch，TuneCore，汤博乐（Tumblr），Veoh 和维密欧等。其中多个数字平台已经单方面实施了某种形式的内容匹配技术，并根据内容匹配结果采取对应措施，以阻止侵权行为进一步发生。

从内容过滤的方式看，上文所详尽介绍的过滤方式——数字水印技术与哈希身份认证技术得到了广泛应用。水印技术主要用于音频、视频和图像内容识别，NAGRO 和音乐追踪（Music Trace）是提供数字水印的服务提供商代表，“透明的”数字水印可以被直接嵌入作品中，每个复制件的数字水印通常是唯一的，水印检测系统可以就特定作品进行广泛的检索，从而确定侵权作品及其来源。电影拷贝件通常也利用数字水印进行防伪，通过对非法录制作品的水印进行追踪可以追溯到原始影院。哈希身份认证技术也是网络服务商常用的版权过滤方法，任何文件都有且只有独一无二的哈希值，网络服务商通常建立文件“哈希值库”，并在用户上传文件后自动分析文件哈希值，以避免非法文件的重复传播。

这两种措施都以固定值作为识别特征，容易进行技术破解，因此网络服务商在过滤内容时会采用上文所述更优化的技术即数字指纹。目前更为成熟的“数字指纹”,不同于数字水印、哈希值、原数据等以特定数值为识别基础的技术,“数字指纹”通过提取目标视频、音频、图片等文件的内容特征信息,然后将这些特征与参考数据库进行比较。例如,数字指纹技术可以在音轨中寻找给定的音乐模式或旋律,并将其与数据库中的旋律相匹配,我们日常生活中所使用的各种音乐应用程序的听歌识曲功能就采用了这一技术。优兔和 Audible Magic 等公司的过滤系统已经达到了极为高效的程度,即便是面对直播或实时流媒体播放,也能做到实时监控。

以内容过滤系统最为成熟的优兔为例,优兔于 2007 年开发 Content ID 系统,截至 2018 年,优兔已经在十多年间为该系统投入了超过 1 亿美元,通过该系统,优兔仅在 2017 年至 2018 年 1 年间就向音乐行业支付了超过 18 亿美元的广告费用,而其本身获得的广告收入更是远超于此。该系统允许版权所有者使用数字识别码识别他们的作品,只要上传到优兔的视频与他们拥有的作品相匹配,Content ID 就会通知已订阅的版权所有者,为他们提供以下三种选择:(1)阻止整个视频被观看;(2)通过对该视频投放广告而获利;(3)跟踪视频的收视统计数据。[1] 当 Content ID 标识目标用户提供的内容与文件中受版权保护的作品之间相匹配时,它会自动向目标用户发送 Content ID 声明,用户可以选择添加广告并分享收益,从而避免视频被删除。该系统还构建了完整的争议解决机制。如果目标用户提出异议,版权所有者有 30 天的时间作出回应,其可以放弃或坚持权利主张,也可以选择依据《数字千禧年版权法》发出删除通知。

互联网内容过滤服务提供商也开发了成熟的过滤技术,业内巨头 Audible Magic 自 1999 年成立以来就致力于开发自动音频、视频识别

---

〔1〕 https://support.google.com/youtube/answer/2797370? hl = en,2021 年 5 月 11 日最后访问。

技术，并构建了超过 2500 万件作品的版权库。Audible Magic 开发的数字指纹识别技术识别率超过 99%，误报率低于 10^{-6}。即便原始媒体文件已被转码或进行时间压缩等其他操作，或者当音频被带有背景噪声的麦克风捕获时，该系统也可以对这些采用不同音视频格式及编解码器的文件进行识别。Audible Magic 已经为每日影像、脸书、SoundCloud、Twitch、维密欧和威瑞森无线（Verizon Wireless）公司等网络服务商提供内容过滤服务，并为美国唱片业协会（RIAA）、国际唱片业协会（IFPI）、美国电影协会（MPAA）等版权人或集团管理组织提供互联网内容识别服务。

国内互联网公司，如百度、阿里巴巴、腾讯等公司，以及提供自动过滤服务的专业平台，同样综合利用了元数据搜索识别、哈希身份认证、数字水印技术与数字指纹技术等过滤技术，对内容过滤系统的开发与运用有较为深入的探索。

2011 年，百度自主研发了"DNA 反盗版文档识别系统"，利用正版作品原信息作为识别的基因，在对文本图像识别的基础上，采用"标题相似度查重""MD5〔1〕可信度溯源""哈希算法甄别"等技术，比对文库中已有文档和用户新上传文档，对侵权内容进行拦截与删除；百度还开发了音频指纹识别系统，〔2〕对正版音源进行数字化分析，提取其中的数字特征并以标识符的形式进行表示，对系统中的标识符进行跟踪，从而识别出所有盗版音源位置。阿里巴巴自 2015 年起自主搭建了主动风控体系，开始利用大数据进行线上假货过滤，能够利用文本分析模型针对关键词、语法、语义进行分析，不仅如此，OCR 文字识别、标志图

---

〔1〕 MD5 是 Message - Digest Algorithm 5 的缩写，中文译为"信息摘要算法"，指的是一种被广泛使用的密码散列函数。

〔2〕 赖名芳：《百度在整改中妥善解决版权难题》，载 http://www.prccopyright.org.cn/staticnews/2012-01-18/120118152051510/1.html，2021 年 5 月 25 日最后访问。

形识别和图像搜索三种算法也被用于识别商品图片涉假信息的图像;[1]2019年推出的“知产保护科技大脑”,是集聚137亿张图片样本的打假特征库,该系统突破了OCR领域行业识别精度的“瓶颈”,在欧洲计算机视觉国际会议(ECCV)上连获两项冠军,远超同类识别技术,使“96%的疑似侵权链接一上线即被封杀”。[2] 腾讯也为微信公众号建立了原创声明制度,与优兔的自动监控类似,腾讯为获得原创声明标记的内容提供系统自动侵权监控服务,目前该服务仅限于文字作品。

上海冠勇信息科技有限公司(以下简称冠勇科技)是中国较为成熟的互联网内容过滤服务提供商,冠勇科技通过对文本内容采集、语音智能识别、图形图像搜索等技术的研发,推动版权过滤系统的开发。优酷网等知名视听互联网企业采用了冠勇科技推出的“FBI - filtering云盘UGC内容版权过滤系统”,通过建立版权特征样本库,将云盘上的用户生成内容(UGC)与样本进行比对的方法,实现自动预警与过滤侵权用户生成内容,促进云盘在法律框架下良性发展。[3] 冠勇科技还联合版权业界各岗位专家创办“12426版权监测系统”,该系统以冠勇科技研发的“指纹特征比对技术”为基础,实施全平台音频图文的版权监测与处理,其技术逻辑为:首先,将数字化作品进行特征提取,形成该作品的数字指纹;其次,在进行版权监测时,用爬虫或采集卡对平台上传播的音频图文进行爬取,同样对内容进行特征提取;最后,将平台内容与版权作品进行特征比对,作出判定结论。[4] 目前,优酷、腾讯、光线

---

〔1〕《2015阿里巴巴知识产权保护年报》,载https://world.taobao.com/wow/oversea/act/nianbao,2021年5月25日最后访问。

〔2〕《2020阿里巴巴知识产权保护年度报告》,载https://aaca.alibabagroup.heymeo.net/static/upload/16178597725137968548 91.pdf,2021年5月25日最后访问。

〔3〕《冠勇科技推“云盘UGC内容版权过滤系统”》,载https://tech.huanqiu.com/article/9CaKrnJFQIA环球网,2021年5月25日最后访问。

〔4〕参见12426版权监测中心网站,载http://12426.cn/index.html,2022年1月6日最后访问。

传媒、中国网络电视台、博纳影业集团以及中国音乐著作权协会等均与“12426 版权监测系统”达成合作。

可以说，随着技术的发展，网络服务商已经能够采取成熟的技术措施对著作权内容进行过滤，故立法应当赋予网络服务商通过技术手段主动屏蔽和打击侵权者的义务。[1] 技术与成本已经不再是网络服务商应用版权过滤系统的最大障碍。

第二节 商业模式：审查义务有利于完善网络服务商经营模式

为知识产权人提供保护的知识产权规则体系的失效在很大程度上归因于对版权利益的错误配置，使模拟世界的商业模式和数字技术的显示运转之间发生错位。对网络服务商施加知识产权主动审查义务更加符合多方主体之间的知识产权利益，能够塑造和修缮现有网络服务商市场营销方式，具有商业模式运作上的可行性。

一、“通知—移除”规则下网络服务商的商业模式

在前互联网时代，创作者、传播者和公众的上下游关系稳固而紧密地存在，这种现象是由于提供和获取知识产品的成本相对比较高昂。以音乐发行市场的商业模式为例，唱片公司带领音乐词曲作者为创作和传播行为争取利益，公众从唱片公司而非音乐作者手中获取小型镭射盘（CD），作品生产者和传播中介者的中心化地位确保这种传统商业模式的稳固性和可预期性。当然，出版商和发行商承担起中介传播

[1] 参见冯晓青、刘政操：《技术创新视野下网络著作权保护的困境及其破解》，载《湖南师范大学社会科学学报》2021 年第 6 期。

的职责，并非出于单纯推动科学文化发展与繁荣的美好愿景，在很大程度上是为了创造经济收益。因此居间的中介者最关心的问题是，如何最大化他们对知识产品的控制，从而确保他们在知识产品市场上的主导地位。

传统中介者的商业模式是通过对知识产品的转让、许可等直接利用获取利益的，在这一过程中，传统中介者需要在追求转让、许可等收益的同时，兼顾对知识产权的尊重。到了互联网时代，传统中介者的商业模式被深深撼动，这是由于互联网技术的非交互性使对传播作品的获取由接受者而不是生产者或传播者决定。消费者的需求是利用互联网的便捷性去最大化地接受、使用、分享信息和数据，而知识产权制度对于这种需求是无法满足的，因此曾经的知识产权市场中的主导者只能转换商业模式，采取其他途径来获取经济利益。[1] 在此背景下，网络服务商转而依托于平台规模与用户黏性，通过流量获取利益而并非直接依托知识产品的内容，其手段便是通过技术革新，不断迎合消费者需求，使消费者能够便捷、低价甚至免费获取内容，从而实现传播效率和用户增长最大化。

在传统知识产权市场中，整个产业链是单向的，公众是一个被动的接受者，他们仅仅是一个向生产者和传播者付费否则就不能获取知识产品的角色，这种知识产权市场营销模式被称为推送式营销。而互联网催生了拖拽式营销，打破了以权利人为中心的垂直垄断商业模式。谷歌于 1997 年率先推出新的商业模式——提供由搜索结果生成的免费广告。当时既存的商业模式均为导入型的，即试图使消费者保留在原有的网页之中，而搜索引擎所做的刚好相反，即着力将消费者带向自己想要他们浏览的网站，这是导出型的。[2] 在这场去中心化的拖拽式

---

〔1〕 龙井瑢：《网络传播中的版权侵权责任比较研究》，人民出版社 2018 年版，第 15 页。

〔2〕 John Battelle, *The Search: How Google and Its Rivals Rewrote the Rules of Business and Transformed Our Culture*, Portfolio Trade, p. 105 (2006).

营销中,公众是主动的消费者,是互联网市场中的主导者,其消费需求是不可预估和塑造的。与前互联网时代推送式销售的商业模式不同,拖拽式营销的商业模式打破了以权利人为中心的垂直垄断商业模式,曾经的市场主导者面临的巨大市场问题是消费者不愿意为知识产品付费。

在面对消费者不愿意为版权作品付费这一市场问题时,权利人将其归结为一个法律问题,呼吁法律赋予更多、更强势的权利来解决。而美国在20世纪90年代立法对此作出的回应是设立了排他性的向公众提供权,同时为了平衡第三方中介平台的责任,设立了"通知—移除"即可进入"避风港"的免责条款。权利人和网络服务商都希望借助立法巩固自身对于新兴传播技术的获益能力,而在这场利益博弈之中,避风港的存在使网络服务商占据了经济优势地位,"通知—移除"规则这一"避风港"事实上成为网络服务商攫取利益的"登云梯"。正如音乐产业指责避风港规则导致的"价值鸿沟",版权人与平台从作品中获取的利润空间存在极大的不平等。[1] 网络服务商通过免责条款的保护在大量网络知识产权侵权案件中免于赔偿,进而在享受权利人的知识产品为平台带来的流量之下不断积累经济收益,在很大程度上间接攫取了本属于权利人的经济利益,却对于平台中的盗版、冒牌等非法现象充耳不闻。反观权利人,虽然立法给予权利人强有力的排他权,但在"通知—移除"规则之下,权利人很难充分行使自己的权利,一次次的通知删除实质上并不能根除源源不断的盗版。在拖拽式营销的商业模式之下,作为作品生产者的权利人,不仅失去了原有的中心地位,相较作为作品传播中介者的网络服务商,反而处于更为底层的地位。更为严峻的是,在算法时代下,网络服务商纷纷自发选择了算法推送商业模

---

〔1〕 See Martin Husovec, *EC Proposes Stay - down & Expanded Obligation to License UGC Services*, HUTKO's TECH NOTES (Sept. 1, 2016), http://www.husovec.eu/2016/09/ec-proposes-stay-down-expanded.html, last visited on May 25, 2021.

式，通过向用户推送个性化内容迎合用户需求，从而攫取更多的商业利益，助长侵权内容的传播。

二、审查义务下网络服务商的商业模式

虽然实践中部分网络服务商已经主动开展了内容过滤实践，但其目的仍然是攫取利益、施加控制，短期、局部的补充性网络治理政策面对网络侵权也表现出无力性。只有为网络服务商设立知识产权审查义务，才能降低网络服务商和权利人的合作成本，从制度根源改变权利人的弱势地位，有效优化网络环境侵权治理。同时，审查义务的设立并非一味保护权利人的利益，也符合网络服务商生存与发展的内在需要，顺应多元主体之间的利益诉求。

（一）设立审查义务可以降低网络服务商和权利人的合作成本

网络服务商采取自动过滤系统不仅是由版权人的压力所导致，同时也是为了以此为谈判筹码获取商业利益。就像前文所述，版权机构普遍利用“自动通知软件”发出删除通知，谷歌在“通知—移除”程序中被要求删除超过 41 亿个网址，每天要处理数百万个涉嫌侵权网址。因此，对大型网络平台而言，利用算法对“删除通知”进行自动审核已经成为必需。在此情形下，平台进一步将自动审核算法直接用于用户上传的所有内容，不仅是为了降低审核压力，更为重要的是，平台希望以良好的商业模式以及平台内部的合法内容作为竞争优势，并将过滤系统作为与版权人进行版权许可谈判的筹码。

以谷歌为例，谷歌自愿开发了内容身份过滤系统，但在 2011 年和 2012 年，积极投身于打败《禁止网络盗版法》（议案）和《保护知识产权法》（议案）的斗争，使美国的互联网平台避免了新的版权审查义务。这不仅是因为法定的审查义务可能给互联网平台带来更沉重的审查义务，更重要的是，可能导致原本作为网络服务商谈判筹码的过滤系统将变成版权人维权的重要保证。

再以优兔的内容身份过滤系统为例,优兔的内容身份过滤系统不只为版权人提供了一种便捷的维权方式,事实上内容身份仅提供给通过其合作伙伴计划的版权人使用,而只有通过其合作伙伴计划审核的版权人才能为自己的视频添加广告,并以此参与广告收益分成。最初合作伙伴计划仅限于索尼、华纳等大型版权机构,目前优兔招募合作伙伴的要求是拥有超过 1000 个订阅量以及超过 4000 小时的公共观看时限。但是,优兔的合作伙伴计划实际上是为版权人提供了有限的选择,要么忍受无法根除的盗版,要么接受优兔所提出的广告分成费用。权利人这样形容他们和平台的关系:要么接受服务提供商提出的条款,要么继续为每一个单独的内容发送"删除通知",而"通知—移除"规则实际上无法制止层出不穷的侵权内容。[1] 全球唱片业协会的数据显示,近半数的音乐点播都发生在优兔上,版权人从优兔上实际获益甚少。而 Hypebot 的统计显示,优兔产生了美国音乐市场流媒体 48% 的流量,但仅贡献了 7% 的收入。[2] 一位音乐家的优兔后台数据显示,一个浏览量为 100 万次、累积浏览时间为 800 万分钟的流媒体音乐为其贡献了 64.6 美元,每 1000 次浏览约贡献 6 美分,对优兔合作伙伴计划内的艺术家而言,这似乎是一个较为平均的数值。[3] 而优兔官方宣称,每 1000 个发生在美国的浏览量将为作者贡献 3 美元,但考虑到部分点击发生在发展中国家,因此数据会有波动。无论数据如何,优兔实际上利用其内容身份系统,构建了不透明的收入分成模式,使版权人在其中几

---

〔1〕 See the synopsis report to the online consultation on public consultation, section 3.6.1.

〔2〕 See *Music Streaming Rates* 2018: *Per Stream Rates Drop and YouTube's Value Gap Is Very Real*, https://www.hypebot.com/hypebot/2019/02/2018-streaming-price-bible-per-stream-rates-drop-but-streaming-volume-grows-plus-youtubes-value-gap-.html, last visited on May 25, 2021.

〔3〕 See *Paul Resnikoff, YouTube Says It Pays $3 for Every* 1,000 *Views. A Musician Says He's Making* 1/50*th of That* (Aug. 20, 2017), https://www.digitalmusicnews.com/2017/08/20/youtube-3-dollars-every-1000-plays/, last visited on May 25, 2021.

乎没有议价能力，同时又能够对外宣称自己履行了远高于“通知—移除”规则所要求的义务。

因此，在“通知—移除”规则的框架下，网络服务商虽然主动进行审查，将内容过滤作为平台与权利人谈判的筹码，却仍极力阻挠法定审查义务的设立，这表明其实质仍在服务于攫取利益、施加控制的目的。正如第一章所述，网络服务商扮演着对网络空间施加强势控制的“准主权者”，当权利人谋求与网络服务商的合作时，并没有平等的议价能力。网络服务商通过预先决定的格式合同来规范其提供的服务内容，该合同的主要特征在于其并非经过谈判、协商一致的产物。网络服务商与权利人之间几乎没有谈判，权利人甚至也没有议价能力，只能机械地“同意”预先设定的合同条款，除了接受或者放弃外，权利人对被迫遵守的合同条款并没有发言权。反观网络服务商，不仅能够单方决定合同内容，还能在未来单方修改服务条款。网络服务商利用控制应用程序或网络结构的逻辑体系的能力享受着权威地位，又通过“通知—移除”规则的避风港躲开与自身能力相匹配的责任，假借过滤系统研发与应用的主动性彰显平台实力与服务高度，进一步攫取商业利益。

尽管在逐利的同时，平台在互联网治理过程中切实发挥着巨大作用，但其自治能力仍不足以推动行业内整体治理水平的进步。

目前国内整体的法律制度同互联网治理的需求相比仍有差距，且由于国内著作权集体管理制度的缺陷，权利人整体的维权能力较弱，因此国内互联网平台以算法或其他手段制止侵权的驱动力主要来源于国家政策。国内的互联网版权治理的主要推动力是国家版权局每年的打击网络侵权盗版“剑网”专项行动以及各项通知。例如，国内音乐版权付费时代即由国家版权局发布《关于责令网络音乐服务商停止未经授权传播音乐作品的通知》后开始，各网络音乐服务商共下线未经授权的音乐作品 220 余万首，这也直接导致了百度、阿里、腾讯等互联网巨头对互联网音乐的巨额投资;网络云盘一直都是网络版权侵权的重灾区,2015 年国家版权局出台《关于规范网盘服务版权秩序的通知》,6 大云盘随后发布《云盘版权保护共同声明》并开始进行内容整改,迅雷快盘、金山快盘、微云中转站、360 网盘相继关闭个人储存服务。

尽管国内互联网版权保护水平在政策的推动下不断进步,部分互联网平台已经开始使用算法进行内容过滤,但其目的是保证平台的市场竞争力,而非维护权利人的利益。但是,当版权保护与互联网平台利益产生冲突时,互联网平台会毫不犹豫地舍弃权利人的利益。在国内网络视频领域,在爱奇艺、优酷、腾讯视频等互联网巨头的推动下,大型互联网视频平台内鲜有盗版电影、电视剧。但这一方面得益于版权保护的进步,更重要的是这些平台在播放电影、电视剧时已经不再是互联网中介平台,而是在付出了巨额资金后,以影视作品权利人的身份主动进行著作权保护。但对于电影、电视剧之外的用户上传视频,如个人自制视频、音乐短片(Music Video,MV)、相声小品等其他类型视频,各视频网站仍仅履行"通知—移除"规则范围内的义务,这也导致平台内此类盗版视频泛滥不止。

政策推动下的互联网治理存在其既有的局限性,当政策所提供的保护力度足够且行业商业模式足够成熟时,在资本的推动下,治理的良好成果就得以维持。但当行业内的商业模式仍不成熟时,政策就表现出其无力性。在短视频领域,各种盗版现象层出不穷,2018 年国家版权局开展的"剑网 2018"专项行动将短视频列为重点整治领域,但经过一年的治理,各种侵权乱象屡禁不止。一方面,个人用户作为制作、上传短视频的主体,其版权维权意识较差。另一方面侵权短视频为互联网平台带来了更多浏览量,因此平台大都对用户的侵权行为持放任态度,甚至利用算法对侵权内容进行主动推广。

通过政策对互联网内容进行治理,其规制行为仍需在当前法律的框架下进行,显然既有法律已经显示出其在互联网治理需求下的局限性。在诸多领域内,如果不将内容过滤提升为网络服务提供商的法定义务,就不可能制止“打地鼠般”的互联网版权侵权。

综上所述,为网络服务商施加知识产权审查义务的目的就在于,弱化网络服务商的控制能力,降低网络服务商和权利人的合作成本,从而推动行业内整体治理水平的进步,切实保护知识产权,促进知识创新。

(二)设立审查义务符合网络服务商发展的内在需要

在互联网蓬勃发展的初期,用户数量是互联网平台发展的关键,更多的用户就意味着更大的影响力、更多的预期收入以及更高的企业估值。因此,互联网平台在发展之初通常处于亏损状态,主要以投资机构的资金维持运转,获取更多的用户是这一阶段发展的主要目标。当用户数量增长到一定数量级时,拓宽盈利渠道与维持竞争优势就成为其进一步发展的主要方向,通过更优质的内容获得更强的竞争力就成为互联网平台的必然选择。一切的前提则是,保证行业内一定程度的法律保护力度以及维持平台内部内容合法性。在互联网视频产业,腾讯、爱奇艺、搜狐、乐视等业内巨头在 2013 年年底将反盗版的目标直指百度影音与快播,巨头之间则在反盗版后通过各自的版权内容互相竞争;在电子商务领域,阿里巴巴与京东是打击假货的先锋,京东曾指责淘宝假货横行,阿里巴巴则推出天猫提供更高品质的服务;在在线音乐产业,行业巨头更是通过获得音乐著作权独家许可的方式展开激烈竞争。可以说在互联网平台领域,内容已经成为商业竞争的核心要素之一,特别是对于中介性平台而言,通过算法保证平台内部内容的合法性已经成为当前发展趋势。

审查义务的设立也顺应互联网平台的发展方向,当用户数量增长到一定数量级时,平台必将转向提供优质内容以增强核心竞争力、承担社会责任以塑造积极形象。2017 年 1 月阿里巴巴成立打假联盟(AACA),致力于通过运用阿里巴巴先进的互联网技术与大数据分析能力,加强知识产权保护,提升消费者信心。[1]《2020阿里巴巴知识产权保护年度报告》显示,阿里巴巴根据20年间积累的海量打假特征库与打假经验创造了“知产保护科技大脑”算法技术系统,“累积打假图片样本量超过137亿张,相当于186个中国国家图书馆的藏量”,此系统24小时运转,使“96%的疑似侵权链接一上线即被封杀”。[2] 不同于阿里巴巴打假联盟通过审查直接下架侵权产品,京东于2019年上线的“护宝锤”系统则是通过审查来帮助权利人自主治理。据京东自述,“护宝锤”系统利用算法监测平台内的商品,实时更新疑似侵权的商品数据,供“护宝锤”成员中的品牌方随时查询,从而自行管控针对自己的侵权商品。[3] 以“故宫博物院X护宝锤项目”为例,故宫博物院旗下品牌“故宫”通过“护宝锤”系统发现有商家未经授权在商品宣传中使用故宫元素,直接向商家发出下架通知,由于商家在申诉期内未拿出未侵权的证据,侵权产品迅速被下架。[4] “护宝锤”系统主动审查并披露信息,实际上改变了权利人发现侵权行为后通知平台才能处理的传统模式,赋予权利人维权的绿色通道。

在网盘领域,经过严格的政策整治,部分商业模式不成熟的网盘已经退出市场,但网盘仍是版权侵权的重灾区。2016年,乐视视频监测到百度网盘侵权链接近两万条,优酷视频监测到46万余条,搜狐视频监测到11万余条,腾讯视频监测到75万余条。不少热播电影、影视剧在刚刚上映后就可以在免费网盘中找到资源,在这些网盘中廉价出售

---

〔1〕 参见AACA官方网站,https://aaca.alibabagroup.heymeo.net/mission,2021年5月25日最后访问。

〔2〕《2020阿里巴巴知识产权保护年度报告》,载https://aaca.alibabagroup.heymeo.net/static/upload/1617859772513796854891.pdf,2021年5月25日最后访问。

〔3〕《对赠名牌、山寨货零容忍,京东护宝锤保驾320个亿元品牌》,载https://baijiahao.baidu.com/s?id=1681219181356676202&wfr=spider&for=pc,2021年5月25日最后访问。

〔4〕 参见京东“护宝锤”官方网站,https://hubaochui.jd.com/,2021年5月25日最后访问。

盗版资源甚至已经成为一条完整的黑色产业链。事实上,经过数年的经营,免费网盘已经成为盗版的代名词,特别是部分网盘为用户提供免费的巨大储存空间,使其天然地满足传播盗版内容的需求。网盘与短视频只是互联网侵权现状的一小部分,更严重的是,尽管部分中介平台通过算法过滤侵权内容,但网络盗版并未完全消失,而是向其他平台转移,比如京东、天猫、淘宝过滤假冒商品后,假冒商品开始向微店、拼多多、闲鱼等平台蔓延;音乐平台过滤盗版音频后,盗版音乐开始通过音乐视频的形式在各音乐平台以及视频平台传播;视频网站过滤盗版视频后,盗版视频更多地通过网络云盘传播。

对于诸如网盘之类的部分互联网平台来说,承担法定审查义务似乎表面上与其利益相违背。目前,网盘的生存与营利很大程度上依赖于盗版资源的传播,但若必须凭借侵权内容才能生存,那此种商业模式本身就是落后的、极不成熟的,甚至是不合规、不合法的,商业实践发展的历史也表明,这种商业模式必将难以为继。以美国奈普斯特公司的网站为例,奈普斯特公司作为初代 p2p 技术提供者,支持用户在网站上直接分享、浏览及免费下载音乐等媒体数据文件,此种颠覆性的共享方式令其在成立短短一年便收获百万用户。但次年,奈普斯特公司即因版权问题被唱片公司告上法庭,理由是其未能有效通过技术手段阻止其网络上流传的拥有版权的音乐作品。败诉后,奈普斯特公司因难以在合法框架下继续提供音乐共享服务而被迫申请破产。上述案例足以证明,以侵犯知识产权作为基础的商业发展模式无异于饮鸩止渴,难以长久。加之 Web3.0 时代到来,电子商务发展方兴未艾,网络服务商同其所传播的内容联系更为紧密,往往难辞其咎。

追本溯源,行业生存与发展的前提是保证行业内一定程度的法律保护力度以及维持平台内部内容的合法性,从而维系互联网平台内部的良性循环。网盘侵权现象泛滥将“直接挑战我国略具雏形的网络正版内容市场,劣币驱逐良币,危及产业前途”[1]。通过网盘获取盗版内容的手段便捷性与价格低廉性,将大大削弱公众为知识付费的意愿。有学者通过定性研究发现,个体需求、个体认知、信息质量、主观规范、便利条件、替代品是影响公众为知识付费的重要因素。[2] 网盘盗版直接导致正版作品价值降低甚至沦为免费的附庸;更为严重的是,与网盘盗版直接挂钩的是免费的价值观,网盘侵权泛滥必将摧毁用户正在形成的知识付费的个体认知。若社会缺乏为知识付费的共识,公众尊重和维护知识产权的自觉也难以为继。不仅如此,网盘中屡禁不止的盗版与盗播,在损害权利人经济利益的同时,也将伤害创作者的创作意愿。作品供给端动力不足将危及整个产业的发展前景,到那时,网盘也难以独善其身、继续坐享其利。因此,对于承担与自身短期利益相违背的审查义务的网络服务商而言,平台的个体利益也需要让位于更高层次的产业利益。

简言之,对网络服务商施加知识产权审查义务能够保持多元主体之间的知识产权利益的平衡,也符合网络服务商的内在需要。尊重知识产权、履行法定审查义务才是网络服务商持续良性发展的必由之路。

第三节　理论排除:“中立”理论无以否定审查义务

在制度可行性方面,互联网语境下的“中立”原则一贯为众多反对声音所主张。长期以来,诸多学者和网络服务商多以“中立”为由拒斥网络服务商的审查义务,认为审查义务将有悖网络中立原则,亦构成对

[1] 司晓、刘政操:《网络云盘版权侵权问题及规制对策》,载《中国版权》2015 年第 6 期。
[2] 张帅、王文韬、李晶:《用户在线知识付费行为影响因素研究》,载《图书情报工作》2017 年第 10 期。

提供中立网络技术者的不当苛责。本节旨在厘清网络环境中的“网络中立”与“技术中立”理论，在制度上的可行性方面为设立网络服务商知识产权审查义务排除障碍。事实上，将“网络中立”偏隘化为“内容中立”，不过是对该原则本质的一场误读；而企图以“技术中立”为由豁免技术提供者的责任，进而使其免于承担义务，则是始于概念混淆的错误推演。

一、网络中立原则与审查义务

有观点认为，基于网络中立原则，网络服务商仅作为中立第三方为用户提供互联网服务，无须为用户的侵权行为负责。这实际上是对网络中立原则定义的误解，混淆了网络中立与技术中立的概念。网络中立原则的目标是确保互联网内的各种流量都能够得到平等对待，它是针对宽带服务提供商的免责事由。[1] 而技术中立原则则是从索尼案延伸出的，为技术提供方证成责任免除。

（一）网络中立原则的溯源与争论

1. 网络中立原则的起源

“网络中立”（net neutrality）一词诞生于互联网产业蓬勃发展的2000年前后。网络中立原则的前身可追溯到美国对于电信业传播通讯管道提供者施加的普通运输（common carriage）义务，防止从业者滥行内容检查或对传输对象予以差别待遇。[2] 2000年，互联网的蓬勃发

---

〔1〕 网络中立主要关注的是为消费者和企业提供平等的互联网接入。监管机构担心，在一个非中性的互联网上，公司和个人将能够向宽带互联网提供商付款从而提高其内容的可访问性，以获得比竞争对手的网站更多的好处。美国联邦通信委员会《开放互联网指令》试图通过将互联网视为公共事业，将宽带服务提供商视为普通运营商来推动互联网中立化。See generally Protecting & Promoting the Open Internet, 30 FCC Rcd. 5601, 5604 – 07 (2015).

〔2〕 See Dawn C. Nunziato, *Virtual Freedom: Net Neutrality and Free Speech in the Internet Age*, Stanford University Press, 2009, p. 65 – 69.

展为全体网络服务商带来巨大商机，但激增的流量也加剧了宽带服务提供商的带宽承载压力及运营成本，使之亟须投资扩建基础设施进行宽带扩容。然而，流量所生盈利却更多地涌向造成网络拥堵的"元凶"——少数互联网企业巨头（网络内容提供商）的腰包，严重的利益失衡致使宽带服务提供商不甘心再"为他人作嫁衣"，转而通过采取限流、付费分级、信息过滤与控制等措施对流经其线路的网络内容和用户进行差别对待来攫取利润。此时包括美国电话电报公司〔1〕（American Telephone & Telegraph Company，AT&T）在内的部分美国网络服务提供商通过合同、技术手段，限制个人用户的宽带转售、家庭共享网络或连接 Wi－Fi 设备。

基于上述情况，一些学者及业界人士开始提出"网络中立"的概念，即宽带用户有权合理地以有利于个人且无公共威胁的方式使用他们的互联网。〔2〕 网络中立原则支持者的核心观点便是，将网络服务视作一项公共基础服务，主张网络接入服务商应对接入网络的各种流量一视同仁（no discrimination），禁止终端宽带服务提供商对终端用户使用互联网连接的方式施加限制，除非为履行必须遵守的法律义务，或防止对网络的危害和对其他用户的干扰，或为保证宽带传输的质量。〔3〕但也有学者将其归纳为内容中立、价格中立、发送者中立和信息诚信四个方面，〔4〕具体而言，内容中立和信息诚信是指网络服务商应当保证信息真实全面、不得擅自筛选，旨在保护终端用户的言论自由；〔5〕价格

〔1〕 美国著名的电信公司，曾长期垄断美国长途和本地电话市场。

〔2〕 Tim Wu，*Network Neutrality*，*Broadband Discrimination*，SSRN Electronic Journal，p. 141（2003）.

〔3〕 See Christopher S. Yoo，*Network Neutrality and the Economics of Congestion*，The Georgetown law journal（2006）. Tim Wu（吴修铭）是哥伦比亚大学华裔法学教授以及扩大政府对互联网政治内容控制的倡导者。

〔4〕 吴亮：《网络中立管制的法律困境及其出路——以美国实践为视角》，载《环球法律评论》2015 年第 3 期。

〔5〕 资讯获取自由亦属言论自由之重要部分。

中立和发送者中立是指运营商应当在价格政策、网络质量、数据流量等方面对所有服务对象平等对待，旨在营造一个公平竞争、多元开放的网络环境。吴修铭教授曾经作出一个形象的类比，即宽带网络正如高速公路，掌管高速公路的人不能不公正地对待行驶其上的车辆，无论它是豪华型车还是紧凑型车。

网络中立原则意味着宽带服务提供商不能阻止网络内容被他们的用户接受、不能加速或者放缓内容的传输、不能对内容提供者实施“付费以换取优先服务”的管理方式。网络中立原则的支持者认为这些规则能够更好地保护用户免遭网络服务商潜在的恶习伤害。相反，网络中立原则的批评者担心的是政府对互联网的涉足，他们认为网络中立原则为美国联邦通信委员会（Federal Communications Commission，FCC）[1]提供了类似于监管保障公共利益的公共设施（宽频接入）的基本理论依据，意味着 FCC 对网络服务商的监管具有更大的权限，而政府对网络的控制意味着成本提高、创造性被扼杀甚至可能会影响互联网的提速。公众对网络中立原则的大多数争论主要是关于它对互联网服务的成本和质量的影响，以及自由市场或政府监管是否能够在保护消费者的同时最大化释放互联网的潜能。[2]

2005 年，FCC 发布了《互联网政策声明》，提出网络中立“四原则”，笼统地概括了消费者的权利以及网络接入服务商应尽的义务。[3]但“网络中立”真正广为人知是在宽带服务提供商与互联网平台及内

---

〔1〕 美国联邦通信委员会于 1934 年建立，是美国政府下设直接对国会负责的独立机构。该机构通过控制无线电广播、电视、电信、卫星和电缆来协调国内和国际的通信。

〔2〕 W. Mike Jayne, *Fairness Doctine 2.0: The Ever - Expanding Definition of Neutrality under the First Amendment*, Social Science Electronic Publishing, 2018.

〔3〕 Rob Frieden, *What's New in the Network Neutrality Debate*, Social Science Electronic Publishing, 2015. 该声明主要包括以下内容：（1）消费者有权访问他们所选择的合法的互联网内容。（2）消费者有权运行应用程序和使用他们选择的服务，受制于执法的需要。（3）消费者有权选择连接不损害网络的法律设备。（4）消费者有权在网络供应商、应用程序、服务提供商和内容提供商之间的竞争中选择。

容提供商产生纠纷开始的。2007 年,美国最大的宽带服务提供商之一的康卡斯特(Comcast)公司被发现对用户使用的比特流(BitTorrent)服务进行限流,其理由是使用 p2p 技术的比特流占用了太多流量。事实上网络宽带服务提供商与互联网企业的矛盾远不止于此。近年来,包括谷歌、脸书等公司在内的互联网巨头占据了整个互联网市场巨额的流量,它们各自使用自己的数据中心和传输管道,由于其自身在互联网市场中的不可替代性以及"对等协议"的存在,互联网巨头需要支付给其他网络服务提供商的费用极低,却在很大程度上加大了这些宽带服务提供商的带宽承载压力。

但宽带服务提供商并不甘心沦为单纯的网络传输"管道",西南贝尔电讯(SBC Communications)公司的前任首席执行官爱德华·惠塔克里(Ed. Whitacre)曾表示:"你认为沃尼奇(Vonage)、微软通讯(MSN Messenger)和其他平台是怎么获得用户的? 通过宽带网络。有线公司使用它,我们也使用它,现在他们想做的是免费使用我的网络,我不会让他们这样做,因为我们付出了资本,我们必须依靠它得到回报。"[1] 因此电信运营巨头开始进行互联网产业的"垂直整合",即不断兼并下游的互联网公司。康卡斯特公司于 2011 年收购了 NBC 环球。威瑞森无线公司于 2015 年并购美国在线(American Online,AOL),在 2017 年并购雅虎(Yahoo),并将旗下媒体资源合并为新公司 Oath,其媒体财产包括赫芬顿邮报(HuffPost),雅虎新闻(Yahoo News),TechCrunch,Engadget,雅虎运动(Yahoo Sports) 以及汤博乐。除了垂直整合,网络服务提供商还希望增强其在互联网传输中的话语权,在增加互联网企业宽带费用的同时为自己旗下的互联网企业创造竞争优势。

美国政府在这场互联网企业与电信运营商博弈中的立场则是摇摆

---

〔1〕 Shane Lunceford, *Network Neutrality: A Pipe Nightmare*, 17 U. Balt. Intell. Prop. L. J. 25 (2008).

不定的,这同美国利益集团代表下的政党制度有直接关系。

民主党历来倾向于"自由主义"与"左派"政治立场,其与硅谷的关系更是密不可分的,奥巴马在 2007 年参与竞选总统时,便对网络中立开放作出承诺。在奥巴马与民主党政府的推动下,网络中立立法才不断向前推进。FCC 在 2008 年 8 月裁定康卡斯特公司的行为违反"网络中立"原则,并发布"康卡斯特命令"(comcast order),要求康卡斯特公司在 30 天内披露其网络管理实践的细节,且需向公众披露预期未来做法的细节。康卡斯特公司随即向哥伦比亚联邦上诉巡回法庭提起诉讼,要求 FCC 撤销命令。2009 年,哥伦比亚上诉巡回法院判决,FCC 没有对信息服务提供商施加网络中立义务的直接法定权力,网络中立原则发展进程受挫。

2011 年 1 月,FCC 通过《开放互联网指令》(2011),设立网络中立三要求,其中,"透明公开"要求与网络中立中的"信息诚信"对应,"禁止屏蔽"要求与网络中立中的"内容中立"对应,"禁止不当歧视"要求与网络中立中的"发送者中立"对应。一周后,美国第四大网络运营商威瑞森无线公司将 FCC 告上了法庭,要求判决网络中立原则无效,2014 年 1 月,华盛顿特区上诉法庭作出判决,确认在当时的法律框架下 FCC 没有权力要求运营商执行网络中立原则,《开放互联网指令》(2011)惨遭撤销。

2014 年 11 月,奥巴马敦促 FCC 禁止设立互联网"快车道",并将宽带服务重新定义为公共服务。2015 年 2 月 26 日,FCC 投票通过了最新版的《开放互联网指令》(2015),宽带接入从进行宽松管制的"信息服务"划归为需要进行更严格管制的"电信服务",从而使宽带服务提供者遵从"网络中立原则"。2016 年 6 月,FCC 成功完成了其长达数年的使命,发布了支持网络中立的法规,其目标是对所有互联网内容提供平等的访问,无论该内容是来自广告商的网站还是年轻企业家的科普博客。因互联网接入是私人公司提供的,政府主要担心的是,允许付费优先可能使互联网流量倾斜,使那些财力雄厚的人受益。在奥巴马政府执政期间,FCC 将网络中立原则设定为类似于自由贸易的原则,认为创新和公平竞争将在一个公平的竞争环境中蓬勃发展。

然而,唐纳德·特朗普同样在竞选前就曾表达过对网络中立原则的不满,2017 年 1 月 20 日,特朗普正式就任美国总统,网络中立原则出现了反转。共和党出身的 FCC 主席阿基特·帕伊在就任后立即提出将推翻该原则。随着特朗普当选总统,美国联邦通信委员会转向了基于共和党原则的、以放松管制为基础的议程,并于 2017 年 12 月以“恢复互联网自由令”废止了网络中立原则。2017 年 12 月 14 日,FCC 以 3 比 2 的表决废除了历时两年的网络中立。

这项废除令在美国民众中非常不受欢迎,绝大多数人支持维护网络中立。[1] 事实上,一些州正在提议将《开放互联网指令》(2015)纳入州立法,并试图否定废除令。网络中立原则无论是在联邦层面还是州层面,都使非法内容不受网络中立法律的保护,仍然容易受到服务中断的影响;只有“内容合法”才能保证免费并不受消费者干扰。无论在国家层面或州层面是否存在网络中立原则,宽带服务提供商都可以自由干预和阻碍消费者获取非法内容。“网络中立”原则历经三起三落,时至今日,在美国仍争议巨大。

2. 网络中立原则的现状

尽管网络中立原则最初的立法目的是通过限制宽带服务提供商的权利从而增强政府对网络内容的控制力,但从立法演进中可以看出,网络中立原则所针对的网络服务商早已不仅限于网络接入服务商,还瞄准了为宽带用户提供信息和内容服务的网络服务商(在网络中立立法文件中被称为“边缘提供商”),网络中立原则已经对私人商业领域和

---

〔1〕 See Harper Neidig, *Poll*: 83*Percent of Voters Support Keeping FCC's Net Neutrality Rules*, http://thehill.com/policy/technology/364528 – poll – 83 – percentof – voters – support – keeping – fccs – net – neutrality – rules. ,last visited on June 2,2021.

言论表达产生了重大影响。

为了保证消费者平等地连接互联网,FCC 发布了《开放互联网指令》(2015)。在该法令中,FCC 提出了适用于传统和移动宽带提供商的“五条开放互联网规则”。《开放互联网指令》(2015)建立在《开放互联网指令》(2011)的基础上,最初呼吁制定反封锁、反歧视和提高透明度的明确规则。《开放互联网指令》(2015)的三条“亮线规则”禁止对内容进行封锁、限制和付费优先排序。其中,反封锁和反限制规则禁止宽带提供商阻止、限制或削弱对合法内容、应用程序、服务或无害设备的访问。反付费优先排序规则本质上是一项反贿赂规则,禁止宽带提供商在接受第三方的资金后增加或支持第三方的流量;反付费优先排序规则还禁止宽带提供商以牺牲另一方为代价来增加流量以使关联实体受益。

乍一看,在《开放互联网指令》(2015)中的网络中立原则似乎并不是旨在监管为宽带用户提供信息和内容服务的网络服务商。它主要涉及的是宽带服务提供商作为互联网服务公司的底层操作角色,因此它看上去是将下游服务商排除出了其明确规定的范围。但是,该法令中存在一个“特洛伊木马”(Trojan Horse),即所谓的“一般行为规则”,这个规则表述如下:“任何从事提供宽带互联网接入服务的人(只要与这个服务紧密相关)不应当不合理地干涉或不合理地削弱(disadvantage):(i)终端用户选择、接入和使用宽带互联网接入服务的能力或他们所选择的设备,或:(ii)边缘供应商创造合法内容、应用、服务或终端用户可接入设备的能力。〔1〕 合理的网络管理不应当违反这一规则。”〔2〕即,只要网站内容合法,该命令禁止宽带服务提供商阻止

〔1〕 即狭义上的网络服务商。

〔2〕 See Brian Fung, *the Net Neutrality Court Decision*, *in Plain English*, https://www.washingtonpost.com/news/the-switch/wp/2016/06/15/the-net-neutrality-court-decision-in-plain-english/? utmterm=.22d46277eeab, last visited on June 2, 2021.

或限制对在线内容的访问;换言之,这暗示了宽带服务提供商可以限制访问承载非法内容的网站。

"一般行为规则"要求宽带提供商提高其服务的透明度。FCC 提供了几个指标来指导对终端用户或边缘提供商接入的不合理干扰或阻碍因素的分析,如终端用户控制,竞争效应,消费者保护,对创新、投资或宽带部署的影响,言论自由,应用不可知论,以及标准实践。该规则通过列举上述因素描述了何为应被阻止的"网络服务商从事不可预测的会被认为对'开放的'互联网有害的行为",这一规则在适用于宽带服务提供商的同时,也可间接作用于提供应用软件的"边缘供应商"。正如法国国家麻醉品委员会发布的关于实施平台中立政策的报告所述:"中立性原则背后的目标也应当被考虑进电子平台的发展中去:尽管极具实用性和创新性,但是它们的发展绝不能阻碍将互联网作为创造性、自由表达和思想交流平台进行的使用。"

综上所言,网络中立和随之发展起来的平台中立的概念要求互联网服务提供商不得阻止对合法内容、应用程序、服务、无害设备或与互联网服务提供商提供的其他服务竞争的应用程序的访问,而平台中立与提供电商服务和网络内容存储空间的平台对非法内容的治理态度密不可分。正如平台中立性的支持者弗兰克·帕斯奎尔(Frank Pasquale)教授所描述的:"中立性的核心思想是防止大量的中介仅仅凭借自己的规模、权力关系或监管能力就能扭曲私人商业活动或公共领域。"当网络中立原则延伸到提供下游网络服务的平台时,也就推动"搜索中立性"和"App 中立性"成为专业术语。[1]

但值得注意的是,在美国网络环境的制度演进中,网络中立原则只是在构建平台责任的同时,在言论自由、平等表达等公共利益的谨慎考

---

〔1〕 W. Mike Jayne, *Fairness Doctine 2.0: The Ever - Expanding Definition of Neutrality under the First Amendment*, Social Science Electronic Publishing(2018).

量下作出的一种纠偏行动，它与本书语境下的网络服务商所承担的“守门人”角色并不冲突，下文将对此作出更细致的阐述。

（二）网络中立理论无以否定网络服务商具有审查义务

网络中立原则要求宽带服务提供商平等对待宽带内的一切流量，而当传输的内容是盗版作品或其他知识产权侵权内容时，有人担心网络中立原则会免除宽带服务提供商和下游网络服务商对非法内容的过滤责任，从而钝化它们采取非法内容过滤行动的积极性。想要回答这一问题，就需要厘清网络中立原则对于实际网络生态造成的影响，从而表明网络中立原则的本质与网络内容监管并不相抵触。

1. 宽带服务提供商在 p2p 技术领域的内容监管义务

具体而言，网络中立理论与知识产权纠纷产生最直接关联的联结点在于 p2p 网络应用，因为 p2p 技术将网络接入服务和网络应用服务整合到同一网络服务商的功能之中。p2p 是一种点对点的数据传输手段，其依赖网络中参与者的计算能力和带宽，而不是聚集在较少的几台服务器上，因此可以显著提升网络传输效率。这类传输技术可以用于多种用途，使各种文件共享软件和实时媒体业务的数据通信得到广泛的使用，与此同时，由于共享文件的超高效率和极低成本，p2p 技术也成为滋生盗版文件的“温床”。有相当多的行业实践表明，p2p 技术的出现造成侵犯版权行为大规模增加，并且威胁了基于传统数字内容的行业，如音乐、电影、视频和游戏行业的健康发展。

初代 p2p 软件奈普斯特公司由辍学的肖恩 · 范宁（Shawn Fanning）于 1999 年创建。[1] 奈普斯特公司是一个能够实现点对点分享的程序，人们可以通过这个程序分享媒体数据，包括音乐、电影和文件。这个技术可以使电脑或者其他电子设备使用相同的或者相容的程

---

〔1〕 Greg Cochrane, *A Brief History, Music Industry Versus Filesharing*, http://www.bbc.co.uk/newsbeat/article/14027777/a - brief - historymusic - industry - versus - file - sharing, last visited on June 10.

序,以和其他的电脑或者设备在网络上直接分享数字文件。虽然存在一些其他的实现点对点文件分享的程序,比如 BearShare、LimeWire、卡扎(Kazaa Media Desktop)、电骡(eMule)、Vuze、uTorrent 以及比特流,但自奈普斯特公司发布以来就十分流行,发布一年之后就有高达百万的用户使用。但是,非常清楚且明晰的是,奈普斯特公司是被这百万的用户用于发行“史无前例的数量的版权作品以及原始录音”。尽管奈普斯特公司声称其并不涉及版权侵权,但是美国联邦第九巡回法院并不赞成此种论调,在 A&M 唱片公司诉奈普斯特公司案件中,法庭认为,奈普斯特公司的用户侵犯了版权人的至少两项排他性权利:复制权和发行权。[1] 在此次诉讼之后,奈普斯特公司因无法在合法框架下继续运行,而彻底退出了互联网领域,其他平台取代了它的地位。

在打击网络侵权的过程中,网络服务商与版权人长期处于对立地位。自数字革命以来,权利人一直努力采取立法游说和提起诉讼的主导战略:在立法游说方面,权利人要求加强对版权的法律保护和对侵权行为的惩罚力度,并取得了胜利;在诉讼方面,权利人起诉并击败了提供复制和传播数字内容服务的 p2p 平台。然而,这些努力都没有对侵权内容的广泛传播产生多大的影响。从现实需求的角度看,不仅版权人希望打击网络盗版,网络服务商也能够从减少网络版权侵权中获益,如解决网络拥堵问题。美国作曲家协会成员戈登·钱伯斯(Gordon Chambers)称,p2p 占据了宽带网络多达 70% 的流量,而这些流量仅仅由 5% 的网络用户产生,其中 90% 的流量是因窃取受版权保护的作品而产生的。[2] 由于用户不断地升级他们的硬件以处理像电影这样的大文件,网络拥堵可能会更加严重。同时,互联网领域的纵向一体化日

---

〔1〕 A&M Records v. Napster, 239 F. 3d 1004, 1014 (9th Cir. 2001).

〔2〕 *SGA Testifies before NYC Council Against Support for Net Neutrality Rules*, http://www.businesswire.com/news/home/20091123006321/en, last visited on June 10, 2021.

趋严重,不少网络服务提供商本身就收购了大量以版权为生的音乐、电影、视频公司。因此,在打击网络盗版上,网络服务商与权利人有着一致的利益,使宽带服务提供商在 p2p 技术领域承担起内容监管义务,具有可能性。

尽管"网络中立原则"仅规定网络接入服务提供者"不得阻止任何用户发送或接收其选择的合法内容",而未要求其对非法内容进行管制,但就像担心康卡斯特公司试图对使用 p2p 传输的比特流采取"节流"措施那样,部分网络中立原则的支持者认为,对网络服务商来说,目前准确区分合法和非法内容并不可行,网络传输应当保持较高的独立性。特别是法国、美国等国的"逐级回应"制度实施后,[1]有媒体和公民组织认为上述措施违背了网络中立原则,并表示宽带服务提供商参与下的互联网控制过度干预了网络访问,并给公民自由带来威胁。[2]

忽视"网络中立"的根本目的,片面地将其理解为实现运营商的绝对管道化,并以此否认网络接入提供商互联网内容监管权力与义务显然非其本意。网络接入提供商接入互联网管理的目的,正是对互联网内盗版、恐暴、色情进行过滤,以保证互联网空间的健康秩序。从广义互联网治理上看,网络中立原则与服务商接入提供商的监管都是为保证正常互联网秩序。FCC 也明确表示,确立"网络中立原则"的《开放互联网指令》(2015)并不意味着保护版权侵权行为,也不意味着保护色情内容,该命令的任何部分都不禁止网络接入服务提供商为解决版权侵权或其他非法活动做出的合理努力。《开放互联网指令》(2015)

〔1〕 最广为人知的逐级回应形式是"三振出局"模式,即网络服务商在连续收到三份版权侵权通知后仍无动于衷,监管机构暂停或终止用户的互联网接入。

〔2〕 Musiani, Francesca, Valérie Schafer, and Hervé Le Crosnier, *Net neutrality as an Internet governance issue: the globalization of an American - born debate*, Revue francaise detudes americaines, 2012, p. 47 - 63.

专门为网络知识产权保护作出了例外规定:“我们确认了这个试探性的规则并且重申:开放的互联网规则并不禁止网络服务商做出合理的努力去解决非法内容的传递或者对内容的非法传递。网络服务商的这些努力可以保障开放的互联网规则不会成为非法行为的盾牌,也不会成为为了迅速应对这些非法行为的行动的阻碍。”[1] FCC 承认,这一规则可能会促使宽带服务提供商广泛使用侵入性数据包检测技术来过滤不良内容,可能危害消费者的隐私。但是消费者可以使用 SSL 加密、虚拟专用网络和 TOR 等路由方法保护自己免受这种检查。最终,FCC 将确定宽带服务提供商打击版权侵权或其他合法活动的合理性。

鉴于这些规则,我们应当假定,宽带服务提供者能够对非法内容采取积极行为,以降低 p2p 的网络流量的速度或者阻止 p2p 的网络流量。如今,美国录音行业联合会和其他行业协会要么通过网络服务提供者去警告版权侵权人,要么经由法庭以向使用者发出传票从而惩罚版权侵权人,但是各种数据表明了所有的这些方法对于有版权的资料的下载都没有产生实质性的影响。只有阻断种子网站及程序或者降低他们的速度,才可能会在音乐、电影或者其他的有版权的材料的保护中产生实质性的积极影响——将会使受版权保护的内容的非法下载量大幅下降。

于是,自 2008 年起,美国唱片业协会(RIAA)就结束了对 p2p 文件共享者为期五年的诉讼活动,RIAA 与美国电影协会(MPAA)开始寻求与宽带服务提供商合作建立“逐级回应”反盗版机制,使宽带服务提供商作为“合理的网络管理”的一部分,承担积极的反盗版义务。MPAA 在向 FCC 提交的有关保护开放互联网的拟议规则制定通知的评论文件中,要求政府不要设置任何法律或监管障碍(如以网络中立

---

[1] *Report and Order on Remand*, *Declaratory Ruling and Order*, FCC 15 - 24, GN Docket No. 14 - 28 (Feb. 26, 2015) (2015 Net Neutrality Order), https://apps.fcc.gov/edocs_public/attachmatch/FCC-15-24A1.pdf, last visited on May 20, 2021.

的形式）阻止权利人和宽带服务提供商合作实施逐级回应。[1] 商业软件联盟（BSA）公开主张绕过国会，采取“自愿的行业主导方式”，它预测这将比遵守《数字千禧年版权法》采取的进一步行政干预更为有效。白宫知识产权执行协调员办公室（IPEC）也在连续的年度战略计划中鼓励企业间构建伙伴关系遏制重复侵权行为。与此同时，宽带服务提供商以“合理的网络管理”的名义在《数字千禧年版权法》第512（a）条和Netcom案的安全范围之外采取措施，以符合他们的自身利益的方式，探索在打击盗版的“战争”中加强与权利人合作的路径。通过将技术和私人执法机制结合，以逐级回应机制对互联网用户实施不同等级的反馈，并通过在网络中实施过滤技术，将侵权通知、暂停或终止接入的过程完全自动化，宽带服务提供商已然承担起p2p技术领域的内容监管义务。

2. 网络中立原则与下游网络服务商的内容监管义务无涉

如上文所分析，网络中立原则在美国经历了多年的纷争，从形成理念到形成对抗的团体，再发展到立法阶段，每个阶段都反映了政府和市场等不同利益团体之间的博弈（对网络接入应否管制）。显而易见的是，在典型的美国政治环境中，没有孰是孰非，只有利益对抗，因此，不同利益团体一直在为维护自身利益而发声，从而对网络中立原则在法律体制中的存废产生直接影响。

网络中立原则使宽带服务提供商和下游网络服务商形成了针锋相对的阵营。在业界，各大电信巨头强烈反对网络中立，但是以谷歌、微软、网飞等为代表的下游网络服务商却赞成这种理论。这是因为，用网高峰期的宽带会产生巨大拥堵，宽带服务提供商对此不得不投入巨大的支出以维护互联网数据传输的通畅；而下游网络服务商作为引起宽

〔1〕 Bridy, *Annemarie*, *Graduated Response and the Turn to Private Ordering in Online Copyright Enforcement*, Oregon Law Review（2010）.

带危机的重要角色，一方面因其巨大的数据流量传输而获利，另一方面却不需要为传输所带来的负外部性付费，而宽带服务提供商难以忍受下游网络服务商在“搭便车”中获得巨大的收益。[1] 从这一现状中可以看出，关于网络中立的纷争实际上是不同利益团体之间的权力博弈，它与各个产业的发展与对抗直接相关，而与公众领域的言论自由没有直接相关性。

换言之，网络中立原则在很大程度上是规范宽带服务提供商和下游网络服务商之间利益关系的一种规范，而不是下游网络服务商对于网络用户承担责任的理论基础。借用吴修铭教授的比喻，互联网是一条高速公路，而不是一家饭店，网络本身自然应该对它传输的内容保持消极中立的态度；而网络中立是这条高速公路的行驶规则，下游网络服务商和网络用户一样，都在很大程度上受到行驶规则的控制，在这一意义上它们具有同等地位。网络中立原则的“存”意味着宽带服务提供商对于其传输的内容合法或非法采取中立态度，因此网络信息的“守门人”是提供内容或服务的下游网络服务商，由他们直接面向网络用户，也直接对网络用户负责；而网络中立原则的“废”则意味着控制网络接入的宽带服务提供商并非绝对的中立和消极，他们同样对网络信息内容具有把关和守门的职能，并且即使宽带服务提供商增加了内容监管的职能也并不会对下游服务商承担义务产生任何排除作用。无论网络中立原则存在或废止，网络环境中的信息内容的合法性都不应当、也不可能无人把关。[2]

3. 厘清对网络中立原则之“内容中立”的两种误读

以网络中立原则反驳设立审查义务的学者认为，基于网络中立原则中“内容中立”的要求，网络服务商应对传输内容全无干涉，因此不

---

〔1〕 崔明伍：《试论美国“网络中立”原则的兴废》，载《南昌大学学报（人文社会科学版）》2018 年第 5 期。

〔2〕 彭健：《关于“网络中立”政策的思考》，载《上海信息化》2019 年第 5 期。

能课以审查义务是遵循网络中立原则的应有之义。但事实上,无论网络中立原则在规范层面确立与否,其本意均无以否定审查义务。

本质上,网络中立原则是网络空间的公平原则,是否课以网络服务商审查义务并不属于其调整范畴。网络中立原则的创设初衷,是限制宽带服务提供商对互联网企业及个人访问者的区别对待,推进构建平等开放的互联网环境。其存废变迁史,实为美国政府在宽带接入商与互联网企业博弈过程中的立场摇摆史。显然,侧重网络服务商绝对管道化角色的"内容中立"不会是欲借网络中立"搭便车"的互联网企业的本意,反对不正当差别待遇的"发送者中立""价格中立"才是其核心诉求,而对用户提供内容的过滤、屏蔽只是对发送者差别对待、违反发送者中立的一种外在呈现形式。易言之,内容中立只是发送者中立的副产品,以未满足内容中立为由拒斥审查义务,是对网络中立概念解读的偏狭。

依据网络中立原则中"内容中立"的要求认为网络服务商应对传输内容全无干涉的另一重误读,在于错误地认定"内容中立"与"内容合法"的关系。事实上,"内容中立"与"内容合法"是彼此独立且可共存的议题。《开放互联网指令》(2011)关于"禁止屏蔽"的要求中,运营商被禁止擅自封堵携带合法内容的流量,[1]弦外之意是运营商享有阻断含有非法内容信息的自主权。其后,《开放互联网指令》(2015)规定的"亮线规则"明确禁止对内容进行封锁、限速和设置付费优待,一方面再次印证网络中立原则的"反歧视"本质,另一方面再次借"禁止封锁"规则为网络服务商阻绝非法内容打开法律解释上的方便之门。[2]

---

〔1〕 *No Blocking. Fixed broadband providers may not block any traffic that carries lawful content*, http://wpressutexas. net/cs378h/index. php? title = FCC_Open_Internet_Order _2010, last visited on May 19, 2021.

〔2〕 "反封锁"规则要求宽带服务提供商不得阻塞合法的内容、应用软件、服务接入互联网。参见 https://www. docin. com/p - 1153079541. html, 2021 年 5 月 19 日最后访问。

FCC 亦表示,指令的任何部分都不禁止网络接入服务提供商为解决版权侵权或其他非法活动作出合理努力。可见,“内容合法”先于“内容中立”而存在,网络服务商经内容审查,对诸如明显侵犯版权的信息予以剔除“师出有名”。

就此而言,由于本书预设的审查义务是网络服务商对于“内容合法”进行审查,具有“基于内容”的非法信息处理权限;而“网络中立”则是要求网络服务商承担平等对待一切服务对象、忠实传送用户内容的非歧视“义务”,二者并无抵牾,为网络服务商配置审查义务与网络中立原则的概念本质并不抵触。

综上所言,网络中立原则是美国政治体制和公共政策语境中的产物,它是出于对提供底层接入服务者唯利是图而侵犯公众利益的忧虑而产生的,脱胎于美国追求最大化个人主义的生态。该原则与我国法治土壤不具有兼容性。假使它的制度和规范是成立的,它同样不能用于排除网络服务商对于非法内容的审查义务。网络中立原则是针对宽带服务提供商的规范,要求提供接入服务者应当持消极中立态度,不能通过中断流量或倾斜供给等手段,对下游服务商和网络用户采取不平等对待,但是这种消极中立态度并不禁止网络宽带接入服务的提供者处理知识产权侵权和其他违法活动的合理的努力。更具体地说,《开放互联网指令》(2015)包含了关于网络中立的非法内容例外,[1]这个例外可以被用来对抗 p2p 分享的版权侵权行为。而无论网络中立原则的存与废,它都不能排除互联网下游提供内容或服务的网络服务商对于非法信息的责任,因为这一原则本身就不适用于处理互联网下游网络服务商责任问题。

---

〔1〕 James Chong, *Copyright Loophole to FCC's Net Neutrality Rules*, 5 Ariz. St U. Sports Ent L. J. 41(2016).

二、技术中立与审查义务

“技术中立”是对网络服务商设立审查义务的另一重指摘。“技术中立”强调技术的价值无涉属性,并因此常被网络服务商等技术提供者用作“无过错”的抗辩事由。诚然,技术本身或许是中立的、无主观过错的,但技术的应用从来都包含使用者之主观意图,“技术中立”无论如何不能为“技术提供者中立”立论。甚至,网络时代背景下技术载体由纯粹物理设备到算法代码的质变,都使“技术中立”本身畸化为一个伪命题。据此,当网络服务商具备可非难性,就无以驳斥对其可能的义务配置。

(一)狭义上的“技术中立”原则不排除网络服务商审查义务

国内学者使用“技术中立”多指代 1976 年美国“索尼案”衍生的“实质非侵权用途原则”,但在全球范围的主流概念中,“技术中立”另有其意。

“技术中立”与“技术特定”对应,前者表示法律应广义上针对一般技术,后者则表示法律只狭隘地针对特定技术。[1] 钢琴卷案就是“非技术中立”的典型案例,怀特·史密斯(White - Smith)音乐出版社因阿波罗(Apollo)公司生产刻有其版权乐曲的钢琴卷而诉其著作权侵权,美国联邦最高法院以钢琴卷不像乐谱一样可以被阅读为由,认定钢琴卷不是音乐作品复制件,并驳回了音乐出版社的诉讼请求。但美国国会很快在 1909 年《版权法》中将“复制”的定义扩展到机器可读复制件,并为记录在唱片和穿孔卷的乐谱建立了强制许可制度。

与社会发展相比,法律始终具有滞后性,特别是在版权领域。随着创新步伐的加快,一些法律往往刚刚出台就面临过时的窘境。因此,在

---

〔1〕 Greenberg Brad A. , *Rethinking Technology Neutrality*, Minnesota Law Review, p. 1495 (2016).

“技术中立”与“技术特定”的抉择中,学者和立法者都压倒性地支持技术中立模式,希望通过技术中立治疗成文法所面临的“老龄化”疾病。“技术中立”被认为可以减轻长期以来版权法在适应新技术方面的困难,“技术中立”确立了两个目标:一是希望通过提供更宽泛、开放的术语,避免过度频繁地修法;二是希望寻求更广泛的一致性,使新、旧技术得到同等对待。就其本意而言,技术中立实则指向技术待遇上的非歧视原则,要求政府在规则制定时给予各种技术以公平竞争的机会。

美国 1976 年《版权法》通过的众多激进变革之一,是在客体、专有权利、法定定义三方面设立了技术中立原则。例如 102 节(a)规定,“根据本法,版权保护作者的原创作品,该作品固定于现在已知或以后开发出来的任何有形媒介上。经由这些媒介,作品可以被直接或借助机器或设备感知、复制或以其他方式传播”。为此,技术中立创造了版权延伸到新技术的前提。

而被国内学者视为“技术中立”源头的索尼案正发生在 1976 年《版权法》颁布后的第三周,[1]而该案的判决正是对“技术中立”的否定。在案中,索尼制造并销售了名为“Betamax”的家用录像机,该录像机可以定时将电视节目录制在磁带上供用户观看。环球影城起诉索尼,称索尼作为侵犯版权设备“Betamax”的制造商与销售商,应当对其购买者所犯的任何侵权行为承担共同侵权责任。尽管美国联邦第九巡回上诉法院判决索尼需要承担侵权责任,但美国联邦最高法院认为,消费者的“时移”[2]行为是一种对作品的合理使用,并引用了美国《专利法》的“普通商品原则”,认为尽管消费者可能有其他侵权行为,但由于录像机具有“时移”这一“实质非侵权用途”,因此索尼无须为用户的版权侵权行为负责。

---

〔1〕 Sony Corp. of Am. v. Universal City Studios, Inc. ,464 U. S. 417.

〔2〕 “时移”是指用户利用录像机录制并观看其他时间播放的电视节目。

尽管1976年《版权法》以及众议院和参议院的立法报告显示，国会赞同“技术中立”，鼓励法院灵活解释《版权法》，以涵盖新技术。但在索尼案中，法院认为当重大技术创新改变受版权保护作品的市场时，应当谨慎地考虑权利范围，拒绝在没有具体立法指导的情况下过于宽泛地解读版权范围以涵盖新技术，据此一种科学技术只要兼具合法和非法的双重用途，就可以免于负担侵权责任。[1] 这一结论显然同“技术中立”的设立初衷相矛盾，“实质非侵权用途原则”实际上是美国最高院为弥补“技术中立原则”的固有局限性而引入的例外规定。之后的格罗斯特公司案对于“实质非侵权用途原则”作出延伸和发展，提出了进一步背离所谓的技术中立原则的裁决理据，即只要技术提供者未能实施相应有效举措来避免侵权行为以及防止损害的扩大，就可以推定技术提供者在帮助侵权方面存在过错。[2]

虽然技术中立原指技术待遇上的非歧视原则，但由于索尼案等司法判例对“实质非侵权用途原则”的不断发展，“技术中立”一词逐渐固定为后者。具体含义为：若一项技术或产品主要用于合法用途，只是不乏例外情况下用于实施侵权活动的可能（满足“实质性非侵权用途”），则提供者可以基于信赖原则相信用户实施合法行为，对可能的侵权行为不构成法律上的“应知”，相应的提供行为也就不构成间接侵权。[3] “技术中立”不再是单纯针对技术属性的价值判断，而是演变为一项排除“知道”要件的主观免责事由。然而，在网络科技日益发达的背景下，身兼特定行政审查义务及强大管控能力的网络服务商难谓对违法

---

〔1〕 See Barbara Ringer, *First Thoughts on the Copyright Act of* 1976, New York Law School Law Review, p. 479(1990).

〔2〕 LEE A J. MGM Studios, Inc. v. Grokster, Ltd (and) In re aimster litigation: *a study of secondary copyright liability in the peer - to - peer context*, Berkeley Technology law Journal, p. 485 - 508(2005).

〔3〕 刘文杰：《从责任避风港到安全保障义务：网络服务提供者的中介个人责任研究》，中国社会科学出版社2016年版。

行为“不知情”。

通常来说,行政法上的合法性审查义务使网络服务商难谓“不知”侵权信息之存在。根据《互联网视听节目服务管理规定》《专网及定向传播视听节目服务管理规定》《网络信息内容生态治理规定》《关于计算机预装绿色上网过滤软件的通知》等相关规定,提供接入服务、平台服务的网络服务商对于含暴力、反动、黄赌毒等违法内容的作品应当负有移除义务,作为回应,大多数网站据此设置了过滤措施和人工审核,对平台内容进行审查。此时,网络服务商如对明显侵犯知识产权的内容视若无睹,或在后续侵权诉讼中声称不知情,无异于掩耳盗铃。有反对者称,出于审查效率与审查难度的考量,应当认为“黄赌毒”审查并不包含知识产权合法性审查,若不然,网络服务商均无法进入“避风港”。[1] 这其实是对“避风港规则”的认知缺漏——“避风港规则”尚需受到“红旗规则”的制约。具体而言,当侵权事实如展示红旗般显而易见,则网络服务商就不能以不知情为由寻求责任豁免;相反,此时即便权利人未履行通知程序,网络服务商也负有主动“移除”义务。行为人对侵权事实“非明知”是避风港规则的适用前提,所以说“红旗规则”作为一种“应知”的推定规则在根本上排斥避风港规则的适用。也即,行政审查义务之履行并不必然导致“避风港”消弭,只有当侵权事实达到“红旗标准”,法律才会对网络服务商合上免责之门。法不强人所难,但也信赖人的有限理性,有理由认为,在平台依法审查传播内容的行政合法性的同时,对于明显侵犯知识产权的内容亦有基本的辨识能力。

作为补充,特定商业模式决定或驱动网络服务商对信息内容进行预先接触或处理,使之构成知情,成为其无法中立的根源。在互联网环

---

〔1〕 石必胜:《网络服务提供者的事前知识产权审查义务》,载《电子知识产权》2013 年第 9 期。

境下,网络平台的传播模式同索尼 Betamax 的传播模式已经大相径庭。在索尼 Betamax 案中,法院认为该产品的制造者不存在鼓励侵权行为发生的故意,并且电影公司未提出足够的证据证明该产品对电影行业的直接影响。但在互联网环境下,网络平台的放任将导致大量知识产权侵权行为的发生。同时网络平台并非作为中立的技术提供方而存在,网络平台的商业模式已经注定,其技术开发之目的在于追求更高的流量与用户量,所以互联网平台在诞生之初就已经失去了中立之立场。在算法推荐时代,内容推荐所蕴含的算法设计体现了平台对短视频传播的隐性干预,其价值理念的不同将直接影响内容呈现。[1] 在此背景下,恪守技术中立的传统认知已不符合技术和产业实际。以提供平台服务的哔哩哔哩视频平台为例,站点主页存在不同主题的频道分区,支持用户上传、下载或在线浏览视频,播放点赞量高者还会被推送上“热门”页持续曝光。显然,此种商业模式天然具有较高的知识产权侵权风险,也正因如此,哔哩哔哩对于投稿视频会作预先审查(审查就是一种实质接触),其在《专栏行为准则》的“一般违禁条例”中指出,[2]“对(含违禁内容的)相关稿件进行退回或锁定,同时将视违规情节严重性封禁专栏权限”,而“侵犯他人版权”赫然处于违禁内容之列。《信息网络传播权司法解释》第 10 条、第 12 条亦对网络服务商在何种情况下构成“应知”加以罗列,包括但不限于对热播影视作品等以设置榜单、目录、索引、描述性段落、内容简介、置于首页等方式进行推荐等,上述二者的内在逻辑均是“特定商业模式—实质接触—主观明(应)知”,从而否定“中立”。

---

〔1〕 谢惠加、何林翀:《算法推荐视角下短视频平台注意义务的完善》,载《中国出版》2022 年第 19 期。

〔2〕《哔哩哔哩专栏行为准则》,载 https://www.bilibili.com/read/cv2,2021 年 5 月 21 日最后访问。

(二)广义上的"技术中立"是一个伪命题

广义上的技术中立,顾名思义就是指技术本身的功能具有中立性,技术按照自身的工作机理和运转规律发挥其功能,从而实现科技的意义。[1] 科技史领域的专家梅尔文·克兰兹伯格(Melvin Kranzberg)在30年前提出了六条技术定律,其中第一定律指出:"技术既不是好的,也不是坏的,同时也不是中立的",它以看似前后不搭、实则意蕴深远的表述引起了公众广泛的讨论,又被称为克兰兹伯格第一定律。实际上,克兰兹伯格是在警醒世人,在研究一样事物之时不要只关注所谓的"本质",而忽视这样事物与其背后可能具有关联性的事物所构成的综合体系。在技术发生了数代演进并且永远不会停止演进的当代,如果一味纠结于某项技术本身的好坏之争,而忽略其背后的经济关系、阶级结构、意识形态等因素构成的体系,那么这种本质论的分析是站不住脚的。[2]

论及"技术",克兰兹伯格所言不虚,技术本身不是超越社会而存在的中立性力量,而是处于多种现实关系所构成的体系之中。科学技术本身是由认识论上的客体所组成,不具有主观意识,但是科学技术是为人所用的,人类在社会活动中运用科学技术则会天然地带有主导者的思维方式和价值取向。因此,技术与社会相互影响,在不同的社会制度下,技术作为一种手段,持续地根据统治阶级利益导向和社会公众需要,被各种社会决策共同体进行定向组织。

同理,对于网络环境中的提供技术手段的网络服务商而言,技术中立也是一个伪命题。网络服务商所提供的技术手段虽然谈不上好与坏、善与恶,看似是"中立"的,法律和道德都无从评判技术本身的好坏,但是实施这种技术手段的私人主体是带有目的和意图的,这使这项

---

[1] 郑玉双:《破解技术中立难题:法律与科技之关系的法理学再思》,载《华东政法大学学报》2018年第1期。

[2] 殷登祥:《科学、技术与社会概论》,广东教育出版社2007年版,第336页。

技术产生的效应不可能不附载价值。在探讨技术中立对于是否影响网络服务商承担义务时，人们落入了只是将视角放置于技术本身的好与坏的陷阱，从而忽略了网络技术的背景溯源，以及网络技术所维系着的政治权利、经济利益和意识形态等众多因素。法律这项调整社会关系的强制性规则所应当参考的因素是后者这一有机整体，而绝不仅是前者——技术本身的属性。

当技术中立作为网络服务商不应当对于平台上的内容负责的理论依据时，需要区别两个层面的问题，即技术本身中立和技术提供者中立，二者并不是同一概念。[1] 技术的应用从来都包含使用者之主观意图，“技术中立”无论如何不能为“技术提供者中立”立论。技术本身不承载价值属性与使用技术的行为所承载的价值属性是完全独立的两个问题，而法律所承担的角色是对后者——技术使用行为（显然不具有中立性）的恰当性作出评价。网络服务商对于技术使用行为造成的后果承担间接侵权责任是法律在评价技术使用行为时牵涉的问题，即在特定情形下作为技术提供者的网络服务商应否主动审查的问题，与技术本身的中立性无涉。

网络服务商对于网络知识产权侵权虽然不具有直接的推动力，其提供的服务本身也显然不具有鲜明的善恶观念，但是这种服务为人所实施，就可以形成一套用以营利的商业模式，它毫无疑问可以将不恰当的行为进行放大，从而使现实伤害成倍数增长。比如，社交软件体现了当今普及率相当广的一种网络技术，有人运用这种网络技术发布社会正能量的舆论引导，同时也有人利用它发布大量不恰当的言论，甚至侵犯他人权益，法律对后者进行监管乃是责无旁贷，而作为工具和途径的技术本身是否中立和消极不可能成为排除法律监

---

〔1〕 吴太轩、郭保生：《技术中立：互联网新型不正当竞争案件中抗辩事由的证成与适用》，载《科技管理研究》2020 年第 20 期。

管的理由。

除罔顾主体认识状态将“技术中立”与“技术提供者中立”混淆外,“技术中立”本身的正确性亦有待考证。

人工智能时代,“算法”被频频提及,是网络运转的核心。究其本质,算法并非艰涩的计算名词,而是输入数据、按步骤运算、输出结果的计算过程,有学者将其总结为,通过计算步骤,从填充数据得到具体结果。[1] 算法本身具有预设性、明确性、规则性的特征。有观点认为算法的执行是依据既定程序的机械化运转,因此具有中立性,而侵权行为的发生是平台用户的选择,只要算法中没有主动推送侵权内容的指令,平台就不应当为此承担责任。[2] 但是,技术作为一种媒介无一例外地负载着使用者的价值取向与主观意图,这在传统的以有体物为技术工具的前网络时代或许尚显隐蔽,但在以计算机算法为底层技术逻辑的网络技术时代却表现得淋漓尽致。

海德格尔就曾在《技术的追问》一文中表达其对技术的忧虑,他指出:“技术的本质并非技术本身,而是一种解蔽手段,事物通过技术呈现了它们自身的本质。”事实上,代码或许具有价值无涉性,但算法呈现的技术逻辑正是网络服务商的“盈利要求书”,从算法的设计、部署、运行及至结果输出,无不有网络服务商的利益诉求渗透其中,无不彰显网络服务商的价值取向。[3] 譬如轰动一时的魏则西事件就将百度竞价排名问题推上风口,搜索结果页呈现的排名结果便是受百度算法操控的产物,以付费金额作为排名重要依据的算法实则体现了百度对利益的盲目追求。魏则西事件之后,国家网信办敦促百度进行排名算法

---

〔1〕 张凌寒:《算法规制的迭代与革新》,载《法学论坛》2019 年第 2 期。

〔2〕 熊琦:《“算法推送”与网络服务提供者共同侵权认定规则》,载《中国应用法学》2020 年第 4 期。

〔3〕 代码是指编程语言,算法是指为解决某个特定问题而进行计算的方法流程,二者的关系如同语言和用语言表达的思想的关系。

整改，明确要求百度在排名中提升信誉度权重，[1]排名算法的前后调整足以体现网络服务商价值取向的转变。再如颇受诟病的“大数据杀熟”现象，为网站后台运用智能算法对所收集的消费者日常浏览、购买记录数据进行处理分析，商家在此基础上对其消费水平加以预判定价的结果，这一切看似是算法自动运行的结果，但此种逻辑的算法正是追求利益最大化的网络服务商意志的延伸。

不仅如此，网络服务商已然承认了算法的价值属性，监管部门在制定规则时也要求网络服务商调整算法的价值导向，算法的伪中立性逐渐显露。2018 年，在短视频平台被央视批评低俗内容泛滥之后，快手短视频首席执行官宿华在致歉文章中表示，平台运行背后的算法是有价值观的，算法的价值观实则为算法制定者的价值观，为此其承诺将修改算法规则，以积极向上的健康价值观指导算法。[2] 2019 年，央视频代表马站英在上海网络视听周中公开分享了央视频的算法特色，央视频的算法并非局限于浏览、阅读、点赞量等指标，而是更加关注正能量指标，将价值传播因子、社会评价体系等指标纳入算法框架，追求有价值的内容传播。[3] 2022 年 3 月 1 日起施行的《互联网信息服务算法推荐管理规定》，要求算法推荐服务的提供者顺应主流价值导向，规定算法制定与应用应当积极向上、传播正能量，禁止传播违法违规内容、引诱未成年沉迷、提供不合理差别待遇的算法。

从本质而言，算法排名、推荐、过滤、筛选行为与人工完成对应工作

---

〔1〕《国信办联合调查组结果：百度竞价排名影响魏则西选择》，载 https://www.guancha.cn/economy/2016_05_09_359617.shtml 中国网信网，2022 年 1 月 13 日最后访问。

〔2〕《快手 CEO 宿华致歉：坚决打击和清除低俗色情内容》，载 https://m.huanqiu.com/article/9CaKrnK7lqU 环球网，2022 年 1 月 13 日最后访问。

〔3〕《央视频首次披露与抖音、快手的三大不同：算法、内容聚合方式、技术体系》，载 https://mp.weixin.qq.com/s?__biz=Mzg2MTcwMjk2OA==&mid=2247501547&idx=1&sn=deeb3bf9b58ea7a253a52fc9092d19a4&source=41#wechat_redirect，2022 年 1 月 13 日最后访问。

并无实质区别，只是在人力所不能及之处，通过代码这一计算机语言编写算法，实现机器代替人工的效果，但机器的运行程序、所要实现的效果均是人的决定，算法实质是人的意志延伸。有学者直言，应当要求网络服务商在设计算法时融入算法伦理，相关部门应当加强对算法的道德审查与技术监管，[1]"应穿透网络平台运行的技术面纱，将平台监管的触角和追责视角指向背后的算法责任"。[2] 至此，为商主体营利性所浸润的算法已难谓"价值无涉"，"技术中立"在网络时代已然嬗变为伪命题。

综上所述，就技术可行性而言，在大数据时代，网络平台具有强大的自我监管动力和能力，网络服务商有能力通过技术手段对网络侵权信息进行有针对性的干预，由其承担事前审查义务十分可行。网络服务商审查义务在适用层面也是可行的。在审查程度方面，网络服务商审查义务并非实质审查，而是技术性自动化审查。尽管审查义务要求网络服务商进行主动审查，但是其只需在特定的情况下进行主动审查，而非进行全面审查。网络服务商只有在其网络平台上存在应知的知识产权侵权行为时才需进行主动审查。从社会成本分摊的角度而言，网络服务商处于最有利于防止网络侵权的地位，审查义务由作为信息传播中枢的网络服务商来承担最为可行。审查义务并不是不当加重网络服务商在知识产权领域的法律和经济负担，而是将网络服务商的知识产权负担摆到了与经济社会发展水平相适应的应有层次，因此并不违反比例性原则。就经济可行性而言，网络服务商是追求利润最大化的商主体而非民事主体，按照权利义务相一致原则，网络服务商有能力、有实力，也应该承担一定的审查义务。

---

〔1〕 张凌寒：《算法规制的迭代与革新》，载《法学论坛》2019 年第 2 期。

〔2〕 张凌寒：《网络平台监管的算法问责制构建》，载《东方法学》2021 年第 3 期。

第四章 网络服务商审查义务的制度化路径

随着互联网商业模式的不断升级,“通知—移除”规则日渐失灵和异化,在网络知识产权治理体系中的必要但不充分属性日益显现。与此同时,网络社会治理的技术手段日益成熟,网络服务商拥有了更加强大的自我监管动力和能力。在保留和完善“通知—移除”规则的基础上,强化网络服务商对于知识产权保护的审查义务成为各国探索的主要趋势。尽管我国立法尚未明确规定网络服务商审查义务,但是也没有排除审查义务的立法空间。通过分析审查义务与主观状态之间的对应关系,与侵权责任之间的引起关系,本书明确审查义务在判定网络服务商间接侵权行为中的核心地位;结合技术发展状况、网络服务商类型、商业经营模式等因素,本书试图探索构建分类分级的审查义务体系。

第一节 法律义务与侵权过错类型的对应机理

一、法律义务与主观状态之间的对应关系

民法学界研究侵权行为通常根据加害人的数量将其分为单独侵权行为与共同侵权行为,或者根据归责原则的不同将其分为一般侵权行

为和特殊侵权行为。但是在知识产权领域,还存在第三种特别的分类方式,即根据行为性质分为直接侵权行为与间接侵权行为。此种行为分类源于英美法系,是早期法律移植的结果。

在民事法律领域,认定侵权责任的两大基本方向为过错归责原则和无过错归责原则。对于知识产权间接侵权行为应当如何归责于网络服务商,域外立法经历了早期严格的无过错责任与信息时代一般的过错责任两个阶段。20 世纪 90 年代,互联网技术逐渐走向成熟,相伴而来的是网络知识产权侵权“小高峰”,为打击日益猖獗的网络侵权行为,立法者开始将目光聚焦到控制信息传播管道的网络服务商身上。1995 年《美国知识产权白皮书》重新定义网络服务商的行为性质,将其因履行中介服务所必需的自动、暂时性复制与传输划归入复制行为中,由此要求其对侵权行为承担无过错的严格责任。1996 年 2 月美国《通信规范法案》再次强调如果在网络服务提供商的系统或网络中出现侵权或违法信息,其无论是否有过错均应负责。经过多轮游说与多方利益博弈,1998 年《数字千禧年版权法》最终确立了过错归责原则,其后德国、澳大利亚、新加坡等国家也陆续通过立法明确对网络服务商间接侵权行为采用过错归责原则。

虽然我国现行法律规范对直接侵权行为与间接侵权行为并未作出明确规定,但其为学界广泛探讨并且普遍适用于知识产权司法保护实践之中。在我国司法实践的语境下,直接侵权行为是指行为人未经知识产权人许可且无法定免责理由的情况下,实施的受专有权利控制的行为;间接侵权行为则是指行为人虽并未直接实施受专有权利控制的行为,但是与他人的直接侵权行为有教唆、引诱、帮助之特定关系,且主观上存在过错的行为。就直接侵权行为而言,行为人是否具有主观过错并不影响侵权行为的成立,它仅仅影响侵权责任的承担形式和损害赔偿的数额。例如,损害赔偿责任就是以行为人存在过错为前提的,我国《专利法》第 77 条、《商标法》第 64 条都规定,未经权利人许可,销售载有知识产权的产品,能够证明该产品具有合法来源或者系合法取得并说明提供者的,不承担赔偿责任。这是因为无论是具有合法来源还是说明提供者,都证明了行为人已经履行法律规定的相应注意义务,达到了“理性人”的标准,主观上不存在过错,因此,虽然该行为仍然成立侵权,但行为人仅需承担较轻的法律责任,如停止侵权、没收违法所得,而无须承担较重的法律责任,如损害赔偿责任。《著作权法》《专利法》《商标法》最新一次修改在损害赔偿责任方面都增加了惩罚性赔偿条款,突破了民事损害赔偿“填平原则”,允许法院根据原告的诉讼请求,依法作出超出实际损害数额的赔偿数额的判决,而适用惩罚性赔偿条款的前提条件是行为人主观状态系故意。也就是说,行为人的过错程度越严重,相应的法律责任也就越重。

间接侵权行为的认定则严格采用过错责任原则,即构成间接侵权行为要求行为人必须具有主观过错。由此可见,过错的认定直接影响了间接侵权行为的成立,明确过错的形态以及判断标准对于侵权构成及责任确定意义重大。

何谓过错?关于这一问题的讨论学界存在长期的分歧,目前主要形成了三大学说。第一种学说是主观说,肇始于德国学者耶林,并为《德国民法典》所采用,该说认为过错是行为人的某种心理状态,也就是说,过错是行为人“具有的一种应受非难的心理状态”。[1] 第二种学说是客观说,客观说所谓的过错以客观行为标准来判断行为人的心理状态,即关注在客观上行为人是否履行了注意义务。梁慧星教授即持此种观点,认为过错是“行为人未尽自己应尽和能尽的注意而违反义务,因而为法律所不容许的行为意志状态”。[2] 第三种学说是主客观结合说,认为过错是“行为人通过违背法律的、道德的行为表现出来的

---

〔1〕 张新宝:《侵权责任法原理》,中国人民大学出版社 2005 年版,第 68 - 69 页。

〔2〕 王家福主编:《中国民法学 · 民法债权》,法律出版社 1991 年版,第 458 页。

主观状态。"[1]过错作为一种内在心理状态,属于人的意识层面,具有很强的主观性,难以直接探寻。意识对于实践活动具有指导作用。因此,判断行为人内在心理状态可以通过考察行为人的外部行为来实现。过错体现的是行为人对其行为后果所持的主观态度,其表现形态可以是故意,也可以是过失。对于故意应当结合主观心理和客观行为综合判断;而对于过失,应当采取客观判断标准。[2]

对于故意,学界通说认为这是行为人在从事加害行为时所持有的有意或者明知的心理状态。不可否认,主观上的"有意或者明知"具有一定的可责难性,但是并非在该两种心理状态下所实施的加害行为都具有法律上的可责难性,正当防卫和紧急避险就是例证。这意味着,借由"有意或者明知"的可责难性对某种行为施以法律上的否定性评价缺乏全面性。这种责难性应当源于对具有足够正当性的义务的违反。具有足够正当性的义务主要源于法律强制规范和社会生活的基本原则。法律根据社会的共同性需求,通过义务设定,分配利益,体现社会的正当性标准。不履行或者违反义务是对作为法律制定依据的正当性标准的亵渎与践踏,其可责难性不言自明。因此,有意违反法律强制规范或者社会生活的基本原则所要求的义务而造成损害,或者明知行为会造成损害仍违反上述义务而实施侵权行为的,是故意。基于此,法律义务是界定故意的核心要素。根据上文分析可知,故意的判断应当结合主观心理和客观行为进行考察,就主观要素而言,只有行为人对其实施的加害行为尤其是行为的违法性具有"有意或者明知"的心理状态,该行为才具有可责难性,而该种可责难性主要源于对特定义务的违反。因此,义务在故意认定中具有核心作用。

---

〔1〕 王利明、杨立新:《中国侵权行为法》(中国法精要系列),法律出版社 1998 年版,第 45 页。

〔2〕 于波:《网络中介服务商知识产权法律义务研究》,华东政法大学 2013 年博士学位论文,第 38 - 39 页。

何谓过失？王利明教授认为，“行为人由于疏忽或者懈怠而未尽合理注意义务的为过失”。[1] 梁慧星教授认为，“因未达到法律规定或社会生活的一般原则所要求的注意程度而加害他人的为过失侵权行为”。[2] 虽然他们分别采用了主观标准和客观标准理解过失，但是都强调过失是对注意义务的违反。对注意义务违反程度不同，过失的程度也不同。具体来说，对一般注意义务的违反对应的是一般过失，因为行为人即使未尽到一个“理性人”应尽的一般注意，所造成的损害后果也不严重，因而只属于程度较轻的过错——一般过失。而与容易引发严重损害后果的高风险行为相对应的是较高的注意义务，如果行为人从事特定民事活动时施加的注意义务达到相应程度，则意味着其构成了一种更为严重的过错——重大过失。由此可见，法律义务在界定过失时同样具有重要价值。

具体到网络服务商过错形态的判断，也应当以法律义务作为出发点。关于网络服务商的主观状态，我国法律文件并没有使用“故意”“过失”的过错形态加以描述，而是通过认知状态判断其内在心理，并且不同法律文件用词表述不一。《民法典》第 1197 条采用的是“知道”标准，即使用“知道”与“应当知道”描述网络服务商的认知状态。《信息网络传播权保护条例》第 22 条、第 23 条则采用了“明知”“应知”的说法。全国人大常委会法制工作委员会在解读《侵权责任法》（已失效）的相关著述中，曾将“知道”解释为“明知”和“应知”两种主观状态，即“要求网络服务提供者在过错而不仅在故意的情形下承担侵权责任”。[3] 由此我们可以得出，虽然具体用词不同，但以上表达具有相

[1] 王利明主编：《民法典·侵权责任法研究》，人民法院出版社 2003 年版，第 12 页。

[2] 梁慧星：《中国民法典草案建议稿附理由——侵权行为编·继承编》，法律出版社 2004 年版，第 305 页。

[3] 吴汉东：《侵权责任法视野下的网络侵权责任解析》，载《法商研究》2010 年第 6 期。

同的内涵，“知道”与“明知”，“应当知道”与“应知”是两相对应的表述。但是明知与应知属于认知状态而非过错形态，不具有可归责性。结合前述分析，网络服务商实施教唆、帮助、引诱等间接侵权行为的可责难性源于其对法律义务的违反，具有主观上的过错。因此，只有在明知或者应知的情况下，行为人没有履行应尽的义务，才构成过错，才须承担侵权责任。

法律义务与主观过错之间存在对应关系。主观过错的性质取决于法律义务的性质，主观过错的程度随着义务强度的增加而加深。具体来说，违反一般注意义务导致一般过失的产生，违反较高程度的注意义务导致重大过失的产生，违反法律强制性规范或者社会生活的基本原则所要求的义务则导致故意的产生。[1] 网络服务商间接侵权责任认定中最为复杂、最具争议的环节是主观过错的认定，上述结论对于纾解这一难题具有积极意义。

二、法律义务与侵权责任之间的引起关系

民事权利、民事义务与民事责任是构成民事法律关系的核心要素。民事权利是法律赋予人们实现其利益的一种力量，民事义务与民事权利相对应，是法律施加于当事人作为或者不作为之拘束。[2] 当行为人违反法律义务以致他人权利受到损害时，则将产生民事责任。对于特定义务的违反，在形式上表现为积极作为与消极不作为两种形式。前者是指行为人以积极的行为活动实施侵犯他人人身和财产权利或者权益的行为；后者则是指行为人虽未积极实施加害行为，但对其所负的法律义务拒绝履行或者不完全履行。无论是哪一种形式，都构成对法律义务的违反，应当承担相应的法律责任。换言之，法律责任的产生源于

---

〔1〕 于波：《网络中介服务商知识产权法律义务研究》，华东政法大学 2013 年博士学位论文，第 41 页。

〔2〕 梁慧星：《民法总论》（第五版），法律出版社 2017 年版，第 71 页。

对特定义务的违反。具体到网络服务商而言，追究其法律责任同样可以从上述两个角度加以分析：一是从积极作为方面看，考察网络服务商是否违反了法律禁止性义务，是否积极地实施了加害行为，是否对知识产权人的专有权利造成损害。对于网络服务商在提供服务中以积极作为的方式侵犯他人权利的行为，立法者与裁判者均认为应当承担侵权责任。例如，立法上明确排除了网络内容提供商对"通知—移除"规则的适用。二是从消极不作为方面看，考察网络服务商是否全面履行了法律义务。当平台用户实施知识产权侵权行为时，网络服务商对该行为的发生未尽到法定注意义务或者未能及时采取措施防止损害进一步扩大的，应当认定存在主观上的过错，而要求其与直接侵权人承担共同侵权责任。换言之，即使网络服务商并未直接实施侵权行为，但是基于网络服务的特殊性，其在完全具备履行能力的情况下却未全面履行法律义务，对于用户行为造成的损害仍然需要承担法律责任。由此可见，法律义务与法律责任之间存在引起与被引起的关系或者说直接的因果关系，违反法律义务是承担法律责任的原因，承担法律责任是违反法律义务的结果。

法律义务包括实体性义务与程序性义务，根据《布莱克法律大词典》，一般来说，确立自然人之间或法人之间的权利、义务与责任的法律在性质上属于"实体法"，[1]由此可知，对于实体性义务的违反将直接导致实体法上的责任。所谓程序性义务，则是指"依据法律规定，特定主体为实现目的而对时间、步骤、形式、过程等进行安排，并以作为或不作为的方式保障程序活动良性运行的一种约束手段"[2]。质言之，在判定特定主体是否全面履行程序性义务之时，仅需考虑程序活动是否得以良性运行，而不考虑实体性权利的状态。同时，对于程序性义务

---

〔1〕 C. Suzanne Ball, *Re Leeming: Is a Statutory Provision for Adjudication a Substantive or Procedural Right?*, University of New Brunswick Law Journal, p. 272(1982).

〔2〕 路秀娜：《论法律程序义务》，湖南师范大学 2008 年硕士学位论文。

的违反不会直接触发实体法上的责任机制，义务主体不履行程序性义务最终是否需要承担实体法上的侵权责任，仍应置于传统的认定侵权行为的一般框架下，结合其他要件综合考量。

“通知—移除”规则实质上是基于实用主义原则创设的一套程序性规则，网络服务商对于权利人发送的“通知”以及平台用户发送的“反通知”仅需进行程序性的、形式上的审查，而无须对其是否构成侵权进行实质判断。这是因为，一方面，“通知”与“反通知”仅要求当事人向网络服务商提供“初步证据”，仅凭此判断行为是否构成侵权难谓公平公正，而网络服务商也很难把握自己的责任范围，这与“通知—移除”规则创设之目的——明晰平台版权保护责任，促进互联网产业发展——完全相悖。另一方面，要求网络服务商进行实质审查，无疑是将其置于“裁判者”的地位，使其取代司法机关判断侵权是否成立，由于缺乏可靠的内外部约束，很可能导致严重的利益“寻租”问题，既不利于知识产权保护，也不利于平台用户的权利救济。因此，“通知—移除”规则中的移除义务仅仅是一项程序性义务，网络服务商只需承担保障程序良性运行的义务，即只要在接到权利人的适格通知后及时采取移除程序，那么无论平台用户未经许可利用知识产品的行为最终是否成立侵权，网络服务商都无须承担损害赔偿责任。反过来说，如果网络服务商在执行移除程序中存在问题（如未在法定时间内移除相关链接、未移除全部侵权链接），那么一旦平台用户的直接侵权行为成立，网络服务商就应当对损害扩大部分与侵权人承担连带责任。

由于对“通知—移除”规则属于程序性规则这一法律性质的认识存在偏差，学界与实务界关于该规则的探讨存在明显误区。比如，网络服务商行为人因违反移除义务可能会导致其承担实体法上的侵权责任，有学者就此认定“通知—移除”规则是一套确定侵权责任的归责原则。[1] 对此，首先应当明确的是，“通知—移除”规则引发的实体责任只是一种可能性，而非必然性。“通知—移除”规则作为一项程序性规则，对于移除义务的违反并不会直接引发实体责任，这套规则的核心价值在于帮助裁判者判别网络服务商的主观过错，即裁判者通过审视评价违反移除义务这一客观行为，进而认定网络服务商对于侵权行为的发生在主观上存在过错。在此基础上，遵循传统侵权责任认定的基本逻辑，最终确定网络服务商是否需要与直接侵权人承担连带侵权责任。因此，“通知—移除”规则并非归责原则，它不会直接触发责任机制。在进入“通知—移除”程序之前，网络服务商对于平台用户的侵权行为无须承担连带责任；进入“通知—移除”程序后，间接侵权或者共同侵权的成立仍然以直接侵权行为成立为前提；当直接侵权不成立时，即使网络服务商未能及时履行移除义务，也不会导致实体法上的侵权责任；只有当平台用户的行为构成直接侵权时，网络服务商才会因为违反移除义务而被认为存在主观过错，需承担连带侵权责任。

其次，“通知—移除”规则不仅是一项程序性规则，更是一项免责条款。正如前述分析，对于一般的知识产权侵权行为，我国立法采用的是无过错归责原则，在《著作权法》《专利法》《商标法》明确规定了知识产权人的权利内容，未经权利人许可而实施的行为落入专有权控制的范围，且无法定抗辩事由时即成立侵权。根据《民法典》第 1194 条之规定，网络用户以及网络服务提供者应当对其通过网络实施侵害他人民事权益的行为承担侵权责任，而不论行为人是否具有主观过错。由此可得，认定知识产权侵权责任的基本逻辑为，未经权利人许可实施受专有权利控制的行为即构成侵权，行为人应就其所实施的行为承担相

〔1〕 杨立新：《电子商务交易领域的知识产权侵权责任规则》，载《现代法学》2019 年第 2 期。

应的侵权责任,而不考虑是否存在过错。换言之,在传统侵权认定的框架中,主观过错并非认定知识产权侵权的构成要件。

但是考虑到互联网发展之初的网络侵权状况、过滤审查技术发展情况以及促进网络服务商与权利人合作的现实需求,《数字千禧年版权法》创立了避风港规则。《数字千禧年版权法》的立法报告指出,避风港规则并非用于规定网络服务商是否应当为其违反责任豁免条件而承担侵权责任,恰恰相反,只有当网络服务商已经成立知识产权侵权的前提下,避风港规则才会发挥作用。[1] 欧盟《电子商务指令》前言部分在提及避风港规则时,同样将其称为网络服务商的"责任豁免"(Exemption from Liability)或"责任限制"(Limitation of Liability)。[2] 避风港规则是网络服务商的免责条款这一法律性质受到国际社会的广泛认可。所谓免责条款,是指当网络服务商按照法律规定履行了"通知—移除"的程序性义务后,并且不存在其他侵权行为的情况下,可以免于与平台用户承担共同侵权责任(主要是损害赔偿责任)。反过来说,避风港规则并非超越知识产权侵权认定的基本逻辑,另辟蹊径创立新的归责路径,而是在原有框架内针对网络服务提供者这一主体作出的特别规定。

最后,不能因网络服务商未全面履行移除义务而被要求承担侵权责任,就将"通知—移除"规则界定为一套归责原则。因为只要网络服务商执行了"通知—移除"程序,就无须承担实体法上的侵权责任。根据《民法典》第 1195 条、第 1197 条之规定,当平台用户的行为构成知识产权直接侵权时,其承担的是未经许可即侵权的无过错责任。而此时,

---

〔1〕 刘家瑞:《论我国网络服务商的避风港规则——兼评"十一大唱片公司诉雅虎案"》,载《知识产权》2009 年第 2 期。

〔2〕 Directive 2000/31/EC of the European Parliament and of the Council of 8 June 2000 on certain legal aspects of information society services, in particular electronic commerce, in the Internal Market.

网络服务商的责任承担则以存在过错为前提，只要其按照法律规定采取了必要措施，就无须承担侵权责任。即使在未及时采取必要措施的情况下，网络服务商也仅仅是就损害的扩大部分与该网络用户承担连带责任。"通知—移除"规则的常态是网络服务商无须承担侵权责任，只有在网络服务商违反"通知—移除"规则项下的法律义务这一特定情形下才产生侵权责任，所以将"通知—移除"规则理解为一项归责原则具有一定的局限性，且不符合立法的意图。借助于"通知—移除"之程序，免除或者减轻网络服务商的侵权责任才是正确的解读。

总而言之，法律义务与法律责任之间存在引起与被引起的关系。违反实体性义务将直接导致实体法上的责任，而不履行程序性义务，在符合侵权构成要件时，同样会引发实体责任。"通知—移除"规则作为一项程序性义务，其核心价值在于帮助判别网络服务商的过错。在网络服务商违反这一程序性义务的基础上，裁判者根据知识产权侵权认定的一般逻辑对其帮助或教唆行为进行法律分析，最终确定其是否需要承担侵权责任。同时，正如上文所述，法律义务的性质决定着过错的性质，而不同的过错程度影响着最终法律责任的承担。因此，分析法律义务在侵权认定中的价值与作用，是从义务角度探讨网络服务商知识产权侵权责任的重要基础。

三、技术发展与过错判定之间的动态联系

大数据、云计算、内容识别、算法推荐等技术已然成为拖拽式营销商业模式的重要支撑，网络服务商对于信息传输的监管与控制能力与曾经相比已不可同日而语。与此同时，技术的发展也使对于网络服务商主观过错的判断更加具有争议性与挑战性，主要的问题呈现为：技术手段与网络服务商主观过错是何关系？经过技术干预而推送的信息中含有侵权内容是否构成网络服务商的明知或者应知？对于上述问题的回答，直接关系到是否需要提升网络服务商的注意义务，要求其承担更

高程度的审查义务,或者是否可以将事前审查措施纳入必要措施的范畴。

(一)比例原则:法律义务应与网络服务商信息管理能力相适配

知识产权保护制度的萌芽发轫、确立发展、形成体系、改革创新都与科学技术关系密切。姑且不论作为工业产权的专利权、商标权,即使是著作权保护制度的设计也与技术的产业应用息息相关。正如美国学者戈斯汀所言:“著作权一开始就是技术之子。在印刷机之前,并无任何著作权保护的必要……但是在今天,这些非常相似的技术,挟互联网之力,正在考验着著作权调整信息与娱乐产品市场的能力。”[1]避风港规则的创立很好地印证了这一点。避风港规则在提出之时即考虑到不同类型的网络服务提供者在网络服务链中的不同序位,处于基础设施层、中间平台层和软件应用层的网络服务商为信息传输与内容分享提供不同的技术支持,对信息的管理与控制能力也大相径庭,其所应承担的法律义务也就不尽相同。正是出于技术对于信息管理能力具有重要影响的考量,《数字千禧年版权法》才特别针对网络接入提供者、系统缓存提供者、信息存储空间提供者、搜索链接提供者此四类服务商创设了免责条款。与此同时,《数字千禧年版权法》进一步限制了作为避风港规则核心机制的“通知—移除”规则的适用范围,该规则仅仅作为后三类网络服务商的免责条件,而对于纯粹提供接入服务的网络服务商完全免责。近些年来,大数据、人工智能算法、过滤审查等技术发展突飞猛进,并且与网络服务产业深度融合,各大网络服务商对于平台信息监督与管理的能力以及预防与发现侵权的能力也都大大提升,这自然也包括前述四类特殊网络服务主体。技术上的新发展、产业上的新变化为塑造新的法律标准提供新的可能性与机会,最起码提供了一个重

---

〔1〕[美]保罗·戈斯汀:《著作权之道:从谷登堡到数字点播机》,金海军译,北京大学出版社2008年版,第22页。

新进行利益衡量和法律界限取舍的机会。[1] 经过利益衡量，如果认为无须对现有的法律权利义务安排改弦易辙的，则可以将因技术发展引发的新问题纳入原有制度框架下进行规制；如果认为需要改变的，则要针对新问题的特性，对当前的制度规制作出"破"与"立"的调整，寻求新思路、新路径。算法技术的发展降低了网络平台风险预防措施的成本，为发挥侵权法的预防功能，立法者对网络服务提供者注意义务的界定有必要作出与算法技术发展相适应的调整。

避风港规则是有条件的责任限制条款，即只有在网络服务商尽到法律要求的注意义务时，才可得以免于承担侵权责任。对于是否尽到注意义务的判断，最初主要依赖于网络服务商是否执行了"通知—移除"程序，即当权利人发送合格通知后，网络服务商是否及时采取移除措施避免侵权状态持续存在，如未采取移除措施，则说明其未尽到注意义务，存在主观过错。2006 年《信息网络传播权保护条例》（已被修订）第 22 条、第 23 条即规定，信息存储空间提供者、搜索链接提供者在收到权利人的通知书后，依法删除被控侵权的作品、表演、录音录像制品或者相关链接的，不承担赔偿责任。2010 年生效的《侵权责任法》（已失效）沿袭了《信息网络传播权保护条例》的做法，该法第 36 条第 2 款规定，网络服务提供者接到权利人通知后应当及时采取必要措施，否则要就损害扩大部分与该网络用户承担连带责任。虽然此处使用了"必要措施"这一表述，但是法条中所列举的必要措施仍然局限于"删除、屏蔽、断开链接"。在此基础上，该条第 3 款规定，"网络服务提供者知道网络用户利用其网络服务侵害他人民事权益，未采取必要措施的，与该网络用户承担连带责任。"但是在实践中，能够认定为主观上"知道"的，除了权利人通知以外，实在少有。因此，虽然法律表面上对网络服务商适用避风港规则作出了新的限制，但在实践中并无明显的约束力。

[1] 孔祥俊：《著作权立法与司法的产业利益之维》，载《社会科学辑刊》2021 年第 6 期。

正如互联网企业家李开复先生所言:"人工智能浪潮带来了全新的、由人工智能驱动的互联网企业。人工智能算法在互联网行业被普遍应用,网络服务商使用自然语言处理和计算机视觉技术……根据用户的以往行为,如点击、阅读、浏览、评论等,针对每个用户的兴趣、喜好和习惯高度定制动态推送。更甚者,可以对标题进行修改,以吸引用户点击。用户点击量越多,就越有助于平台掌握用户偏好,从而推荐更具个性化的内容。这个良性循环,创造了互联网上最诱人的内容平台。"[1]但是,如果这种算法推荐对于作品的正当性来源不加以监控,则很容易成为传播侵权作品或者违法信息的"帮凶",从而落入知识产权侵权的恶性循环中。如美国出现的算法推荐服务提供者侵犯著作权的戴维斯诉缤趣公司案,在该案中,被告缤趣公司网络平台通过机器学习算法为用户自动生成包含各种推荐图片的主页,原告戴维斯认为被告在其可获利的投放的广告图片周围向网络用户展示和传播原告的作品并以此获益的行为侵犯了原告的著作权。[2] 网络服务商的商业模式不断更迭、技术应用与网络服务不断交融,平台的信息管理能力不断增强,一方面,执行"通知—移除"程序与否已经不足以准确地描述网络服务商是否履行了注意义务、主观上是否存在过错;另一方面,通常以不作为形式存在的注意义务在一定程度上已经与网络服务商的信息管理能力相脱节,难以为网络治理体系改革升级提供必要的激励。这提醒着立法者:法律义务并不是始终不变的,法律义务的程度应当与时俱进,要随着产业与技术的发展而不断变化、调整。算法技术的发展降低了网络平台风险预防措施的成本,立法者对网络服务商注意义务的

---

〔1〕 李开复:《AI · 未来》,浙江人民出版社 2018 年版,第 134 页。

〔2〕 See Davis v. Pinterest, Inc., 19 - CV - 07650 - HSG, 2022 WL 1316566 (N. D. Cal. May 3, 2022).

界定有必要作出与算法技术发展相适应的调整。[1] 相应地，网络服务商所承担的法律义务应当随着平台信息管理能力的提升而同步提升。

欧盟数字化单一市场战略开启了一个网络知识产权保护的新方向，即通过算法来执行旨在防止非法内容传播的法律与规则。[2] 尽管《版权指令》声明坚持贯彻《电子商务指令》的理念，禁止对网络服务商施加一般性审查义务，新修条文也不会影响避风港规则的适用，但在实质上规定了网络服务商"过滤义务"，要求其尽到行业最高标准的勤勉，确保未经授权的特定作品不会在平台内再次出现。《版权指令》前言指出，在评估网络服务商是否尽到行业最高标准的勤勉时，应当考虑最佳行业惯例和根据所有相关因素和发展情况采取的步骤的有效性，以及比例原则，可以纳入考量的相关因素包括服务规模、现有技术发展情况以及未来发展趋势、运营成本等。欧盟之所以完善网络服务商的责任制度，是因为纯粹的信息存储空间提供者与搜索链接提供者仅仅提供技术支撑，而不干预内容传播，其很难知晓用户上传的内容是否拥有合法授权。因此，对其适用"通知—移除"规则，仅要求其在收到权利人侵权通知时承担移除链接的程序性义务是与之信息管理能力相匹配的。然而，一旦网络服务商使用算法技术对用户上传的内容进行筛选、整理或推荐，那么它就不再是被动的技术提供者，而成为主动的内容分发者。在此情况下，如果立法仍然机械地固守"通知—移除"规则判断网络服务商是否尽到勤勉义务，很显然与其信息管理能力不相符，不利于发挥其在网络知识产权保护中的积极作用。算法程序是由平台方撰写的，反映着网络服务商的意志，尽管算法在运行过程中可能会产

---

〔1〕 张吉豫、汪赛飞：《数字向善原则下算法推荐服务提供者的著作权注意义务》，载《知识产权》2022年第11期。

〔2〕 Montagnani Maria Lilla, *Virtues and Perils of Algorithmic Enforcement and Content Regulation in the EU—A Toolkit for a Balanced Algorithmic Copyright Enforcement*, *Case Western Reserve Journal of Law*, Technology and the Internet, p. 3 (2020).

生“黑箱问题”,[1]但是算法产生的结果仍然在网络服务商可控和可预见的范围内,其有义务确保算法的合规性。同时,根据责任自负基本原则,网络服务商应当对积极推送内容的在先行为承担责任,因此,要求其采取措施预防算法推送可能引发的侵权风险是必要的,也是合理的。

在我国,要求加重网络服务商信息监管义务的呼声也越来越高。小程序、云服务器等新型网络服务的出现,突破了《信息网络传播权保护条例》所列举的网络服务类型,“通知—移除”规则显得力所不逮。因此,有学者提出以“知道—必要措施”规则替代“通知—移除”规则作为判断网络服务商过错的辅助工具。2021 年 1 月 1 日起施行的《民法典》以民法领域基本法的形式对此作出了回应,明确了“知道 - 必要措施”规则。《民法典》第 1197 条在原《侵权责任法》的基础上增加了“应当知道”这一网络服务商的主观认知状态。如此一来,广义上的“知道”既包括因权利人发送侵权通知而产生的被动认识,也包括网络服务商基于自身的信息管理能力对平台内侵权行为的自我审视。被动知道的判断较为简单,只要权利人发送了适格通知,即可认为网络服务商对该侵权行为的存在在主观上是明知的。然而,对于主动知道的判断则需结合网络服务商的信息管理能力进行考量。随着实践的发展,对于“必要措施”的解释也不再局限于《信息网络传播权保护条例》中的“删除、屏蔽、断开链接”措施。在腾讯诉抖音侵犯《扫黑风暴》电视剧信息网络传播权案中,针对腾讯方提出的诉中禁令申请,抖音方主动向法院提交了承诺函,承诺针对《扫黑风暴》电视剧抖音平台将进一步加强对用户上传内容的版权管理,包括使用关键词等技术进行主动事前、事后筛查;对权利人依法提出并明确提供涉嫌侵权链接的投诉进行及时处理;结合用户被投诉情况,对多次上传涉嫌侵权内容的用户采取删

[1] 算法黑箱是指算法运行到某个阶段涉及复杂技术,难以进行人为干预,具有较强不可控性的情况。

除涉嫌侵权内容、封禁投稿、永久封禁等措施。法院认为被申请人抖音公司所承诺的义务高于信息存储空间服务提供者所必须承担的“通知—移除”义务，展现了主动作为、履行平台责任的诚意，据此驳回了腾讯公司的禁令申请。[1] 由此可见，“必要措施”的内涵正在不断得到丰富，向被指侵权人转送权利人的通知，对于重复侵权人暂停提供网络服务或者永久封禁，[2]利用技术对内容进行事前、事后审查等都可以被纳入其中。

关于注意义务的履行，我国法院在司法裁判中也作出了新突破，达成共识的是在新技术背景下，网络服务商应当承担与之技术能力相匹配的、更高程度的内容监管义务。在仇东平与北京广而告之网讯传媒有限公司（以下简称网讯公司）侵害作品信息网络传播权纠纷案中，[3]被告网讯公司辩称自己仅提供信息存储空间服务，不存在任何过错，因此不应承担侵权责任，但法院认为其利用云端技术，通过连接算法，描绘用户画像，从而实现对平台文章的聚合、筛选与推送，理应承担更加严格的注意义务。虽然法院并未解释“更加严格的注意义务”的内涵，但是“更加严格”这一用词已经充分说明法院意识到技术能力影响着网络服务商所承担的法律义务的程度。

在上海宽娱数码科技有限公司（以下简称宽娱公司）与星光联盟影业无锡有限公司侵害作品信息网络传播权纠纷案中，[4]法院则对算法推送平台应当尽到何种程度的内容监管义务作出了说明。法院首先指出，网络服务商所采取的风险防范措施应当与其经营模式所容易引发的侵权风险相匹配，特别是对于经过计算机程序进行算法选择后即

---

〔1〕 参见北京知识产权法院民事裁定书，(2021)京73号民初1016号。

〔2〕 王迁：《“通知与移除”规则的界限》，载《中国版权》2019年第4期。

〔3〕 参见广东省深圳市罗湖区人民法院民事判决书，(2019)粤0303民初32564－32574号。

〔4〕 参见上海知识产权法院民事判决书，(2016)沪73民终300号。

推送至热门榜单上的作品内容,网络服务商应当积极采取预防侵权的合理措施。原审被告、上诉人宽娱公司并未提供证据证明其采取了与自身信息管理能力相匹配的技术措施以防范网络用户上传侵权视频,因此其以避风港规则作为抗辩理由并未被法院采信。作为以提供网络视频播放为主营业务的网络服务提供商,宽娱公司所提供的网络服务属于知识产权侵权高发领域,其应当具备与自身服务内容相适配的信息管理能力,并积极采取相应的防止侵权的措施。此外,宽娱公司承认该电影热门榜单是根据算法技术生成排行的,这说明其事实上已经具备了相应的信息管理能力。最终,法院认为宽娱公司事实上具有发现疑似侵权作品的能力,但仅仅采取了人工审核与设置投诉通道等措施,尚不足以预防侵权的发生,未尽到合理的注意义务,主观上存在过错,构成帮助侵权行为。虽然判决中使用的是"合理的注意义务"一词,但是很显然,法院认为宽娱公司应当积极主动地采取相应措施监测、控制网络用户上传的视频,并采取必要措施预防侵权行为的发生,这一要求已经超出了当前"注意义务"的内涵,实际上属于更高程度的审查义务的范畴。对于"必要措施"的解释,在"阿里云服务器"案中,法院指出,我国对于"必要性措施"采取的是开放性规定,必要措施的确定应当遵循审慎、合理的原则,综合考虑"所侵害权利的性质、侵权的具体情形和网络服务提供者的技术条件、能力"等因素。[1]

知识产权制度设计始终与技术创新、产业发展交织交融,也只有立足于产业发展的现实,知识产权制度才能实现利益平衡的终极目标,才会绽放出真正的魅力。科学技术不断创新发展、网络商业模式不断推陈出新,制度设计也应当与时俱进,反映和适应产业发展新趋势。站在新的发展阶段,要重寻知识产权人、社会公众与网络服务商之间的利益平衡点,必须对原有的权利义务安排作出符合产业发展趋势和规律的

[1] 参见北京知识产权法院民事判决书,(2017)京73民终1194号。

调整，关注法律义务的层次性，确保网络服务商预防风险和制止侵权的法律义务与其自身信息管理能力以及经营成本始终处于一种相适应的、必要的、均衡的状态中。[1]

（二）治理原则：将技术能力纳入主观过错的判定标准之中

1. 技术手段与网络服务商主观过错认定的关系

存在过错是网络服务商成立间接侵权或者共同侵权必不可少的构成要件，而过错的判断须同时考察行为人的主观认知与客观行为，即主观上网络服务商明知或者应知平台内存在侵犯知识产权的行为，客观上其未及时采取合理的、适当的必要措施，未充分履行注意义务。行为人的主观认知状态难以直接探寻，借助注意义务这一制度工具能够有效实现主观过错判断的客观化。

有学者提出“注意义务 = 服务类型 × 行为类型 × 权利客体”这一公式，用以帮助界定网络服务商的注意义务。根据网络服务商对内容的识别与控制能力，可以将网络服务分为基础网络服务、信息定位服务、信息存储空间服务以及开放平台服务四大类，该四大网络服务对于内容的管控能力依次增加，相应的注意义务也应逐级递增。影响网络服务商注意义务的因素还包括行为类型，具体需要考察网络服务商是否从侵权行为中直接获得经济利益，是否实施了设置榜单，对内容进行选择、编辑、修改、推荐以及关键词销售等主动推介行为。此外，还需区分被侵害的权利客体类型，根据著作权、专利权、商标权不同的侵权特征，需要为网络服务商设定不同程度的注意义务。[2] 这一公式总结立法者设置注意义务时应当考量的各种因素，但是未能充分显现出技术因素在其中的作用。实际上，无论是对内容的识别与控制能力还是主

---

〔1〕 徐俊：《产业视角下短视频平台版权侵权判定中的注意义务研究》，载《知识产权》2021 年第 9 期。

〔2〕 司晓：《网络服务提供者知识产权注意义务的设定》，载《法律科学（西北政法大学学报）》2018 年第 1 期。

动对内容进行推介，这背后都源于技术的应用。因此，将技术水平这一影响因子从中抽离出来，作为分析网络服务商过错的独立因素，实属必要。

我国立法与司法实践也同样关注到技术因素在网络服务商侵权认定中的作用。《信息网络传播权保护条例》规定了网络服务商存在过错时的两种主观认知状态，即“明知”和“应知”。“明知”是指网络服务商“明确知晓”平台用户可能实施了具体侵权行为，比如权利人向网络服务商发送适格通知告知侵权行为的存在；“应知”则是基于网络服务商的信息管理能力，在应然层面其“应当知晓”平台内存在某些可能侵权的行为，比如“红旗规则”项下的内容即属于网络服务商“应知”的范畴。值得注意的是，此处网络服务商“明知”与“应知”的内容皆为存在侵权行为的可能性，因为网络服务商并非裁判者，无权判定某一行为是否构成侵权。

根据现有制度安排和司法审判经验，判断“明知”的路径较为清晰，权利人发送了适格通知即可认为网络服务商对侵权行为的存在是“明确知晓”的。[1] 然而，对于“应知”的判断标准却是较为模糊的。2012 年，最高人民法院出台《关于审理侵害信息网络传播权民事纠纷案件适用法律若干问题的规定》（已被修改），其中，第 8 条明确否定了网络服务商的一般性审查义务，但在此基础上，第 9 条通过罗列认定“应知”状态的考量因素，事实上提高了网络服务商的注意义务，同时暗含了要求其在特定情况下进行主动审查的意涵。第 9 条提及的考量因素可概括为网络服务商的信息管理能力、作品自身情况、是否进行技术干预、是否采取预防措施等。同年，北京市高级人民法院在发布的

---

〔1〕《最高人民法院关于审理侵害信息网络传播权民事纠纷案件适用法律若干问题的规定》（2020 年修正）第 13 条规定：“网络服务提供者接到权利人以书信、传真、电子邮件等方式提交的通知及构成侵权的初步证据，未及时根据初步证据和服务类型采取必要措施的，人民法院应当认定其明知相关侵害信息网络传播权行为。”

《关于视频分享著作权纠纷案件的审理指南》中也提出要综合考量网络服务提供者的服务模式、技术干预程度等因素进行过错判断，并根据是否存在过错来决定网络服务提供者需承担的责任类型。这些法律文件都为法院在审理案件过程中如何认定“应知”提供了思路。

总结分析已有判决对“应知”的认定，可以将“应知”行为类型化为“积极行为”和“消极行为”两种。所谓“积极行为”，是指网络服务商主动干预内容分发，比如对用户上传的内容进行选择、整理、编辑或者推荐；所谓“消极行为”，则是指网络服务商违反或者未能充分履行注意义务，主要表现为所采取的“必要措施”与其信息管理能力不相匹配。〔1〕不难发现，立法者与司法者都十分关注技术因素在判断行为人主观认知状态中的作用。之所以强调技术发展对于网络服务商主观过错认定的影响，乃是因为要对用户上传内容进行积极干预离不开技术的支持，技术手段延展了网络服务商对于内容的识别与控制能力。与此同时，如果法律义务的认定与网络服务商的信息管理能力相脱节，会不适当地限缩或者扩大法律义务的范围，有悖于权利义务相一致原则，最终将导致知识产权人、网络服务商、网络用户之间的利益失衡。

2. 技术手段与“应知”中积极行为的认定

如果网络服务商利用技术工具对内容进行了主动推荐，应当认定构成积极行为层面的“应知”。最高人民法院《关于审理侵害信息网络传播权民事纠纷案件适用法律若干问题的规定》（2020 年）第 9 条第 3 项、第 10 条对积极行为进行了列举，包括“选择、编辑、修改、推荐”“设置榜单、目录、索引、描述性段落、内容简介”，在网络服务商进行这些操作时，必然会接触到内容，并且在实质上干预了内容的分发，此类行为的本质特征是通过网络面向公众传播作品。

〔1〕熊琦：《“算法推送”与网络服务提供者共同侵权认定规则》，载《中国应用法学》2020 年第 4 期。

有部分学者指出，利用技术手段（最典型的是算法推送）向平台用户进行内容推荐的行为不同于前述司法解释列举的行为，经过技术干预而推送的信息中含有侵权内容不能构成网络服务商的“应知”，主要理由有二：一是“技术是中立”的，平台向用户推送的内容是机器自动执行的结果，不存在人为干预。算法仅仅是按照既定的客观标准或者深度学习的能力，根据用户的行为习惯总结出其内容偏好，搭建用户模型，为其定向推送。同时，被纳入算法的标准是客观可量化的，程序一经设定便进入自动运行阶段，无须也不可能再受到人为干预，算法向平台用户推荐何种内容依旧取决于用户自身。因此，算法推荐具有中立性与无价值性。〔1〕 二是司法解释所列举的积极行为是面向不特定公众的，通过算法进行的定向推送不属于“向公众传播行为”。算法推送的本质是“个性化推荐”，每个平台用户收获的推送内容都是不一样的，并且不会向特定用户以外的第三人主动公开，第三人只能获得算法根据行为标签为其匹配的差异化内容。而司法解释所列举的积极行为是针对所有平台用户的、公开推送统一化内容的行为。因此，基于算法推荐的个性化和私密性特征，其无法被纳入其中，也就不能归于积极行为层面的“应知”。〔2〕

这一观点实际上混淆了技术中立与技术应用中立，以形而上学的思维，用孤立的、静止的、片面的视角去看待算法技术的产业应用。不可否认，技术本身具有中立性，然而当人们将其投入产业应用时，技术将不可避免地服务于帮助实现使用者的目的。以算法技术为例，算法程序是由程序员根据企业的需要编写的，程序编写的过程也是企业价值观输出的过程，程序的运作基于设计者内置的数据参数，而这些参数是带有个人倾向的。概言之，算法程序体现了设计者取舍与价值选择。

---

〔1〕 刘文杰：《算法推荐新闻的法律透视》，载《新闻记者》2019 年第 2 期。

〔2〕 熊琦：《“算法推送”与网络服务提供者共同侵权认定规则》，载《中国应用法学》2020 年第 4 期。

哈佛大学计算机科学教授拉坦尼亚·斯威尼(Latanya Sweeney)的研究表明,在谷歌搜索引擎中输入“听起来像黑人的名字”时,网页所推送的内容中提到逮捕或者犯罪等信息的比例明显高于输入“听起来像白人的姓名”时。根据点击频数的变化,算法将分析出用户的广告偏好,并调整分配权重,最终获得点击次数最多的一类广告将会频繁地出现在该用户的搜索界面中。学者据此认为,“谷歌的广告推送服务是放置在一个有偏见的社会面前的一面镜子。”[1]算法推送的内容是用户自由选择的结果,技术应用者对此无须负责。笔者认为,这一想法过于片面,虽然算法是基于用户行为习惯对其进行定向推送,但是算法应用的最终目的是增加用户黏性,获得更大的商业利益,并且推送行为在客观上增加了带有歧视性内容的传播,如果允许豁免使用者的全部责任,这与权利义务相一致原则相悖。

回到网络服务商的算法应用中来,对于用户上传的内容,平台通常会进行内容识别,主要是对内容是否涉及反动、色情、暴力等信息以及是否明显侵犯他人知识产权进行审核和初判,并根据上述结论对其进行分类贴标,最后将经过筛选和标签化的内容根据用户的兴趣爱好和观看习惯进行定向推送。[2]与纯粹的提供信息存储和搜索链接服务相比,这种利用大数据勾画用户画像,对信息内容标签化,最终通过算法对比来匹配用户和内容的特征,并向用户推送个性化内容的行为,是网络服务商一种主动和有选择性的行为,它们并不面向所有用户提供平等的选择。[3]虽然推送的结果是机器根据大数据分析得出的,但实际上算法只是平台实现个性化内容定制服务的工具。算法模型与推送标准体现着设计者的意志,网络服务商决定着推送的内容与推送的对

---

〔1〕 Jules Polonetsky, *Taming The Golem*: *Challenges of Ethical Algorithmic Decision - Making*, North Carolina Journal of Law & Technology, p. 130(2018).

〔2〕 胡荟集:《短视频侵权与平台责任再思考》,载《出版参考》2019年第3期。

〔3〕 Michal Lavi, *Do Platforms Kill*, Harvard Journal of Law & Public Policy, p. 502(2020).

象，通过技术参数和阈值设置，网络服务商能够很容易地评估和调整推送的结果，并借此来改善用户体验、增强用户黏性，谋求更大的商业利益。算法技术与网络服务相融合使原先作为“信息管道”的网络服务商所提供的中介服务不再纯粹。狭义网络服务商的实质性内涵是仅提供服务，不提供内容，而平台通过数理分析并积极推送内容的行为，实际上是借由算法技术提供个性化内容定制服务的行为。因此，不能继续简单将其看作网络中介服务提供者，而应当认定为内容分发平台，要求其承担更高层次的法律义务。

认为基于算法进行的定向推送不属于“向公众传播行为”的理由同样是站不住脚的。算法推送的本质是面向用户提供个性化内容定制服务，根据用户的兴趣偏好进行精准投送，其仅仅改变了传统的信息分发投送方式，但本质上仍然属于信息网络传播行为。根据最高人民法院《关于审理著作权民事纠纷案件适用法律若干问题的解释》第 9 条之规定，“公之于众”是指将作品向不特定的人公开，但不以公众知晓为构成条件。虽然平台根据算法分析结果进行定向内容推送时的目标受众是特定的，但是随着用户行为习惯、兴趣偏好的改变，算法推送的内容也会作出相应调整。从整体的、发展的、动态的视角来看，只要具有相同兴趣偏好和行为习惯的群体都有可能接收到相同的内容，只不过在以往的传播模式下，所有受众都在同一时间接收到该相同信息，而今变为某一类受众在不同时间接触到该信息，但这并不改变其信息网络传播行为的本质，因为受众的范围是处于动态变化中的，仍然属于“不特定的人”的范畴。

由此可见，以“技术中立”和“不属于向公众传播行为”为理由，完全否定网络服务商利用算法进行个性化推荐的行为构成积极层面的“应知”是没有道理的。应当承认，算法推荐具有一定的局限性，如无法辨别合理使用等特殊情况的存在。因此，不能“一刀切”地认为只要采用了算法推荐技术，就构成法律意义上的“推荐”，认定网络服务商对于侵权事实的存在是“应知”的。但同时,不能否认网络服务商利用算法技术进行主动选择及推荐行为完全有可能进入“应知”的范畴,因为算法技术的应用使其对于内容的识别与控制能力明显增强。故而,如果网络服务商利用算法技术对用户上传内容进行了选择、编辑、推荐等积极干预行为时,则可能被认为“应知”,构成主观过错,可以要求其承担侵权责任。

3. 技术手段与“应知”中消极行为的认定

技术手段与消极行为层面的“应知”认定的关系主要体现在,网络服务商应当采取与其信息管理能力相匹配的必要措施,预防和制止侵权行为的发生,否则很可能因为未充分尽到信息监管义务而成立过错,在网络用户直接侵权行为成立之时,与之共同承担连带侵权责任。通常来说,此处的过错在很大程度上应当属于过失。过失判断的基本标准采用的都是“理性人”标准或者“善良家父”标准。面对某一问题,如果行为人所采取的处理方式与一个“理性人”或者“善良家父”在同等境况下可能会采取的措施基本相同,则意味着该行为人的行为是符合社会一般性行为标准的,也就不具备法律上的可责难性,不应被认定其主观上存在过失。[1]

回归到利用算法等技术进行内容推荐的网络服务商的过失认定中,问题的关键在于判断网络服务商信息管理能力的高低。如今,网络服务商已经能够熟练运用算法技术实现精准推荐,相应地,对侵权内容进行算法过滤同样也不存在技术障碍。因为无论是算法推荐还是算法过滤,其底层原理都是算法技术,都基于内容识别与特征提取对用户上传的信息内容进行标签化处理。质言之,二者的本质都是筛选,只不过算法推荐是将经过筛选的内容放置前端展示,而算法过滤的结果则是

〔1〕 于波:《网络中介服务商知识产权法律义务研究》,华东政法大学2013年博士学位论文,第39页。

避免将违规内容在前端展示。可见,算法技术的应用极大地提高了网络服务商识别、预防、监控知识产权侵权行为的能力,平台已经具有较高的信息管理能力,在过失判定的过程中,理应对标要求更高的审查义务,而不是依旧停留在较低程度的注意义务层面。值得注意的是,即使算法推荐技术在网络服务行业得到普遍应用,但是不同平台所采取的技术标准、商业模式存在差异,这会实际地影响信息管理能力的高低,网络服务商是否应知侵权事实的存在以及是否采取了必要的、合理的、适当的措施,仍需在个案中具体分析,不能一概而论。[1]

还有一个不可忽视的事实是,虽然以算法过滤为代表的审查技术已经取得长足的发展,但仍然存在不少问题,在侵权行为识别的精准度、合理使用等例外情况的判别等方面表现得尤其突出。有美国学者以谷歌图片搜索的侵权通知发送情况为研究对象,提取样本分析发现算法错误过滤的情况较为严重。在抽取的样本中,有 4.2% 的通知存在要求保护的作品与被指侵权内容明显不匹配的问题,[2]例如出现了视听作品匹配音乐作品、作者姓名或者其他视听作品混乱的局面。[3]除此以外,有 13.3% 的通知中列明的网络地址无法精确定位到侵权内容的位置,[4]另有 6.6% 的通知所指控的侵权内容很可能构成合理使用,从整体上看,基于算法技术得出的侵权通知中,有近三分之一

---

〔1〕 任安麒:《网络服务平台算法推荐的著作权侵权认定规则》,载《北京航空航天大学学报(社会科学版)》,载 https://doi.org/10.13766/j.bhsk.1008-2204.2021.0801,2021 年 12 月 1 日最后访问。

〔2〕 Jennifer Urban, Joe Karaganis & Brianna Schofield, *Notice and Takedown in Everyday Practice*, UC Berkeley Public Law Research Paper, p. 88(2017).

〔3〕 Jennifer Urban, Joe Karaganis & Brianna Schofield, *Notice and Takedown in Everyday Practice*, UC Berkeley Public Law Research Paper, p. 88(2017). 例如,算法自动匹配后"认为"电视剧《Change of Heart》构成对同名音乐作品的侵权,电影《The House of Usher》构成对作者 Usher 的侵权,电视节目《New Girl》构成对电视剧《Girls》的侵权。

〔4〕 Jennifer Urban, Joe Karaganis & Brianna Schofield, *Notice and Takedown in Everyday Practice*, UC Berkeley Public Law Research Paper, p. 88(2017).

(28.4%)存在有效性问题。[1] 正因如此,在认定网络服务商存在主观过失的过程中需要为技术留下容错的空间,根据技术应用的实际情况,综合多方因素判别“应知”状态,避免盲目扩大应知范围,使网络服务商承担超出其信息管理能力的法律义务。

在当今技术主导的网络时代,技术与网络服务产业加速融合的趋势呼唤变革网络服务商责任规则体系。我们要抛弃“技术虚无主义”的错误思想,避免落入“技术中立”的陷阱,不能无视技术延伸了网络服务商信息管理能力这一客观事实以及技术对传统避风港规则带来的系统性挑战与冲击。与此同时,我们也不能迷信“技术万能主义”,过分夸大技术在网络知识产权治理中的实际作用,要充分认识到网络知识产权侵权认定的复杂性以及网络服务商责任承担的特殊性。算法推荐等技术的应用的确改变了网络服务商“技术不能”的境况,据此要求其在特定情况下承担比注意义务更高层次的审查义务无可厚非。但是,不能将网络服务商是否采用算法推荐等技术与其对于侵权行为的发生是否存在过错直接相关联,否则无异于规定网络服务商具有一般性的审查义务,这对于网络服务商而言过于严苛,是不合理的。正确的做法是,适当提高网络服务商的法律义务,要求其对在平台内存在“应知”的知识产权侵权行为承担主动审查义务,并且将是否利用算法进行主动推送以及是否采取技术过滤措施作为判断主观应知状态的影响因素之一,从而帮助认定过错以及确定侵权责任的承担。

---

〔1〕 Jennifer Urban, Joe Karaganis & Brianna Schofield, *Notice and Takedown in Everyday Practice*, UC Berkeley Public Law Research Paper, p. 88 (2017).

第二节 域外网络服务商审查义务的探索与实践

面对日益猖獗的网络版权侵权,“通知—移除”规则显得愈发无能为力,域外国家和地区在长久的反思中踏上了强化网络服务商知识产权保护义务的探索之路。2009 年,法国通过了备受争议的 HADOPI 法案,由政府委托专门机构负责监控网络侵权行为,并对网络服务商科以告知义务和断网义务,要求其对版权侵权行为实行“逐级回应,三次断网”的政策。美国法院策略性地使用引诱侵权和替代责任规则,试图强化网络服务商知识产权审查义务。美国民间组织、行业协会则通过推动建立版权警告系统,以私人协议的方式与网络服务商约定事前审查义务。

随着算法技术与互联网商业模式相互融合的态势明显加快,“通知—移除”规则在网络知识产权保护中的窘境进一步凸显。在此背景下,欧盟出台《数字化单一市场版权指令》,在立法层面率先奠定了网络服务商承担审查义务的基调。可见,突破旧有的制度体系,结合实际国情设计平衡私权与公益的互联网知识产权保护治理规则极为必要,升级网络知识产权治理体系亟待网络服务商发力,制度窘境和现实需要的双重作用均指向了网络服务商知识产权审查义务的确立。

一、由政府代替履行审查义务的法国 HADOPI 法案

随着互联网的普及与信息传输技术的发展,知识产权人与网络服务商之间的利益平衡逐渐被打破。由于避风港规则限制了网络服务商的侵权责任,知识产权侵权纠纷的解决更多地依赖向直接侵权人提起诉讼,这对于权利人而言既无效率也不经济。与此同时,公众普遍认为

网络服务商会从用户的侵权行为中获得不正当利益，因此强烈要求其在网络知识产权保护中主动承担起更多的社会责任。在此背景下，法国出台了 HADOPI 法案，引入“三振出局”(Three strikes and you are out)规则作为一种避免争讼的诉讼外机制，通过强化政府以及网络服务商的知识产权保护责任，降低知识产权人的维权成本。

(一)HADOPI 法案出台背景及主要内容

1. 一波三折的 HADOPI 法案

2004 年，法国著作权高级理事会在一份《关于数字内容在线发行的报告》中首次提到了逐级回应(Graduated response)制度，建议引入一项机制，要求网络服务商向涉嫌侵权的用户发送一定数量的警告，如果侵权行为仍在继续，则可对该用户采取一定的经济制裁措施，这些措施应当具有“足够的教育性并且能够得到切实执行”。[1] “三振出局”规则是逐级回应制度的最原始，也是最典型的表现形式。该规则源自棒球运动，意指击球员若三击未中，则必须出局。20 世纪 90 年代，为加重对再犯、累犯的处罚，美国将“三振出局”概念引入刑事司法领域，形象地规定犯有重罪前科者若第二次再犯重罪或者第三次再犯重罪，则将以判处终身监禁且不得假释的方式令其“出局”。[2] 这项制度的核心目标不在于惩戒或者制裁，而在于教育与威慑，它在遏制重复侵权方面表现出一定的经济性和有效性。

经过多番争论，2009 年 9 月，法国国民大会表决通过了《网络著作权刑事保护法》(La loi relative à la protection pénale de la propriété littéraire et artistique sur internet，又称 HADOPI - 2 法案)。2009 年 10

〔1〕 Pierre Sirinelli, Josée - Anne Benazeraf & Joëlle Farchy, La Distribution Des Contenus Numériques En Ligne, Conseil Supérieur de la Propriété Littéraire et Artistique, 2004, http://www.cspla.culture.gouv.fr/CONTENU/csplanternet, last visited on December 26, 2021.

〔2〕 郭小锋、郭海霞：《美国“三振法案”概述与评价》，载《公安学刊(浙江警察学院学报)》2008 年第 6 期。

月,法国宪法委员会作出最终判决,认定该法案合宪。至此,法国正式以立法的形式将逐级回应制度纳入版权执法保护体系中。作为一项教育与威慑机制,逐级回应制度在法国相较于传统的“通知—移除”规则具有不可比拟的优越性,逐渐受到世界各国的关注,并在韩国、英国、新西兰等国家落地生花。

2. HADOPI 法案的运行机制

根据 HADOPI 法案,法国成立了独立的机构——网络著作传播与权利保护高级公署(Hadopi),作为实施逐级回应制度的行政主管机关,其下设的权利保护委员会(Commissionde Protection Des Droits, CPD)负责具体工作。HADOPI 法案的运行机制主要包括三个步骤,具体如下:

第一步,CPD 在收到版权人或者版权协会的请求后,将根据请求人提供的涉嫌侵权的 IP 地址,通过网络服务商向被指侵权用户发送第一次警告通知,告知其可能存在版权侵权行为并提示相关法律风险,如贴附《法国知识产权法典》中有关版权保护的条文以及列出非法复制受版权保护的材料的后果。第一次通知中一般不会注明可能被侵权作品的信息,但会说明涉嫌侵权行为发生的时间以及 Hadopi 的详细联系方式,以便用户发送反驳意见或者寻求获得该作品授权的合法途径〔1〕。此后,网络服务商会被授权监控该用户的网络连接。除此以外,用户还会被要求安装网络服务商提供的“过滤器”。〔2〕 如果在 6 个月内,该用户仍然未停止侵权行为,CPD 将对其发出第二次警告通知。

第二步,CPD 通过网络服务商向侵权用户发送第二次警告通知,所含内容与第一份通知大致相同,但用词语气更加严厉。第二次通知

〔1〕 Strowel Alain, *The "Graduated Response" in France: Is It the Good Reply to Online Copyright Infringement*, Kluwer Law International, p. 149 (2010).

〔2〕 田扩:《法国“三振出局”法案及其对我国网络版权保护的启示》,载《出版发行研究》2012 年第 6 期。

中还可以责令用户采取一定的安全措施。[1] 如果在发送第二次通知后一年内,侵权行为仍未停止或者再次发生,CPD 将对其采取措施。

第三步,CPD 将结合前期获得的信息,进一步调查侵权情况,收集用户侵权证据。在案件调查过程中,Hadopi 可以要求被指侵权者提交观察报告,Hadopi 或者被指侵权者也可以要求举行听证会。调查结束后,Hadopi 将形成书面报告,报告内容除了包括案件基本事实、证据以外,还包括要求网络服务商对该用户实施断网措施在技术上的可行性论证。Hadopi 向司法机关移交案件相关材料后,由法院决定最终是否需要对用户采取惩罚措施。[2] 可能的责任承担形式包括 12 个月以下断网处罚以及 1500 欧元以下罚款。[3] 如果法院决定采取断网措施,则将由 CPD 通知网络服务商执行。2013 年,因法国宪法委员会裁定上网是一项基本人权,故 HADOPI 法案 -3 废除了断网处罚,但保留了最高 1500 欧元的罚款(如果侵权行为人是法人,最高罚款为 7500 欧元),罚款数额随侵权次数增加而增加。[4]

(二)HADOPI 法案中的政府责任

作为实施逐级回应制度的专门行政机构,Hadopi 由主席会、秘书处、权利保护委员会及相关执行部门组成,各部门分工协作,监控网络

---

〔1〕 根据法国《知识产权法典》第 L. 331 -32 条的规定,Hadopi 有权建立一个适当的安全措施清单。

〔2〕 根据 HADOPI -1 法案的规定,CPD 有权要求网络服务商对侵权用户采取暂停或者终止网络服务、限制宽带以及屏蔽站点、门户和协议等一系列惩罚措施。但法国宪法委员会认为由行政机关行使处罚权有违宪法之规定,故于 2009 年 9 月通过 HADOPI -2 法案,对其进行了修正,将处罚权交予司法机关。See Peter K. Yu, *The Graduated Response*, Florida Law Review, p. 1373(2010).

〔3〕 See Haute Autorité Pour La Diffusion Des Œuvres Et La Protection Des Droits Sur Internet, Hadopi Rapport D'Activité2015 -2016.

〔4〕 Avishek Chakraborty, *Online copyright enforcement through graduated response schemes: An analytical study of the legal framework*, Indian Journal of Law and Technology, p. 91(2018).

版权侵权行为、受理权利人侵权控告、向侵权人发送逐级警告,并及时移交重复侵权者,由法院决定采取处罚措施。可以说,Hadopi 是法国逐级回应制度运作的纽带,在知识产权人与网络服务商之间搭建起沟通的桥梁,同时为私主体分担了很大一部分责任,其中最重要的是对于侵权行为的监控责任。HADOPI 法案并没有强制网络服务商履行事前审查或者侵权监控义务,恰恰相反,此项义务的主体是 Hadopi 机构,网络服务商进行审查与监控行为需要获得其授权。这与法国高度重视人权保障,追求自由民主精神的历史传统分不开。但 HADOPI 法案备受争议,有不少学者认为监控网络用户的使用行为,会造成对公民隐私权、言论自由权的侵犯。例如,欧盟数据保护委员会高级官员彼德·赫斯汀克斯(Peter Hustinx)在提及逐级回应制度时指出,该制度会对网络用户的活动进行全面的监控,也包括完全合法的活动,这是对私人领域的侵入。[1] 因此,为尽可能减小对公民所享有的宪法基本权利的影响,法国采取由政府替代网络服务商履行审查监管义务的做法。同时,在整个过程中,用户的个人信息是受法律严密保护的,即便是行政主管机关也无权随意调取或者未经许可公开相关信息。

由于技术条件限制,Hadopi 并没有采取成立专门机构的方式,而是委托一家名为 Trident Media Guard(TMG)的公司,专门从事网络侵权检测,负责实时监控网络侵权行为。TMG 公司将用户上传内容与版权协会提供的作品信息进行对比分析,对于疑似侵权的用户,TMG 公司将记录相关信息(包括用户名、IP 地址)、侵权发生时间、被侵权作品名称以及所涉网络服务商等信息,并制成报告(根据法国国家信息与自由委员会的许可而享有收集侵权用户 IP 地址的权利[2])发送给版

---

[1] Peter K. Yu, *The Graduated Response*, Florida Law Review, p. 1373(2010).

[2] 田扩:《法国“三振出局”法案及其对我国网络版权保护的启示》,载《出版发行研究》2012 年第 6 期。

权协会,由其选择是否提交 Hapido,启动警告程序。[1]

(三)HADOPI 法案中的网络服务商责任

根据 HADOPI 法案,网络服务商对用户上传内容不负有审查义务,但仍需承担以下义务:(1)协助 Hadopi 建立侵权用户数据库以及断网用户黑名单。该名单将用于监控有侵权记录的用户,帮助权利人决定是否对重复侵权者提起诉讼。[2] 网络服务商在与用户缔结联机协议前,还需查询该用户是否被列于断网黑名单中,如用户被列于黑名单之中,则不得向其提供网络服务。(2)向 Hadopi 提供侵权用户的详细信息及个人信息保护义务。在收到 Hadopi 提供的侵权 IP 地址后,网络服务商需确认侵权 IP 地址所指用户的真实身份信息,但是在权利人提起诉讼并经法院裁决前,上述身份信息只能以编号的形式告知 Hadopi 及权利人。(3)向侵权用户发送警告。按照 Hadopi 的要求,及时准确地向侵权用户逐级发送警告通知。(4)执行司法机关针对侵权用户作出的断网指令。如果法院决定对侵权用户采取断网措施,CPD 将该决定转送网络服务商,接到通知的网络服务商须在 15 日之内暂停向涉案用户提供网络接入服务。如果不执行,将会受到 5000 欧元以下罚金处罚。

很显然,法国政府已经意识到网络服务商在网络知识产权侵权治理体系中的积极作用,网络服务商作为信息传输"管道",其在促进权利人与用户沟通、筛查网络侵权行为、遏制重复侵权发生中具有天然的优势。但是,出于保护公民隐私的考量,法国仍然采取较为谨慎的态度,未对网络服务商科以审查义务,仅要求其承担通知、断网等配合义

---

〔1〕 See Thierry Rayna & Laura Barbier, *Fighting consumer piracy with graduated response: an evaluation of the French and British implementations*, International journal of foresight and innovation policy, p. 301(2010).

〔2〕 参见朱喆琳:《论英国〈数字经济法〉的"三振机制"及其启示》,载《西北大学学报(哲学社会科学版)》2016 年第 2 期。

务,而将监控和管理版权侵权的主要责任交由专门的行政机关。

(四)HADOPI 法案的成效与弊端

与传统的“通知—移除”程序相比较,逐级回应制度的通知程序的层次性更明显,执行措施的灵活性更强,通过持续的侵权监控,区分不同程度的侵权行为采取不同的措施,有效减少了重复侵权行为。在 HADOPI 法案实施后的第二年,Hadopi 提供的统计数据显示,95% 的用户在首次收到通知后即停止侵权,92% 的用户在收到第二次通知后旋即停止侵权,而有 98% 的用户在收到第三次通知后,最终放弃侵权行为。[1]

与此同时,HADOPI 法案在执行过程中所产生的问题也是不容忽视的。由政府承担审查义务直接带来的影响是财政负担过重。每年法国政府要花费近 1200 万欧元维持 Hadopi 运作,而其中支付给监测机构的就有数百万欧元之多。[2] 根据法国媒体 Nextinpact 估算,Hadopi 自成立以来 10 年间花费了法国纳税人 8200 万欧元,与过去十年对版权侵权者的罚款金额(仅为 8.7 万欧元)形成了鲜明对比。[3] 高昂的实施成本引起了政府的不满,彼时的法国文化部部长甚至称 HADOPI 法案是“难以操作的、不经济的、无效率的”,并对逐级回应制度的有效性产生了质疑。[4] 此外,2011 年 6 月发生的黑客入侵 TMG 公司系统事件也充分暴露了法国 HADOPI 机制的弊端。由于 TMG 公司承担了

---

〔1〕 See HADOPI, HADOPI: 1/2 Year After the Launch, http://www. hadopi. fr/sites/default/files/page/pdf/note17 – en. pdf. ,转引自刘娟:《网络版权保护逐步反应制度的公、私法模式及借鉴》,载《知识产权》2015 年第 6 期。

〔2〕 Brett Schiff, *Copyright Alert System: Six – Strikes and Forced Arbitration Might Not Be the Answer*, Cardozo Journal of Conflict Resolution, p. 925(2014).

〔3〕 参见《法国反盗版机构 Hadopi 应否继续运营》,载中国保护知识产权网,http://ipr. mofcom. gov. cn/article/gjxw/zfxd/ozzfxd/202008/1954124. html,2021 年 11 月 2 日最后访问。

〔4〕 Rachel Storch, *Copyright Vigilantism*, Stanford Technology Law Review, p. 463(2013).

几乎所有监控法国网络文件共享内容的业务,公司系统的沦陷直接造成了法国逐级回应机制运转停滞。网络侵权监控是一项十分庞杂的工作,涉及数据库建立、内容比对筛查、信息收集处理等多个环节,且不论公司的技术实力是否足以支撑其处理海量信息,仅就"把鸡蛋放在一个篮子里"的做法就极具风险性,逐级回应机制的运行稳定性难以得到有效保障。

要求网络服务商承担审查义务的必要性由此可见。一方面,过滤技术的精准度与速度已经取得了长足的进步,网络服务商尤其是大型网络服务商具备了监管数字生态系统的能力,要求其承担审查义务的技术障碍已被扫清。网络服务商作为信息内容的传播枢纽,对网络信息进行事前过滤,能够达到从源头上高效控制侵权行为发生的效果,从而减少通知环节与执行环节的成本。从 HADOPI 法案的实践情况可知,委托专业网络侵权检测机构进行持续监测的成本是十分高昂的。诚然,网络服务商开发过滤系统之初势必要耗费大量金钱和人力,但是对比 HADOPI 机制,这无疑是"一劳永逸"的,运作成本也确实更为经济。另一方面,由网络服务商对各自平台内的信息内容进行审查,其优势在于不同网络服务商可以结合自身的商业模式、服务范围、客户人群等因素选择最优的审查方式,实现更好的审查效果。同时这也有助于克服由单一网络侵权检测机构统揽侵权监控工作而引发的集体风险,使逐级回应机制更加持续、稳定地运行。一言蔽之,法国的实践证明,由网络服务商承担审查义务才能最大程度地发挥逐级回应制度的效用。

(五)Hadopi 机构的新发展

Hadopi 机构自成立以来,一直致力于打击 p2p 文件共享中的版权侵权威胁,然而随着流媒体、视频直播等新兴传播方式的普及,Hadopi 在知识产权保护方面逐渐显得心有余而力不足。法国政府认为面对新变化,有必要升级其监管工具,故而迈上了新的改革之路。2021 年 10

月，法国议会通过了《在数字时代监管和保护文化作品获取的法案》（On the Regulation and Protection of Access to Cultural Works in the Digital Age），根据该法案，Hadopi 将与法国高级视听委员会（Higher Audiovisual Council，CSA）合并成为一个新的综合监管机构——视听和数字通信监管机构（Audiovisual and Digital Communication Regulatory Authority，Arcom）。

2022 年 1 月 1 日，Hadopi 机构正式解散，由 Acrom 接手负责逐级回应制度的具体实施工作，在此基础上，Acrom 将加强对于流媒体、直接下载以及链接平台的监管力度，防止其从网络版权侵权行为中获利。Acrom 将针对反复侵权网站建立“黑名单”，被列入“黑名单”的网站链接可能会遭到屏蔽、移除等处理。同时，Acrom 拟建立专门系统用以打击“镜像”（Mirrors）网站，因为这些网站旨在帮助网络用户访问在早期执法行动中被屏蔽的平台。为治理体育赛事直播侵权行为，Acrom 正在尝试构建一套快速阻止访问盗版体育赛事流媒体的处理机制。[1] 这些目标将通过何种方式实现值得期待，但是可以预见，随着政府监管力度的增大，为达到合规经营的标准，即使法律未明确规定审查义务，网络服务商主动进行审查也会越来越多。值得注意的是，这种自发性的审查行为很可能会导致版权保护不充分、不平衡的问题。因此，通过立法确立网络服务商事前审查义务仍然是最佳选择。

二、通过司法裁判与私人协议明确审查义务的美国经验

《数字千禧年版权法》从实用主义角度为网络服务商创设的避风港规则对于在互联网发展之初明晰网络服务商应当承担的版权保护责任具有积极意义。与此同时，它也为版权人提供了一条即时制止网络侵

〔1〕 See Goodbye Hadopi, *France Will Launch New "Arcom" Anti – Piracy Agency in* 2022, https://torrentfreak.com/goodbye – hadopi – france – will – launch – new – arcom – anti – piracy – agency – in – 2022 – 211029/, last visited on January 2, 2022.

权,防止损害进一步扩大的维权路径。从“通知—必要措施—反通知—恢复(或诉讼)”的运行流程来看,避风港规则在本质上属于由版权人与网络服务商共同治理网络版权侵权的合作机制。版权人负责监控侵权行为并负有发出适格侵权通知的义务,网络服务商则需要在收到适格侵权通知后毫不迟延地采取必要措施。

然而,随着互联网的普及与数字技术的发展,面对日益猖獗的版权侵权行为,避风港规则弊端逐渐显现——它给予网络服务商过多保护,降低了其处理版权侵权的主动性,最终导致避风港规则在实践适用中逐渐偏离立法初衷,失去了促进版权人与网络服务商合作遏制版权侵权的效用。为制止侵权行为,版权人只能投入大量的时间和金钱定位侵权人,并且不断地向平台发送侵权通知;此外,由于没有监督用户行为或者主动寻找侵权活动的法定义务,也没有其他制度激励,网络服务商始终被动地在原地等待版权人发送通知,然后根据通知移除特定具体的侵权内容。

避风港规则引发的另一大问题是,错误移除无法得到及时救济。《数字千禧年版权法》第512条(g)款(1)规定,网络服务提供者对基于以下事实的任何索赔不承担任何责任:网络服务提供者基于善意或者明显侵权的事实而使被指称侵权的材料内容或活动无法被访问或者删除该内容,无论最终确定该材料或者活动是否侵权。对于网络服务商而言,其是否能够安全驶入“避风港”并不取决于是否执行了反通知中的恢复请求,而是其在收到侵权通知时是否及时采取了必要措施。此外,如果权利人因其错误恢复行为而进一步受到损害,网络服务商是否仍然可以免于承担侵权责任,这才是其真正关心的问题。用户发送反通知的目的是及时恢复内容访问,避免损失进一步扩大,然而却没有任何条款保证网络服务商会遵守反通知的规定。恢复请求得到支持的低概率直接影响了被控侵权人发送反通知的积极性。退一步讲,即使恢复请求能够得到网络服务商的支持，仍然存在至少 10 日等待期的限制，[1]产品的理想销售时机或者作品的有利推广时机时常因此而错失，平台用户的损失往往难以挽回。因此，对于用户而言，发送反通知的预期收益很难对其产生激励效果。在内容创作普适化、信息传播加速化、上传途径多元化的数字时代，即使某一特定的侵权内容借由权利人通知而被移除，新的侵权内容也会将很快再次出现，网络版权侵权损害远没有被消除，而是在持续扩大，并且不断有内容创作者受到“误伤”而无法得到及时救济，机械的“通知—移除”变成了无休止的“打地鼠游戏”。

（一）司法裁判对避风港规则的适用限制

避风港规则不要求网络服务商主动寻找侵权事实，监控用户行为的做法在当时的技术水平与社会背景下具有相当的合理性。时至今日，情况发生了颠覆性的变化，这种完全免除网络服务商审查义务，仅要求其承担较低程度的注意义务的做法的弊端展露无遗。为克服避风港规则的缺陷，提高网络服务商预防用户侵权的积极性，美国法院通过在案件审理中对法律进行解释，不断引导平台采取过滤措施，在实质意义上一步步地强化网络服务商的审查义务。

1. 奈普斯特公司案：替代责任是强化审查义务的工具

1999 年 12 月，A&M 唱片公司等 18 家唱片公司以版权侵权为由，将一家互联网初创公司奈普斯特公司告上了法庭，控告奈普斯特公司在未经权利人许可的情况下直接从事或者协助他人复制、下载、上传以及传输受版权法保护的音乐作品。奈普斯特公司成立于 1999 年，该网站旨在帮助用户实现音乐共享与互换，其本身并不复制音乐作品，而是将所有音乐作品的链接地址存储在一个集中的服务器中，用户可通过

[1] 根据《数字千禧年版权法》第 512 条(g)款(2)的规定，网络服务商在收到反通知后 10－14 日内应当恢复内容访问，除非权利人通知网络服务商其已向法院起诉。在我国，《电子商务法》第 43 条规定的等待期为 15 日。

文件名检索获取该链接并直接从其他用户的计算机中下载音乐。

法院在否定了用户行为构成合理使用,确认奈普斯特公司符合"实质性非侵权用途"的基础上,将本案的争议点聚焦到奈普斯特公司是否构成帮助侵权,即其是否明知版权侵权行为的存在以及是否为用户实施侵权行为提供了实质性帮助。法院在该案的判决中指出,一方面,原告提出的证据充分证明奈普斯特公司实际上知道侵权作品的存在,但是并未采取任何措施防止这些作品被其他用户非法获取。[1] 另一方面,奈普斯特公司提供的并不仅仅是文件链接,它所提供的集成服务,旨在帮助用户快速定位和下载音乐作品,与被动提供渠道的网络服务商相比,奈普斯特公司在促进文件共享方面发挥了积极作用,对侵权行为的发生发挥了重大作用。一审法院认为奈普斯特公司有能力、有义务监督用户,却未切实尽到监督义务,并且还从中直接获取了经济利益,故应当承担替代侵权责任。奈普斯特公司不服,提出中间上诉(interlocutory appeal),[2] 上诉法院与一审法院持相同观点。[3] 一审法院发布临时禁令,要求奈普斯特公司采取过滤措施防止侵权作品继续被其他用户获取。[4] 初步禁令颁布3个月后,一审法院认为奈普斯特公司仍未达到要求,故而命令其停止提供文件传输服务,直到满足某些条件并能够采取措施确保其行为的合规性,同时要求其使用音频指纹技术进行文件内容的分析与过滤。奈普斯特公司认为一审法院要求其采用新的过滤机制是没有依据的,它超出了奈普斯特公司监管系统

---

〔1〕 RIAA曾向奈普斯特公司发送通知,披露了12000多个侵权作品,尽管奈普斯特公司根据RIAA的要求停止向上传侵权作品的用户提供服务,但是这些文件仍然保存于奈普斯特公司的服务器之中,并且可以被其他用户获取。A&M Records, Inc. v. Napster, Inc., 114 F. Sup. 2d 896 (N. D. Cal. 2000), at 981.

〔2〕 中间上诉是指"当事人对于初审法院所作出的涉及其重要诉讼利益的程序性裁决表示不服,即时要求上级法院对该裁决进行重新审查的制度。"范卫国:《民事诉讼中间上诉制度研究》,西南政法大学2017年博士学位论文。

〔3〕 A&M Records, Inc. v. Napster, Inc., 239 F. 3d 1004 (9th Cir. 2001).

〔4〕 A&M Records, Inc. v. Napster, Inc., 2001 WL 227083 (N. D. Cal., 2001).

的范围。上诉法院指出,一审法院具有根据新事实修改初步禁令的固有权力。事实证明,奈普斯特公司所使用的基于文本识别的过滤机制未能成功制止侵权行为的发生,而新的过滤机制不会受到文件名变化的影响,在识别和阻止侵权方面更加有效,一审法院的要求是合理的。[1] 不难看出,通过适用替代责任制度,美国法院实质性地强化了网络服务商审查义务。

2. Aimster 案:主动审查是制止重复侵权的内在要求

被告 In re Aimster(以下简称 Aimster)是一家提供 p2p 文件共享服务的网站,主要提供两大服务:一是通过构建 p2p 网络,允许用户向其他用户发送消息或者在线传输文件。对于用户在其专用网络上所传输的信息,Aimster 都进行了加密处理,甚至用户身份也是加密的。二是支持用户识别其他具有相似兴趣爱好并且希望通信和共享文件的好友。美国唱片业协会认为 Aimster 为用户非法传输受版权保护的音乐作品提供了实质性帮助,构成帮助侵权,并于 2001 年向一审法院提出初步禁令动议。

法院在认定用户行为构成直接侵权的基础上,对于 Aimster 是否成立帮助侵权进行了充分的讨论。Aimster 提出的重要抗辩理由是其属于《数字千禧年版权法》规定的仅向终端用户提供基础设施服务的“无辜提供者”(innocent service providers),其所提供的服务仅仅是将一个用户的数字信号连接到另一个用户,以便他们相互识别或者共享数据,而所要发送的内容和好友完全由用户自主选择,Aimster 并未进行修改、干预。[2] 由于《数字千禧年版权法》关于“服务提供商”(service provider)的定义过于宽泛,法院在该问题上并未作出直接的回应,而是使用第二个要件否定 Aimster 驶入“避风港”。根据《数字千

---

〔1〕 A&M Records, Inc. v. Napster, Inc., 2001 WL 227083 (N. D. Cal., 2001).

〔2〕 In re Aimster Copyright Litigation, 252 F. Sup. 2d 634 (N. D. Ill. 2002), at 658.

禧年版权法》的规定,“采用并合理实施禁止重复侵权者访问的政策”是网络服务商获得“避风港”资格的第二个条件。原告和被告在Aimster已经采取重复侵权惩处政策的问题上达成一致意见,但是双方对于被告是否合理有效地执行了该项政策存在争议。法院认为《数字千禧年版权法》第512条(i)款并不要求权利人向网络服务商发送重复侵权者的IP地址,[1]换言之,重复侵权惩处政策的实施不以权利人通知为前提,而是应当由网络服务商主动落实。此外,虽然Aimster在其网站上公布了重复侵权惩处政策,但是事实上,它非但没有切实执行该项政策,反而通过信息加密处理,故意使自己丧失了制止侵权行为的可能。法院最终认定,由于被告未能采取合理措施禁止重复侵权者访问,所以无法获得“避风港”保护。这实际上以应采取措施制止“重复侵权”之名,要求网络服务商承担主动审查义务,识别出重复侵权者并采取一定措施预防和阻止其再次实施侵权行为。

3. 格罗斯特公司案:过滤措施是认定引诱侵权意图的因素

格罗斯特公司向用户免费提供软件,许可其通过p2p网络共享电子文件。用户计算机之间不通过中央服务器而直接相连。虽然该软件可服务于各种类型文件的传输活动,但是用户多将其用于共享音乐、视频等文件。为此,以米高梅公司(Metro - Goldwyn - Mayer)为代表的版权人向法院提起诉讼,控告格罗斯特公司故意提供软件促使用户非法复制和传播受版权保护的作品。

一审法院认为,用户未经许可复制和传播受版权保护的作品构成直接侵权,但是由于格罗斯特公司并不知晓侵权行为的存在,因此不成立间接侵权。美国联邦第九巡回上诉法院维持了这一判决,认为格罗

[1] In re Aimster Copyright Litigation, 252 F. Sup. 2d 634 (N. D. Ill. 2002), at 659.

斯特公司所提供的软件符合“实质性非侵权用途”标准,[1]无须承担间接侵权责任。案件最终上诉到美国联邦最高法院。美国联邦最高法院认为,上诉法院错误地解读了实质性非侵权用途规则。该规则的本意是,在产品具有实质性非侵权用途的情况下,禁止法院仅凭制造商或者销售商知道该产品可能被用于侵权活动这一事实,推定其具有侵权意图。[2] 上诉法院却将其理解为,只要产品具有实质性非侵权用途,制造商就可以免于承担间接侵权责任,这是完全错误的。“实质性非侵权用途”规则并没有取代其他间接侵权责任理论。

美国联邦最高法院最终从引诱侵权角度论证格罗斯特公司仍然可能承担间接侵权责任。根据原告所提供的证据,格罗斯特公司促进非法复制与传播的意图十分明显。首先,被告公开表明自己的目标是满足当前市场非法获取受版权保护作品的需求,即成为下一个奈普斯特公司;其次,被告从未尝试开发过滤机制或者其他措施来减少侵权活动;最后,被告利用广告投放获取经济利益,用户数量直接决定着收益多少,而使用格罗斯特公司软件实施侵权的用户相当普遍,这意味着被告从侵权活动中获得了可观的收入。[3] 综合上述多种因素,格罗斯特公司引诱用户侵权的非法意图昭然若揭。本案中,美国联邦最高法院将是否采取过滤措施作为推定网络服务商是否具有引诱侵权意图的考量因素,变相地向网络服务商施压。为降低构成引诱侵权的风险,更多的网络服务商会考虑建立过滤审查机制。

《数字千禧年版权法》确定的避风港规则对世界各国的网络版权

---

〔1〕 该标准源于 1984 年美国最高法院判决的索尼案,在该案中,多数派法官表示,如果“产品可能被广泛用于合法的、无异议的用途”,即具有“实质性非侵权用途”(merely capable of substantial noninfringing uses),那么即使制造商和销售商知道产品可能被用于侵权活动,也不能就此推定其具有帮助侵权的故意,而要求其承担帮助侵权责任。See Sony Corp. v. Universal City Studios, 464 U. S. 417 (1984).

〔2〕 Metro – Goldwyn – Mayer Studios Inc. v. Grokster, Ltd., 545 U. S. 913 (2005).

〔3〕 Metro – Goldwyn – Mayer Studios Inc. v. Grokster, Ltd., 545 U. S. 913 (2005).

治理体系产生了深远的影响。但是随着信息技术的变革,网络服务模式的创新,避风港规则在面对治理大规模侵权的难题上显得有些乏力。虽然在立法层面,该规则仍然居于统治地位,但在司法实践中,已经受到极大的撼动与挑战,甚至有被架空的趋势。美国法院通过引入替代责任、引诱侵权责任以及解释"避风港"适用条件等方式,不断督促网络服务商承担审查义务。

(二)通过私人协议约定审查义务的 CAS 系统

虽然美国法院不断在裁判中寻找避风港规则适用的新突破,但是这一做法也带来了一些新问题,例如,由于替代责任的认定标准存在模糊性,法院宽泛解释使用替代责任,可能会导致许多无辜的网络服务商、信用卡公司甚至电力公司都可能承担替代责任,〔1〕使"通知—移除"规则原本赋予网络服务商的"安全感"遭到破坏。此外,更重要的是,这是一种"治标不治本"的解决方式——版权人仍然需要通过"最后一道防线"来维护自己的权利。信息技术的发展使每个人都成了潜在的传播者和侵权者,在网络知识产权侵权行为多点并发、影响扩大的背景下,无论是从效率还是成本上看,这都是一种不可持续且不受欢迎的途径。因此,面对大规模的侵权行为带来的高维权成本,版权人以及行业协会也在积极行动,谋求与网络服务商开展新的合作治理之路。

自 2008 年以来,美国版权业者一直尝试通过与网络服务商签订私人协议,由网络服务商向用户逐级发送侵权警告并对重复侵权者采取断网措施,作为高成本、低效率的版权诉讼的替代方案。〔2〕虽然网络服务商愿意作为"传声筒",但对于断网这一举措他们始终持保留态

〔1〕 Alfred C. Yen, *Third-Party Copyright Liability after Grokster*, Minnesota Law Review, p. 238(2006).

〔2〕 Annemarie Bridy, *Is Online Copyright Enforcement Scalable*, Vanderbilt Journal of Entertainment & Technology Law, p. 695(2011).

度,因为暂停服务就意味着暂停收入,[1]知识产权人陷入了“剃头挑子一头热”的尴尬中。直至2011年12月,版权业者与网络服务商再度合作之路才实质性地向前迈进了一步。美国唱片业协会、美国电影协会联合包括AT&T、威瑞森无线公司、康卡斯特公司、Time Warner Cable and Verizon、Cablevision在内的五大网络服务提供商共同组建了美国的版权信息中心(Center for Copyright Information,CCI),并推出美国版逐级回应系统,即版权警告系统(Copyright Alert System,CAS),又称“六振警告”系统,重点打击非法下载以及网上侵权盗版行为。该系统于2013年2月正式启用。CAS使用马克监控(Mark Monitor)的服务来检测、识别、监控可疑的版权侵权活动。通过严密地监控p2p文件共享网站,将用户上传的内容片段与版权人提供的内容样本进行匹配对比。当检测到涉嫌侵权行为时,系统将会通知与可疑活动相关的IP地址的网络服务商。随后,网络服务商将会通过电子邮件通知IP地址所指的侵权用户,告知其账号被怀疑用于版权侵权活动,并警告其可能承担的后果。若侵权行为持续存在,用户将会持续收到六次邮件警告直至网络服务商采取最终措施。[2]

CAS的六次警告分为教育性的通知(第一次、第二次)、确认性的通知(第三次、第四次)、缓解性的通知(第五次、第六次)三个层级,严厉性和紧迫性逐级递增,具体运作方式如下:(1)第一次警告:网络服务商以电子邮件形式函告用户,通知其账号可能正被用于版权侵权活动,并在警告函中提示用户防范版权侵权风险以及向其提供各种获取作品使用的渠道;(2)第二次警告:如果该用户在收到第一次警告后仍未停止侵权行为,网络服务商将向其发送内容相似的第二次警告,并且

---

[1] Annemarie Bridy, *Is Online Copyright Enforcement Scalable*, Vanderbilt Journal of Entertainment & Technology Law, p. 695(2011).

[2] Ben Depoorter&Alain Van Hiel, *Copyright Alert Enforcement: Six Strikes and Privacy Harms*, Columbia Journal of Law & the Arts, p. 236(2015).

特别强调行为的违法性和纠正的必要性;(3)第三次警告:对于持续存在的侵权行为,网络服务商将以更加明显的方式(比如通过弹窗口发送至用户的浏览器),确保用户接收到警告函,并告知其该侵权形成可能导致的法律后果;(4)第四次警告:与第三次警告函内容相似,要求用户发送回执;(5)第五次警告:系执行通知,告知重复侵权者即将对其采取的缓解措施(mitigation measure),包括暂时减缓网速、暂时降低用户网络服务等级、将网页转到警告页面等,直至用户对持续存在的侵权行为作出解释或者回应;(6)第六次警告:如果网络服务商在前次警告后并未实际执行缓解措施,则在第六次警告后必须采取相关措施。在第五或第六次警告发出 14 天内,被控侵权用户可以通过支付 35 美元向美国仲裁协会(American Arbitration Association)申请"独立审查"(independent review),可以错误识别账户、未经授权使用账户(仅限使用一次)、经过版权人授权、构成合理使用、错误识别文件、使用 1923 年以前出版的作品等理由,证明先前发送的警告函存在错误,其并未实施版权侵权行为,以阻止缓解措施的执行。如果最终确认被控侵权用户不存在侵权行为,35 美元将会退回。

不可否认,与 HADOPI 机制一样,CAS 系统促进了与版权侵权人在多个层面上的沟通。第一,警告通知提高了网络用户基本的版权保护意识,并且普及了合法获取受版权保护的作品的途径;第二,逐级通知使用户对网络上发生的版权侵权行为更为警惕,因为用户需要为他人使用其账号所进行的侵权行为承担责任;第三,每一个通知都在向用户发出明确的信号,其行为正受到监控,版权人已经掌握起诉的必要信息,如果愿意,其可以就任意侵权行为提起诉讼。正因如此,网络的隐匿性被削弱,用户会更加关注自身行为的合法性。

但是作为版权人和网络服务商以私人协议的方式自发建立的合作机制,CAS 缺乏必要的制度激励,注定走不长远。在运行 4 年之后,美国版权信息中心于 2017 年 2 月发布书面声明宣告 CAS 将完成其使命,正式停用。CAS 虽然宣告终结,但给其他国家留下了一些启示。如果不将审查作为一项法定义务,而由知识产权人与网络服务商自由协商,很可能导致知识产权人在合作谈判中处于更加不利的地位。由于缺乏必要的制度激励参与逐级回应制度,美国网络服务商普遍不愿参与逐级回应计划,并将他们与权利人的合作归因于《数字千禧年版权法》的义务。[1] 从短期看,建立审查机制显然会增加运营成本,网络服务商往往想要逃避这一义务。因此,知识产权人要想吸引网络服务商参与逐级回应计划,通常需要作出更大的让步。同时,自由协商带来的另一个不良后果是,网络服务商自主选定对作品审查的范围,而未被给予审查保护的权利人只能通过传统手段进行维权。[2] 如此一来,受益的往往是大公司,因为他们掌握着更多高质量的知识产品,侵犯此类知识产权,更容易被发现,对于网络服务商而言监管难度就更低;而众多"小知识产权人"的权益仍难以得到保障,这不符合逐级回应制度建立的初衷。

三、不断强化审查义务的欧盟互联网平台治理规范

(一)《版权指令》奠定"审查义务"基调

1.《版权指令》的出台背景

以美国《数字千禧年版权法》作为立法蓝本,欧盟于 2000 年 6 月颁布了规范"信息社会服务"行为的《电子商务指令》(2000/31/EC),正式确立"通知—移除"规则。彼时,虽已有亚马逊、易贝、谷歌等大型网络服务平台崭露头角,然而重塑全球数字世界新格局的推特、脸书、YouTube 等头部公司尚处于孵化阶段。欧盟委员会认为对网络服务提

---

〔1〕 Annemarie Bridy, *Is Online Copyright Enforcement Scalable*, Vanderbilt Journal of Entertainment & Technology Law, p. 695(2011).

〔2〕 霍许:《信息存储服务提供者的有限审查义务》,华南理工大学 2019 年硕士学位论文,第 30 页。

供商科以事前审查义务无益于行业的发展，因而通过反向规定网络服务提供商就第三方发布知识产权侵权信息等非法内容的免责条件，明确网络服务商仅负有不侵害知识产权的消极义务。

数字技术的迅猛发展以及用户生成内容（UGC）平台的迅速崛起，颠覆性地改变了作品的创作、传播、获取和利用方式，给《电子商务指令》建构的网络服务提供商的"避风港"监管框架带来了挑战。此外，随着技术革新，网络服务提供商控制数字生态系统的能力大大增强，承担事前审查义务的技术障碍基本扫清。顺应数字技术发展之大潮，欧盟于2010年5月启动"欧洲数字议程"战略，对网络版权保护体系开始进行大刀阔斧的改革。

2016年9月，欧盟委员会向欧洲议会提交了《数字化单一市场版权指令》（草案），引起广泛关注。其中，第13条第1款明确规定了网络服务商的"过滤义务"，即"网络服务商须与权利人签订许可协议，并采取措施确保协议的执行，或者采取措施以防止权利人指定的作品可在网络服务商提供的服务中被获取。前述措施包括采取有效的内容识别措施、提供有关措施的运作和部署的充分信息，以及适时报告作品的识别与使用情况等。"[1]该条否定了《电子商务指令》确立的网络服务商消极保护义务，要求其主动审查，履行"事前过滤"的积极义务。从反面规定责任豁免条件到正面要求承担保护义务的立法转变，意味着网络服务商如果未采取相应措施，则将要对其用户的侵权行为承担共同侵权责任。该草案一经公布就受到诸多批评，英国版权和新商业模式研究理事就曾发出公开警告信指出，高额的审查成本将给网络服务商尤其是中小网络服务商及初创企业带来不合理的负担，最终导致大

〔1〕 European Commission, *Proposal for a Directive of the European Parliament and of the Council on copyright in the Digital Single Market*, COM (2016), Article 13.

型平台的“垄断”,这是不可取的。[1]

欧盟委员会在2017年关于处理网络非法内容的通讯(communication)文件中,再次强调网络中介服务提供者需要在处理非法内容中发挥更加积极的作为,明确要求加强此类商主体的知识产权保护责任,因为其“在帮助用户获取信息方面的作用日益重要,同时在促进公众与权利人之间的利益平衡方面也发挥着关键作用”[2]。欧盟委员会期待平台采取主动措施检测、删除或者禁止非法内容的访问,并鼓励其开发新技术和工具以防止非法内容重新出现在网络上。[3] 此后,在2018年的一项建议(recommendation)文件中,欧盟委员会提出了更多的具体措施,以有效解决网络非法内容传播的问题。在该文件中,欧盟委员会详细阐述了通知和行动程序,同时呼吁网络服务商对所有类型的侵权行为采取积极主动的措施。与此同时,欧盟委员会再次强调采用自动过滤系统的必要性,并鼓励在线平台投资开发自动检测技术。[4]

网络服务商是否应当承担审查义务的问题一直饱受争议,早在2015年,欧盟委员会即发起一场公众咨询(public consultation),其讨论的内容包括如何有效地控制非法内容的网络传播、网络平台在解决该问题上的作用以及改革网络中介服务提供商责任制度的必要性等。然

---

〔1〕 See *Open Letter to Members of the European Parliament and the Council of the European Union*, https://www. create. ac. uk/wp - content/uploads/2017/02/OpenLetter_EU_Copyright_Reform_24_02_2017. pdf, last visited October 27, 2021.

〔2〕 See *Communication from the Conmmission to the European Parliament, the Council, the European Economic and Social Committee and the Comitte of the Regions Tackling Illegal Content Online Towards an enhanced responsibility of online platforms*, COM/2017/0555 final, p. 3.

〔3〕 See *Communication from the Conmmission to the European Parliament, the Council, the European Economic and Social Committee and the Comitte of the Regions Tackling Illegal Content Online Towards an enhanced responsibility of online platforms*, COM/2017/0555 final, p. 3.

〔4〕 See *Commission Recommendation on Measures to Effectively Tackle Illegal Content Online*, COM (2018) 1177 final, p. 9.

而，由于受访者的类型以及其各自的利益存在巨大差异，分歧仍然未得到解决。例如，关于《电子商务指令》下“避风港”免责条款的适用问题，大多数个人用户和网络服务商都认为当前的做法是合理的、可行的，而权利人和行业协会则指出现行制度仍然存在诸多不足之处，对其运行的有效性表示不满。[1] 虽然公众咨询的结果很不确定，但是可以看到，欧盟在解决非法内容传播以及网络服务商责任承担问题上的官方立场越来越明晰，要求网络服务商在特定情况下承担审查义务已经成为欧盟的坚定选择。

2.《版权指令》关于审查义务的具体规定

考虑到技术和市场的现实情况以及为加快推进《版权指令》出台，欧盟委员会最终做出让步。从草案提出到正式发布历时近三年，几经易稿，《版权指令》最终获得了欧洲议会的批准，并于 2019 年 6 月生效实施，同时欧洲议会要求各成员国在 2 年内将其转换为国内法适用。《版权指令》的最终文本放弃了从正向规定网络服务商审查义务的路径，但通过修改责任豁免条件，实质性地规定了网络服务商的审查义务。换言之，《版权指令》保留了以“通知—移除”规则为基础而建构的监管框架，同时通过重新界定网络服务商的行为性质以及限制避风港规则的适用性，达到了迫使网络服务商主动进行事前审查的现实效果。

首先，《版权指令》明确规定网络服务商提供存储、组织、推广用户上载内容的行为并非“宿主（hosting）行为”，而是“向公众传播行为”。[2]《版权指令》序言第 64、65 项以及第 17 条第 3 款都强调，网络服务商使公众获得其用户上传的受版权保护的作品的行为属于“向公众传播行为”。而根据《电子商务指令》，避风港规则的适用主体限于

---

〔1〕 Montagnani Maria Lilla, *Virtues and Perils of Algorithmic Enforcement and Content Regulation in the EU—A Toolkit for a Balanced Algorithmic Copyright Enforcement*, *Case Western Reserve Journal of Law*, Technology and the Internet, p. 3(2020).

〔2〕 Directive on Copyright in the Digital Singles Market, Article 17.

提供纯粹传输、系统缓存和宿主服务的网络服务商。根据《版权指令》的规定,实施上述行为的网络服务商将无法直接援引《电子商务指令》第 14 条主张责任豁免。为了避免承担侵权责任,网络服务商必须主动作为,积极采取措施加强对平台内容的监管。

其次,《版权指令》严格限制了责任豁免条款的适用。在未与权利人达成协议的情况下,向公众提供受版权保护的作品的网络服务商若想要免于承担侵权责任,需满足《版权指令》第 17 条第 4 款规定的条件:(1)已尽最大努力获得授权;(2)按照行业最高标准的勤勉,在权利人提供必要和相关信息之后,确保未经授权的特定作品不被获取;(3)收到权利人的有效通知后,迅速采取行动,禁止访问或删除被通知的作品,并尽最大努力防止其继续被上传。〔1〕 从表面上看,该条并未对网络服务商科以事前审查的强制性义务,但是如果其不主动采取内容识别、技术过滤等措施,就无法实现"确保未经授权的特定作品不被获取",达到防止未来侵权行为发生的效果。网络服务商不得不对平台信息进行持续监控。因此,通过增加责任豁免条款的适用条件,《版权指令》的机制实质上达到了要求网络服务商承担审查义务的效果。

再次,《版权指令》根据服务类型、服务规模确定了审查义务主体。《版权指令》沿袭了《电子商务指令》的传统,并不要求所有类型的网络服务商都承担审查义务,从而将义务主体范围限定于在线内容共享服务提供商,即以营利为目的,面向公众提供大量包含受版权保护作品的用户创造内容的存储、组织和推广服务的社会信息服务提供者。〔2〕 非营利性在线科普、教育资源网站、电子通信服务提供商、电子商务平台、企业之间以及允许用户上传内容供个人使用的云服务平台都无须承担

〔1〕 Directive on Copyright in the Digital Singles Market, Article 17.

〔2〕 Directive on Copyright in the Digital Singles Market, Article 2.

审查义务。为促进互联网行业健康有序发展,避免大型平台垄断,《版权指令》豁免了中小型内容共享平台的审查义务。运营时间不足 3 年且年营业额低于 1000 万欧元的初创在线内容共享服务提供商,仅需承担尽力获得授权以及“通知—移除”义务;只有月平均访问量超过 500 万时,其才需通过证明“已尽最大努力防止被通知作品继续被上传”以获得责任豁免。

最后,《版权指令》保留了避风港规则的适用。《版权指令》仍然将网络服务商的审查义务限制在有限范围内,并不要求其承担普遍审查义务。一方面,与《电子商务指令》一样,《版权指令》第 17 条同样强调网络服务商与版权人的合作。网络服务商要“尽最大努力”获得版权人的授权,版权人则须向网络服务商提供与作品相关的必要信息,以帮助网络服务商识别与过滤侵权内容。若版权人拒绝提供上述信息,则网络服务提供者无须承担相应责任。另一方面,相关网络服务商在已履行《版权指令》第 17 条第 4 款规定的审查义务的前提下,对于平台内出现的侵权行为,仍然可以援引避风港规则进行抗辩,即网络服务商在接收到权利人有效通知后,迅速采取行动,通过移除、屏蔽等措施使被通知的作品无法继续被访问的,可以主张免于承担侵权责任。

(二)《数字服务法》拟强化“中介人”责任

为进一步优化欧盟数字单一市场,重塑欧洲数字未来,欧盟委员会于 2020 年 12 月 15 日公布了《数字服务法》(Digital Services Act)和《数字市场法》(Digital Markets Act)两部数字法案草案,被外界称为“史上最严数字监管法案”、欧盟“数字宪法”。这是《电子商务指令》出台 20 年来,欧盟针对数字经济规则首次作出的全面改革。两部法案直指苹果、谷歌、亚马逊等在欧盟运营的大型网络服务商,通过革新监管内容和监管方式,明确网络服务商的责任和问责机制,提高数字审查的公平性和透明度,打破其在数字服务领域的长期垄断地位,从而维护消费者的自主权与安全,促进在线服务平台自由、公平地竞争。

《数字服务法》(草案)侧重重构网络服务商的责任与义务之横向规则,以构建安全的、可预测的、可信赖的数字网络环境,适用于所有在欧盟提供纯粹传输、缓存或者宿主服务的网络服务商。该草案指出,为防止过度限制用户的言论自由和信息接收自由和给网络服务商带来的过重负担,草案保留被《电子商务指令》禁止的一般性审查义务的规定。与此同时,根据服务规模和影响力,草案区分了中介服务、托管服务、在线平台和超大型平台[1]四大类网络服务商,并为其分级设置勤勉尽责义务。建立联络点并指定合法代表、制定服务条款时适当考虑基本权利、提交透明度报告以及配合政府工作,是为所有网络服务商所需遵循的基础义务。在此基础上,托管服务商还应当建立通知响应机制,对权利人提交的有效通知作出及时回应。在线平台和超大型平台都应建立内部投诉、补救以及庭外争端解决机制,提升在线广告和推荐系统的透明度。在平台监管方面,该草案要求网络服务商审核平台内服务者的资质,建立"可信标记者"机制,人工甄别应删除的服务、内容和商品,采取措施规制滥用通知与反通知的行为,及时举报犯罪行为等。针对超大型平台的额外义务还包括自我风险评估并采取相应措施、接受独立的外部审计和公共问责、设置"合规官",与执法机关、研究人员共享数据并与政府开展危机应对合作等。

《数字市场法》(草案)的适用对象是被欧盟称为"守门人"的大型网络服务商,即已经拥有或者可以预见地拥有根深蒂固且持久地位的在线平台。为阻止其滥用权利,影响数字市场的开放性与有序性,《数字市场法》(草案)明确列举这些平台禁止实施的行为和须主动采取的特定合规举措,并建立了一套系统的监管规则,确保法案目标的实现。

《数字服务法》《数字市场法》两部草案充分体现了欧盟分类分级

---

〔1〕 这里"超大型在线平台"是指月均活跃服务对象超过欧盟人口的10%用户(现为4500万)的平台。

治理数字服务市场的理念，立法者综合考量网络服务商的服务类型、用户规模、社会影响力等多方面因素，要求其承担不同程度的监管义务。虽然两大草案皆未明确规定网络服务商的事前审查义务，但是在总体趋势上都不断强化网络服务商尤其是大型服务平台作为信息服务提供者的责任，要求其对平台信息进行积极监管。

四、我国司法实践对审查义务的创新与突破

（一）“史三八”案：基于承诺而应承担审查义务

在史三八诉伊美尔、百度侵权案中，原告北京史三八医疗美容医院（以下简称史三八医院）发现，在百度搜索引擎中输入关键词“史三八”后，点击搜索页面排名首位的标题为“史三八幸福”的链接，将直接进入北京新时代伊美尔幸福医学美容专科医院有限公司（以下简称伊美尔公司）的宣传网站。该公司的服务范围与原告完全一致，同属美容医疗行业且存在明显的区域市场竞争关系。史三八医院认为，伊美尔公司违反诚实信用原则，侵犯了原告企业名称权，构成不正当竞争，给其造成巨额经济损失。百度时代公司、百度在线公司和百度网讯公司作为百度搜索引擎的共同经营者，对伊美尔公司发布广告内容有审查义务，但是其并未履行相关义务，故应承担连带赔偿责任。

法院在确认被告伊美尔公司的行为构成不正当竞争的同时，认为尽管从技术层面看，“竞价排名服务”属于搜索服务，但应当明确的是，作为一种互联网增值服务，“竞价排名服务”能够为经营者带来直接的商业利益。此外，不同于搜索引擎网站进行的自然搜索，“竞价排名服务”对搜索结果进行了人工干预，基于这一服务特性，百度公司对其中的网络关键词应当负有更高的注意义务。尽管百度时代公司与伊美尔公司签订合同时，已经审查了该公司的营业执照、医疗机构执业许可证及域名备案信息等基本情况，尽到了一定的注意义务。但是这远未达到百度时代公司在其搜索引擎网站上公示的“通用条款”承诺的审查

义务。根据“通用条款”,百度时代公司仅在审查关键词通过后方会向客户提供竞价排名服务,并且承诺对于涉黄涉赌涉毒,以及侵犯他人版权等权利的关键词也将进行审查。本案中,百度时代公司辩称其仅能识别侵犯知名商标或字号的行为,而不具有审查关键词是否侵犯一般商标权及字号的能力,这与其承诺相悖。据此,法院认定百度时代公司并“未尽到其自己承诺的义务”,致使与伊美尔公司无关的“史三八”一词能作为伊美尔公司的关键词予以使用,主观上存在过错,客观上帮助了伊美尔公司实施不正当竞争行为,应当承担共同侵权责任。[1]

(二)“默邦诉莫特森”案:名为注意义务,实为审查义务

在默邦公司诉莫特森公司、百度公司不正当竞争一案中,[2]原告上海默邦实业有限公司(以下简称默邦公司)指称,被告廊坊莫特森橡塑制品有限公司(以下简称莫特森公司)与默邦公司生产同类产品,属于同行业经营者。在未经授权的情况下,被告擅自使用原告企业全称“上海默邦实业有限公司”及其字号“默邦”作为关键词在百度引擎作商业推广,并在搜索结果链接名称和描述中使用默邦公司企业名称进行宣传,构成不正当竞争,应当承担相应法律责任。被告北京百度网讯科技有限公司(以下简称百度公司)则未尽到合理注意义务,应当承担连带责任。

一审法院认为莫特森公司的行为违反了诚实信用原则以及《反不正当竞争法》第6条关于未经许可擅自使用他人在社会具有影响力或知名度高的企业名称之禁止性规定,构成不正当竞争。而对于搜索引擎服务提供商百度公司,结合当前互联网搜索引擎过滤筛查系统的发展水平,以及互联网公司对其数据的运用现状,其完全可以通过完善过滤系统的数据库,识别出该关键词与莫特森公司并无实际联系,而这并

---

〔1〕 陶钧:《搜索引擎服务商在“竞价排名”中承担责任的规则》,载 http://www.cnsymm.com/2016/0503/23417.html,商业秘密网,2021年11月5日最后访问。

〔2〕 参见北京市海淀区民事判决书,(2017)京0108民初56632号。

未超出网络服务商正常的认知范畴，也无须其付出过高成本。但是百度公司并没有这么做，仍然审核通过该关键词，很显然未尽合理的注意义务，存在主观过错，应当承担相应的法律责任。但对“默邦”这一关键词是否侵害他人合法权益进行判断，确实超出了搜索引擎服务提供商的认知能力范围。百度公司在收到默邦公司投诉后，及时删除“默邦”关键词，已经承担了合理注意义务，故其对于莫特森公司将“默邦”设置为关键词的行为无须承担共同侵权责任。但在二审中，北京知识产权法院否定了一审法院的部分观点，认为百度公司作为网络服务提供者在提供推广服务时对于推广者的关键词不具有审核义务，只要对于较明显的侵权行为或者收到通知后及时采取措施，停止相应行为即可免于承担连带责任。〔1〕

（三）“斗罗大陆”案：以救济措施之名强化审查义务

针对抖音 App 上出现的大量搬运、剪切动漫作品《斗罗大陆》的行为，腾讯公司向法院申请诉前行为保全，要求抖音 App 运营方北京微播视界有限公司（以下简称微播视界公司）立即停止传播侵权视频并采取合理措施，阻止侵权视频的上传。申请人腾讯公司表示，此前其已多次向微播视界公司发送侵权通知，仅在 2020 年 11 月 1 日至 2021 年 5 月 24 日，其累计向微播视界公司发送侵权告知函超过 200 次，涉及侵权链接超过 2.3 万条。然而，直至提出申请前，抖音 App 上仍然存在海量的侵权视频，并且还在源源不断地上传与传播，更甚者，不少用户几乎同步更新了侵权视频，给申请人造成了极大的损失，如不采取行为保全将会使损失进一步扩大。

基于此，法院作出诉前行为保全裁定，责令微播视界公司立即采取有效措施删除抖音 App 中所有侵害《斗罗大陆》动漫作品信息网络传播权的视频，并立即采取有效措施过滤和拦截用户再次上传和进一步

---

〔1〕 北京知识产权法院民事判决书，(2019) 京 73 民终 2325 号。

传播。[1] 本案中,法院作出的诉前禁令不仅仅要求平台实施移除侵权内容的事后救济措施,还要求其积极作为,采取事前预防措施。这很显然已经超出了传统的移除义务,因为在本案的情况下,移除义务的履行已经远远不足以保护申请人免受侵权损害,只有通过事前的审查才能遏制侵权行为的蔓延。法院实际上是以救济措施之名强化了网络服务商的审查义务。

通过综合比较可以发现,“史三八”案的受理法院与“默邦诉莫特森”案中一审法院所持观点的共同之处在于,搜索引擎服务商应当负有审核义务,审核的内容包括用户的相应资质(用户是否有权利使用选定的关键词)。但二者对于审查义务的来源存在不同的认识。“史三八”案中,法院结合竞价排名中的人工干预因素以及竞价排名服务商公示的审核条款义务认定百度公司应当承担审查义务。一方面,“竞价排名服务”实质上是将已有的链接进行优先排序,对于普通消费者具有指引作用,因此搜索引擎服务提供商对经人工干预而生成的搜索结果应承担更重的责任。另一方面,由于百度公司在“通用条款”中明确作出对侵犯他人版权等权利的关键词进行审查的承诺,因此其必须在承诺的范围内履行相应的审查义务。在“默邦诉莫特森”案中,法院并未提及搜索引擎服务商审查义务的法律来源,而是从控制能力与审核义务的关系角度论证搜索引擎服务商应当承担审查义务。法院强调,网络服务商应当承担起与其企业地位、技术水平相对应的注意义务。百度公司作为国内主要的、成熟的关键词商业推广服务商,强大的互联网搜索引擎过滤筛查系统的发展水平使其完全有能力通过添加适当数据来强化其过滤系统,需要承担起与其能力相匹配的审查义务。在“斗罗大陆”案中,在救济措施的名义下,法院更加直接地要求网络服务商承担起审查义务。三起案件在一定程度上代表了我国法院对于

---

[1] 重庆市第一中级人民法院民事裁定书,(2021)渝01行保1号。

审查义务的态度变化，从假借“注意义务”之名到直截了当地要求网络服务商采用过滤与拦截技术，司法者逐渐意识到确立审查义务的必要性。

第三节　网络服务商审查义务的制度构建

网络服务商保护职责的实质性缺位和角色的被动性导致我国并不存在一个完整且积极的网络知识产权保护体系。因此，网络知识产权治理体系变革的方向即在于增加治理规则的主动性和系统性。义务是最合适的制度工具。只有设置义务才能切实督促各方主体去积极地保护知识产权；只有构建一个完整的知识产权义务体系，才能提升网络知识产权治理的系统性。作为电子商务的信息中枢和核心商业主体，网络服务商承担适当的审查义务能够提升网络知识产权治理体系的主动性和系统性。网络服务商审查义务制度的构建应当注意区分网络服务商的类型，综合考虑行业特点、商业模式、服务规模及市场影响力等因素，合理确定审查义务适用的主体，设置审查标准，并建立错误过滤救济机制。

一、适用主体：区别网络服务商的服务类型、商业模式与市场地位

（一）区分服务类型的审查义务

互联网技术发展至今，网络服务类型异彩纷呈，包括网络接入、普通链接、搜索引擎、内容存储、信息发布等，与之相对应的网络服务商类型也日趋多元。我国在 2006 年制定《信息网络传播权保护条例》时，参考了《数字千禧年版权法》根据网络结构的不同位序对网络服务商进行分类的做法，将其分为网络接入服务提供商、系统缓存服务提供

商、信息存储空间服务提供商、搜索引擎服务提供商四大类。依据前文提及的“守门人”责任理论四要素，对网络服务商科以“守门人”责任时应当考虑到其“是否有一定实力管控该不法行为”以及要求其“管控不法行为的成本是否合理”。从管控能力上看，四类服务商分别位于技术层面的上中下游，参与网络活动的技术路径各不相同，识别、感知以及控制用户上传内容的能力大相径庭。从实施成本上看，不同类型的网络服务商在阻止版权侵权行为而花费的成本相去甚远。此处的成本不仅仅是指研发过滤系统的投入，还包括“用户因网络传输效率、个人自由等受到限制而引发的社会成本”。[1] 如果“一刀切”地要求所有类型的网络服务商都承担相同的审查义务，不仅在技术上难以实现，还会造成利益失衡，阻碍互联网产业的长远发展。因此，立法者应当区别不同类型的网络服务商，综合考虑技术可行性、合理成本等要素，为其设置不同程度的审查义务。

要求网络接入服务提供商、系统缓存服务提供商承担审查义务不具有技术可行性，也不符合比例原则。首先，这两类网络服务商位于技术层面的上游，更加靠近互联网结构的物理连接层，直接面向信息存储空间服务提供商、搜索引擎服务提供商提供底层网络通讯技术服务，而远离终端用户。其服务的基础性表现在“针对不特定用户或场景提供无差别技术服务”“不直接接触第三方信息内容”“无法定点清除侵权信息内容”，[2] 由此决定了基础性网络服务提供商识别、感知和控制侵权信息内容的能力远远不及信息存储空间服务提供商和搜索引擎服务提供商。正如法谚所言“法律不强人所难”，要求此类网络服务商承担审查义务不具备技术基础。各国规定的“通知—移除”规则适用对象都排除了网络接入服务提供商，权利人的通知并不影响此类网络服务

〔1〕 崔国斌：《论网络服务商版权内容过滤义务》，载《中国法学》2017 年第 2 期。

〔2〕 张延来：《基础性网络服务提供者的特征与责任认定》，载网经社，https://xueqiu.com/4700839113/160747091，2021 年 11 月 6 日最后访问。

提供者驶入“避风港”的事实也从侧面证实了这一点。

网络接入服务提供商通过信息传输的设备载体为用户提供接入互联网的“管道”，如中国移动、中国电信及中国联通等公司。海量作品及其他内容信息仅仅是在自动传输过程中被临时地存储于中转服务器中。对于用户而言，上述传输过程发生于接入服务提供商的系统内部，在内容被下游网络服务商置于前端之前，用户并不知晓该作品的存在，自然也不可能获取相关内容并进行利用与传播；对于权利人而言，临时储存的时间十分短暂，定位作品是极其困难的，而缺乏作品定位信息，权利人就无法向网络接入服务提供商发送适格的通知，“通知—移除”程序难以启动；对于网络接入服务提供商而言，其同样不具有在转瞬即逝的临时储存期间，精准定位并移除某一特定作品的技术条件。〔1〕

系统缓存服务提供商所提供的服务是为了提高网络传输效率、减少网络堵塞。上传者将作品上传至某一网站（源服务器）后，第一个用户通过搜索而取得该作品时，服务器会自动缓存该作品的复制件，以供其后用户访问和获取。系统缓存服务提供商需要在一定时间内更新缓存作品以实现其服务目的，因此，每一份复制件并不会在服务器系统中储存太久。〔2〕与网络接入服务提供商相比，系统缓存服务提供商具有定位和移除侵权内容的条件，各国也都将“通知—移除”程序的履行作为其援引避风港规则进行抗辩的前提条件。但是与前者的临时储存相同，系统缓存是自动进行的，这意味着即使系统缓存网络服务商及时移除了复制件，一旦有用户重新检索到源服务器上的侵权作品，服务器将会再度缓存侵权网页。也就是说，只要源服务器上的侵权作品未被删除，单纯地移除或者过滤系统缓存服务器中的复制件并不能达到有效制止侵权作品传播的效果。因此，要求系统缓存服务提供商承担审查

〔1〕王迁：《“通知与移除”规则的界限》，载《中国版权》2019 年第 4 期。

〔2〕蔡晓东：《搜索引擎的缓存技术与法律责任》，载《重庆理工大学学报（社会科学）》2013 年第 7 期。

义务没有实际意义,还可能影响网络传输的效率。

此外,如果要求基础性网络服务提供商承担审查义务,无疑意味着将对用户上传至网络空间的所有信息都进行监控筛查——无论这些信息是否用于公开传输,这将会严重侵犯公众的隐私权和言论自由权,不符合比例原则。2010年,谷歌就曾因通过扫描用户邮件内容以展示定向广告的做法引发了公众隐私方面的担忧,而遭到集体诉讼。社会心理学家研究表明,人们对于法律的服从源于对该法律"道德性"与"合法性"的认同。当一个人相信法律是正确的时候,他往往更容易遵守法律;反过来,如果一个人认为法律脱离实际或者是不公正的,那么他就更有可能无视法律的要求。[1] 当用户认为自己的网络活动受到持续监控,特别是当他们认为隐私被侵犯的程度与违法行为的性质不相称时,极可能对法律产生抵触心理,最终影响法律实施的效果。因此,为保护网络知识产权而对基础性网络服务提供商科以审查义务会引发过高的社会成本。

要求信息存储空间服务提供商承担审查义务具有合理性。不同于基础性网络服务提供商,信息存储空间服务提供商主动参与信息处理、传输,直接面向终端用户,并根据具体的应用场景提供特定的网络服务。虽然信息存储空间服务提供商自身并不生产信息,但是随着元数据搜索识别、哈希身份认证和数字指纹技术等内容识别和信息认证技术的发展,信息存储空间服务提供商已经完全具备审核、干预信息内容的能力和条件。事实上,国内外多家大型网络服务商对于技术性审查已经具有相当成熟的经验。信息存储空间服务提供商与用户应用层面紧密相连,其接触信息的可能性更高,对内容的掌控力也相应更强,因此,要求其承担更高的审查义务是合理的。值得注意的是,要求网络服

---

〔1〕 Ben Depoorter&Alain Van Hiel, *Copyright Alert Enforcement: Six Strikes and Privacy Harms*, Columbia Journal of Law & the Arts, p. 249(2015).

务商承担审查义务的经济动因是“价值差”，即网络服务商因侵权行为而大量获益与版权人使用费收入减少之间的差距。[1] 基于此，我国可参考欧盟的经验，作出例外规定使非营利性在线科普、教育资源网站、电子商务平台以及非公开的云服务平台等免于承担审查义务。

搜索引擎服务提供商是否需要承担审查义务须结合其商业模式考虑。传统的搜索引擎服务系根据用户输入的关键词，向其提供相关第三方的网页链接，用户点击链接即可访问内容网页。在该模式下，搜索引擎服务提供商仅仅设置了跳转链接，而未直接接触用户上传内容。诚然，其可以通过信息采集模块（又称“网络爬虫”）对整个网络进行遍历，抓取和监控网页链接中的信息内容，建立并且不断更新本地数据库，从而进行侵权比对分析。但是这是一项十分繁复且庞杂的工程，远远超出了“合理成本”的范畴，且如果第三方内容网站采取了《网络爬虫排除标准》（Robots Exclusion Protocol）等反爬取措施，则搜索引擎服务提供商将不能获取网页内容，审查程序无法实施。[2] 退一步讲，即使搜索引擎服务商通过事前审查及时采取了过滤措施，这也只是避免了向公众提供涉嫌侵权的网页链接，并没有在实质上移除侵权内容，也就无法控制其后续的传播路径。因此，无论是从技术条件还是实施成本上看，要求采用此种模式的搜索引擎服务商承担审查义务是不合适的。但是对于提供竞价排名服务的搜索引擎服务商，根据权利义务相一致的原则，则可以要求其承担更重的审查义务，因为其通过人工干预对信息内容进行选择、整理、推荐，并且从中直接获得利益。

（二）区分商业模式的审查义务

即使是相同类型的网络服务商，鉴于采用的商业模式不同，其对于

---

[1] 谭洋：《在线内容分享服务提供商的一般过滤义务——基于欧盟数字化单一市场版权指令》，载《知识产权》2019 年第 6 期。

[2] 马胜男：《网络服务提供者著作权过滤义务研究——以欧盟立法实践及其对我国立法的启示为视角》，载《社会科学动态》2021 年第 1 期。

平台信息内容的控制能力也会有所区别。网络服务商经过选择、编辑、整理以首页推荐、设置标签、榜单排名等方式向公众传播信息内容的，应当承担更高程度的审查义务。其原因在于，一方面，通过信息推介，公众接触到该类信息内容的可能性大大增加，但同时增加了非法内容传播的风险，采用该种商业模式的网络服务商作为增加风险的行为人，要求其承担更为严格的审查义务理所应当。另一方面，网络服务商从竞价排名、广告推送等推介服务中直接获得经济利益，根据权利义务相一致的基本法则，也应当担负起更多的责任。最高人民法院于 2012 年发布的《关于审理侵害信息网络传播权民事纠纷案件适用法律若干问题的规定》(2020 年修正)，通过明确主观状态“应知”的认定标准，暗含了网络服务商应根据其采取的商业模式承担相应审查义务的要求。其中，第 10 条规定，对热播影视作品以设置榜单等方式进行推荐使公众可以在其网页获得相关信息内容的，应认定构成应知；第 11 条规定网络服务商从用户提供的信息内容中直接获得经济利益的，负有较高的注意义务；第 12 条规定，将热播影视作品等置于首页或者其他主要页面等能够为网络服务提供者明显感知的位置的，或者对热播影视的主题、内容进行选择、编辑、整理、推荐，或者为其设立专门的排行榜的，以及其他可以明显感知相关作品表演、录音录像制品为未经许可提供，仍未采取合理措施的情形，应认定构成应知。

在司法实践中，大量判决也认为网络服务商对用户上传信息进行处理、分类、推荐的，应尽到更高的审查义务，如“史三八”案。不同的商业模式设计，网络服务商对于平台内非法信息内容的感知识别能力、控制筛查能力是完全不同的，因此，可以结合商业模式判断其主观认知，以及是否已经履行相应的审查义务。美国引诱侵权制度也体现了商业模式与主观过错判定之间的关系。法院通常从是否设立相关作品的排行榜、是否采取技术措施防范侵权、是否利用侵权作品取得商业成功三方面考察网络服务商引诱侵权的意图。[1] 商业模式与主观认知存在对应关系,而主观认知与审查义务的承担也存在对应关系,因此在设置审查义务时需要区别不同的商业模式。

(三)区分市场地位的审查义务

除了服务类型、商业模式会影响网络服务商识别、感知及信息监控能力外,服务规模不同、市场地位不同的网络服务商对信息内容的控制能力也是千差万别。因此,不宜对所有网络服务商科以相同的审查义务,立法者应当采取更加务实的做法,注重平台主体责任的合理配置,依照服务规模和社会影响力对网络服务商进行分级,在保证各层级主体正常经营活动的前提下,根据其控制范围和技术能力设置相应的审查义务。

2021 年,国家市场监督管理总局公布了《互联网平台分类分级指南(征求意见稿)》,综合考虑用户规模、业务种类以及限制能力等因素,[2] 拟将互联网平台划分为超级平台、大型平台和中小平台三级。其中,用户规模根据平台上年度在中国的年活跃用户数以 5 亿和 5000 万为界,分为超大用户规模、较大用户规模和一定用户规模;经济体量则根据平台上年底市值(估值)以 10000 亿元人民币和 1000 亿元人民币为界,分为超级经济体量、较高经济体量和有限经济体量。[3] 同时发布的《互联网平台落实主体责任指南(征求意见稿)》指出,超大型平台经营者具有规模、数据、技术等优势,应当发挥其示范引领作用,并明确要求超大型平台经营者应针对特定平台经营风险,采取包括建立内

[1] 王欣怡:《版权法上网络存储服务商的注意义务研究》,西南政法大学 2019 年硕士学位论文。

[2] 用户规模即平台在中国的年活跃用户数量,业务种类即平台分类涉及的平台业务,限制能力即平台具有的限制或阻碍商户接触消费者的能力。

[3] 国家市场监督管理总局:《互联网平台分类分级指南(征求意见稿)》,载 http://www.samr.gov.cn/hd/zjdc/202110/t20211027_336137.html,2021 年 11 月 7 日最后访问。

容审核或广告推荐审核的内部机制在内的一系列风险防控措施。可见,我国已经形成了分级规制网络服务平台的初步框架。

规制网络服务商行为也应当遵循分级理念,对不同层级的主体设置非对称性审查义务,要求其承担起与市场地位相称的社会责任,以确保所提供的服务不被滥用于非法活动。根据权利义务相一致的基本法则,享有控制和主导权利的主体必然面临着更重的义务和责任。大型网络服务商在行业中拥有举足轻重的地位,甚至具有影响互联网"游戏规则"的能力,其经营的网络平台是用户参与网络生活的重要渠道。由它来分担部分责任能够补足"通知—移除"规则之缺漏,符合社会整体效益之需,是实现网络治理模式升级的最优选择。而对于无法承受自主研发过滤系统成本的中小型网络服务商以及初创企业,虽然它们可以通过技术转让和共享获得大型网络服务商开发的自动化审查系统,但是由于当前的过滤系统尚未达到市场充分竞争的程度,要想以较为合理的价格获取这种审查技术仍然较为困难。因此,当前还不宜要求中小型网络服务商承担与大型网络服务商相同的审查义务,建议仍然适用"红旗规则",仅要求其过滤明显非法的内容。

二、设立标准:技术因素与标准量化

(一)充分考虑技术发展水平

知识产权制度本身就具有公共政策属性,因此如何实现各方参与主体间的利益平衡是贯穿知识产权管理和治理始终的永恒命题。设立审查义务势在必行,但是如何确立审查标准,避免出现利益失衡是亟须考虑的问题。审查标准的设立涉及当平台内的信息与享有著作权的作品的重合度达到何种程度时需要启动过滤机制将其屏蔽。过高的审查标准很可能会侵犯公众的言论自由和个人隐私,也会不合理地增加网络服务商的运用成本,阻碍互联网行业的正常发展。反之,审查标准过低,则难以有效防范非法信息内容的传播,导致保护版权的制度目标落空,如此一来,审查义务将失去其原有的效用,形同虚设。因此,审查标准的设立要服务于实现打击侵权与保护网络空间基本权利平衡的目的。

数字时代,面对海量的信息内容,网络服务商要全面履行审查义务离不开以内容识别技术为底层原理的过滤机制,过滤审查技术的精准度和速度对审查结果的准确性和高效性有着关键的影响。因此,技术发展水平是设立审查标准必须考虑的因素。从应然层面看,合理的审查标准应当使过滤结果的漏报率(未能过滤非法信息内容的比例)和错报率(错误过滤合法信息内容的比例)同时处于低水平状态。[1] 从实然层面看,受技术发展水平、知识产权侵权判断复杂性等因素的影响,漏报率与错报率始终处于一种此消彼长的关系中。审查标准越严格,漏报率越低,合法信息内容被错误过滤或屏蔽的可能性也就随之增加;审查标准越宽松,错报率越低,非法信息内容被错误通过的可能性也会相应增加。对于普通用户而言,自然是错报率越低越好,而对于权利人来说,漏报率越低才能更好地保护他们的权益,于是又回到了最开始的命题——如何实现各方参与主体间的利益平衡。

针对不同的过滤审查技术应当设立不同的审查标准。元数据搜索识别、哈希身份认证和数字指纹技术是目前主要的审查技术手段,各自的优势和劣势也都十分明显。元数据搜索审查效率极高,但是无法对文本内容进行分析和识别,漏报率高;哈希身份认证主要用于图片的审查和过滤,运行成本低,但识别范围限于初始数据,漏报率也较高;数字指纹技术对于内容的识别则具有较高的精确性和有效性。此外,针对不同信息类型,审查技术的发展状况和成熟度也有所差异。互联网发展初期,文字侵权是主要的侵权路径,因此许多过滤技术是针对文字侵权设计的。例如,早在 2011 年,百度便自主研发了“DNA 反盗版文档

[1] 崔国斌:《论网络服务商版权内容过滤义务》,载《中国法学》2017 年第 2 期。

识别系统”,将正版作品原信息作为识别的“基因”,比对文库中已有文档和用户新上传文档。发展至今,文本审查技术已经较为成熟。随着数字技术的发展和视频、图像等编辑软件的简化,图像、音频、视频侵权等现象愈发普遍,才真正推动了相关审查技术的发展。目前针对图像、音频、视频的审查技术仍在不断完善与发展之中。可见,不同审查技术的精准度和容错率是不同的,即使是相同审查技术被适用于不同类型信息的审查,其所实现的审查效果也不同。因此,不能“一刀切”地适用相同的审查标准,而应该根据其技术特点,制定各自的标准。

立法者在制定审查标准时,要充分调查当前技术的发展状况,主要是精准度和速度。司法实践中,法院在判断网络服务商是否正确、全面履行审查义务时,第一步要审查该网络服务商采用的是何种过滤技术,其精准度与容错率如何,[1]在此基础上论证其所采用的过滤标准与当前技术水平、平台自身实力以及经营模式是否相匹配,是否达到了法律规定的审查标准。

(二)“绝对数量”与“相对比例”

不同于对色情暴力类等非法内容的识别,知识产权侵权判断是一项专业且复杂的工作,因此网络服务商对于知识产权的审查义务应当仅限于形式审查,而无须进行实质审查。审查义务的履行依赖内容识别与过滤技术,只有将审查标准予以量化,使审查内容能够被机器读取和执行,才能发挥技术工具在过滤审查中的最大效用。

为履行《版权指令》规定的义务,德国出台了《版权服务提供商法案》(Act on the Copyright Liability of Online Content Sharing Service Providers),该法案于 2021 年 8 月正式生效实施。要达到《版权指令》所要求的“勤勉义务”,网络服务商不得不采取过滤措施;同时,为了避

〔1〕 马胜男:《网络服务提供者著作权过滤义务研究——以欧盟立法实践及其对我国立法的启示为视角》,载《社会科学动态》2021 年第 1 期。

免过滤行为对公众自由利用作品进行二次创作造成不适当的限制,《版权服务提供商法案》第9条规定了用户生成内容的例外,使用该例外须同时满足以下条件:(1)使用他人一个或者多个作品,所涉部分不及原作品内容的一半;(2)将(1)中内容与其他内容相结合;(3)他人作品在用户生成内容中仅具有次要地位(minor extent)或者被标记为合法授权。[1] 对于何为"次要地位",第10条明确规定了"最低使用"(minor uses)条款,即电影作品或者动态图片的时长最高为15秒、每条音轨的时长最高为15秒、每份文本单最多为160个字符,以及每个摄影作品、照片或者图形最多为125千字符。[2] 对于低于上述数值的版权作品,《版权服务提供商法案》允许用户和网络服务商不经权利人许可,进行非商业目的的复制。[3] 这一规定将过滤标准进行量化,可供机器识别与执行,有助于降低错误过滤构成合理使用的用户生成内容的可能性,从而平衡公众接触与利用作品的自由与权利人有限垄断之间的利益关系。

对于过滤标准的选择,权利人和网络服务商都从自身利益最大化的角度进行考量,很难达成一致意见。知识产权人自然是希望过滤门槛越低越好,因为门槛越低说明过滤标准越严格,漏报率就越低,作品能够得到更为充分的保护。以视听作品为例,假定一部时长为120分钟的电影作品,应当将最低的过滤门槛置于何处才能最大程度地保护制片人的著作权益呢?自然是越低的时长越能得到权利人的支持,但是这很可能会误伤许多合法使用行为,尤其是介绍、说明及评论性使用行为,公众自由创作的空间将会受到极大地压缩,不利于文化发展与繁荣。对于网络服务商而言,过低的过滤标准意味着海量二次创作作品

---

〔1〕 See Act on the Copyright Liability of Online Content Sharing Service Providers, Section 9.

〔2〕 Act on the Copyright Liability of Online Content Sharing Service Providers, Section 10.

〔3〕 杜娟:《德国〈版权服务提供商法案〉的解读及对我国的借鉴》,载《科技与出版》2020年第11期。

将无法上传至前端,随之而来的是用户黏性降低、服务规模缩水、流量损失,这是网络服务商难以接受的。因此,他们更希望提高过滤门槛,给公众留出更多的使用与创作空间。

在确立具体审查标准时,可参考"适当引用"的判断标准,从"绝对数量"与"相对比例"两个维度进行考虑。[1] 在判断某使用行为是否构成对作品的"适当引用"时,一般会考虑使用数量和使用质量。其中,使用质量属于实质内容的比对,难以量化,也不属于技术审查的范畴,而使用数量则是形式上的判断,可以借由技术工具实现。使用数量又包括"绝对数量"与"相对比例",前者是指作品被引用的实际字数、大小、时长等,后者则是指被引用作品(在先作品)在于后作品中所占的比例。网络服务商审查对象涉及众多版权内容,因此"绝对数量"与"相对比例"标准具有很大的适用空间。例如,电影作品的预告片时长通常在 2~3 分钟之间,预告片作为一种营销工具,其作用在于通过对作品片段、部分人物、场景的展示引起观众的兴趣,通常不会损害制片人的权益。基于此,将此类视听作品的过滤标准确定为 5 分钟或许是合理的选择。一首音乐作品的时长一般为 3~4 分钟,目前有许多音乐流媒体平台推出部分歌曲试听功能,以吸引听众购买 VIP 服务,如 QQ 音乐、网易云音乐提供 60 秒免费试听。大部分歌曲前奏有近 30 秒,因此本书认为,除去前奏时长,在此基础上再进行适当缩减,可以将音乐作品的过滤标准设定在 10~15 秒。以保护网络言论自由为宗旨的国际非营利性组织电子前沿基金会曾提出"三步法"以确保对视频内容的合理使用不会遭到错误过滤:(1)将视频画面与相关版权作品进行对比;(2)将音轨与相关版权作品进行对比;(3)几乎全部(90% 及以

[1] 崔国斌:《论网络服务商版权内容过滤义务》,载《中国法学》2017 年第 2 期。

上）内容来自同一受版权保护的作品。[1] 其中 90% 就是关于视频内容过滤的“相对比例”。当然，在先作品和在后创作成果的时长、作品的类型等都会在一定程度上影响这一比例的确定。因此，我国是否参考电子前沿基金会的做法，将相对比例确定在 90%，还有待讨论。

1985 年颁布的《图书、期刊版权保护试行条例实施细则》第 15 条，从“绝对数量”和“相对引用”两个维度，区分被引用作品的性质以及在后作品的体裁，对引用作品的数量作出了详细规定。对于非诗词类作品，在“绝对数量”维度，单次引用不得超过 2500 字，多次引用总字数不得超过 10 000 字，在“相对引用”维度，不得超过被引用作品的 10%；对于诗词类作品，绝对数量不得超过 40 行，相对数量不得超过全诗的 25%。此外，还设定了一个总阈值，即所引用的总量不得超过本作品的 10%，特殊体裁的作品除外。

虽然该实施细则已被废除，但对于量化版权内容审查标准仍具有一定的参考价值。总而言之，在制定具体审查标准时，需要区分不同作品类型，既要设置被过滤内容与版权内容字数重合、时长选取的门槛，也要确定版权内容占被过滤内容的比例下限。

三、容错机制：建立错误过滤救济机制

虽然过滤审查技术尤其是文本审查技术已经有了长足的发展，但是对于某些合法授权使用以及合理使用等权利限制与例外情形算法的内容仍然无法实现有效辨别，部分合法内容可能会被错误过滤，从而在一定程度上对公众言论自由造成影响，这也是部分学者反对设立网络服务商审查义务的理由之一。但很显然，设立审查义务所能带来的预期效益大于潜在弊端。而且，已有学者论证，利用网络过滤措施阻止著

---

〔1〕 See *Electronic Frontier Foundation*, *Fair Use Principles for User Generated Video Content*, https://www.eff.org/files/ugc_fair_use_best_practices_0.pdf, last visited on January 13, 2022.

作权侵权言论这一行为本身,并不直接损害公众的言论自由。[1] 尽管如此,我们应当采取措施尽量控制过滤审查技术的负面影响。因此,建立健全错误过滤救济机制就显得十分重要。

首先,具有审查义务的网络服务商不论服务类型和规模大小都应当建立起平台内部申诉处理机制,为内容被错误过滤的用户提供救济路径。网络服务商应当设置专门机构或者安排专门人员负责处理用户申诉,并根据异议用户提供的相关证据对被申诉内容及时进行人工审查。应当指出的是,此处的人工审查仍然是形式审查而不涉及实质审查,例如,异议用户提供了知识产权人的授权许可证明或者该使用行为明显构成合理使用,即应认定先前的过滤或者屏蔽行为属于机器错报,网络服务商须及时取消针对特定用户发布内容的限制或者关闭屏蔽机制。欧盟在关于信息服务平台规则的立法报告中指出,数字服务的内容审查过程要具有公平性、透明度和问责制。[2] 执行过程的透明是责任落实、结果公平的重要前提。因此,网络服务商应当以用户协议、网站公示、消息推送等方式告知用户平台内部的申诉渠道以及具体处理流程,保障用户在遭受错误过滤时能够得到及时的救济。

其次,对于被过滤系统判定为侵权的内容,网络服务商应当在采取过滤或者屏蔽措施时以适当的方式告知用户其移除或者屏蔽决定、决定的理由以及对该决定提出异议后可用的救济措施。根据欧盟《数字服务法》(草案),网络服务商决定删除或者禁止访问服务对象提供的特定信息的,最迟应当在采取措施时将决定通知服务对象,并向其作出详细的陈述,陈述内容应当包括针对该特定信息所采取的限制措施,以及限制的地域范围;作出该决定所依据的事实;所采用的自动识别手

---

〔1〕 参见崔国斌:《网络版权内容过滤措施的言论保护审查》,载《中外法学》2021 年第 2 期。

〔2〕 Resolution on Adapting Commercial and Civil Law Rules for Commercial Entities Operating Online (2020/2019 INL).

段；决定关乎涉嫌违法内容的，应当说明所依据的法律并论证信息的违法性；可行的救济路径。[1] 参考欧盟的立法经验，本书认为网络服务商告知用户移除或者屏蔽决定的时间最迟不能晚于相关措施执行前；告知方式包括但不限于网页弹窗、系统提示、电子邮件等形式，但必须确保用户能够知悉；告知内容须包括被过滤或者屏蔽的内容、作出决定所依据的事实、法律条文或者合同条款，过滤审查标准以及可行的救济措施（如平台内部申诉机制、庭外争议解决渠道、司法途径）。总而言之，网络服务商须尽可能地将审查过程向用户公开，使其根据具体情况判断过滤行为是否存在错误，是否损害了其言论自由或者其他合法权益，进而决定是否提出申诉，以此来减小过滤审查技术对公众基本权利的限制。

最后，建立与"通知—移除"规则相对应的"通知—恢复"制度，明确网络服务商有义务在接收到有效申诉后恢复相关内容。如前所述，当用户提出申诉后，网络服务商应当启动人工审查程序，对被过滤内容进行二次形式审查。根据用户提供的证据，若该特定内容不成立侵权的，网络服务商应当立即移除所采取的技术措施并将恢复决定告知相关权利人，如果权利人坚持认为用户内容侵犯了其知识产权的，则应当通过向有关部门投诉或者向法院提起诉讼解决，而不能要求网络服务商再次移除或者屏蔽；反之，如果二次审查后，网络服务商认为用户内容成立侵权，继续阻止用户上传特定内容或者不予恢复的，应当告知用户可以向有关部门投诉或者向法院提起诉讼。明确网络服务商收到有效申诉后有义务恢复特定内容，对于实现救济目的，保障用户合法权益具有关键意义。一方面，恢复特定内容是用户提出申诉的动力，如果提出有效申诉但无法恢复权利，救济制度将形同虚设；另一方面，只有将

---

〔1〕 Resolution on a Single Market for Digital Services (Digital Services Act) and Amending Directive (2000/31/EC), Article 15.

恢复内容作为网络服务商的一种义务,才能真正促使其尽心履行审查义务,促进网络空间的利益平衡。仍然需要强调的是,网络服务商的审查义务限于形式审查而非实质审查,这是建构网络服务商审查义务制度和明晰网络服务商责任的重要基础。在“通知—恢复”程序中,只要网络服务商秉持中立原则,审查行为符合“理性人”的标准,则无须向用户或者权利人承担侵权责任。

结　　语

20 世纪 90 年代美国制定《数字千禧年版权法》时，最终舍弃《美国知识产权白皮书》要求网络服务商对其用户的侵权活动负责的建议，以“通知—移除”规则为网络服务商免除审查义务、豁免侵权责任，反向滑向维护网络服务商利益的极端。暂且抛开利益集团在其中的游说不谈，当时网络服务商这一新生的市场主体或许的确难以承担审查义务，这一规则也事实上扶持了互联网的发展繁荣，于经济、社会、科技发展均有裨益。但是，互联网技术不断升级迭代，已进入全新的 Web3.0 时代，泛型数据库、云存储、云计算、人工智能等技术使之构成一个智能高效的网络聚合体；[1] 网络服务商也不再是当年亟须被扶持和保护的“新生儿”，而是蜕变为躲在“避风港”后攫取利益的行业巨头。“通知—移除”规则不仅异化为网络服务商的逐利工具，在应对复杂频发的网络侵权时，也面临规则失灵的窘境。

时至今日，我们必须突破旧有的网络治理思路。设立网络服务商审查义务势在必行。网络服务商审查义务的事前保护叠加“通知—移除”规则的事后保护，符合未来内容为王的网络生态的法治需求，具有理论可行性和现实可实施性，也终将成为全球网络知识产权治理体系变革的基本路径。

---

〔1〕 参见李湘媛：《Web3.0 时代互联网发展研究》，载《中国传媒大学学报（自然科学版）》2010 年第 4 期。